TÉCNICAS DE MODELAGEM FEMININA
CONSTRUÇÃO DE BASES E VOLUMES

Dados Internacionais de Catalogação na Publicação (CIP)
(Jeane Passos de Souza - CRB 8ª/6189)

Berg, Ana Laura Marchi
Técnicas de modelagem feminina: construção de bases e volumes / Ana Laura Marchi Berg; participação de Daniela Nunes Figueira Belschansky. – São Paulo : Editora Senac São Paulo, 2019.

Bibliografia.
ISBN 978-85-396-2692-2 (impresso/2019 – capa dura)
ISBN 978-85-396-1301-4 (impresso/2017)
e-ISBN 978-85-396-2016-6 (e-Pub/2017)
e-ISBN 978-85-396-2017-3 (PDF/2017)

1. Moldes e desenhos femininos 2. Modelagem feminina : Moda 3. Vestuário: Moldes femininos I. Belschansky, Daniela Nunes Figueira. II.Título.

19-910s CDD – 391.1
646.4
BISAC CRA009000

Índice para catálogo sistemático:

1. Moda : Moldes femininos 391.1
2. Vestuário : Moldes femininos 646.4

TÉCNICAS DE MODELAGEM FEMININA
CONSTRUÇÃO DE BASES E VOLUMES

ANA LAURA MARCHI BERG

PARTICIPAÇÃO
DANIELA NUNES FIGUEIRA BELSCHANSKY

EDITORA SENAC SÃO PAULO – SÃO PAULO – 2019

ADMINISTRAÇÃO REGIONAL DO SENAC NO ESTADO DE SÃO PAULO
Presidente do Conselho Regional: Abram Szajman
Diretor do Departamento Regional: Luiz Francisco de A. Salgado
Superintendente Universitário e de Desenvolvimento: Luiz Carlos Dourado

EDITORA SENAC SÃO PAULO
Conselho Editorial: Luiz Francisco de A. Salgado
Luiz Carlos Dourado
Darcio Sayad Maia
Lucila Mara Sbrana Sciotti
Luís Américo Tousi Botelho

Gerente/Publisher: Luís Américo Tousi Botelho
Coordenação Editorial: Verônica Pirani de Oliveira
Prospecção: Andreza Fernandes dos Passos de Paula, Dolores Crisci Manzano, Paloma Marques Santos
Administrativo: Marina P. Alves
Comercial: Aldair Novais Pereira
Comunicação e Eventos: Tania Mayumi Doyama Natal

Edição e Preparação de Texto: Vanessa Rodrigues
Desenhos Técnicos dos Moldes: Daniela Nunes Figueira Belschansky
Confecção e Montagem das Peças: Ana Laura Marchi Berg
Fotos: Luiz Henrique Mendes
Desenhos: LeoDolfini
Manequim Base para a Criação em 3D: Isabela Marchi Berg
Criação em 3D de Manequins: Rodrigo de Araújo
Coordenação de Revisão de Texto: Marcelo Nardeli
Revisão de Texto: Kimie Imai, Carolina Hidalgo Castelani
Coordenação de Arte: Antonio Carlos De Angelis
Capa, Projeto Gráfico e Editoração Eletrônica: Veridiana Freitas
Impressão e Acabamento: ARFernandez

Editora Senac São Paulo
Av. Engenheiro Eusébio Stevaux, 823 – Prédio Editora
Jurubatuba – CEP 04696-000 – São Paulo – SP
Tel. (11) 2187-4450
editora@sp.senac.br
https://www.editorasenacsp.com.br

SUMÁRIO

NOTA DO EDITOR

A busca de uma modelagem que atenda à heterogeneidade corporal feminina no Brasil há muito desafia os envolvidos nos segmentos têxtil e de confecção. Para identificar os biótipos predominantes no país, em 2010 teve início o SizeBR, estudo antropométrico voltado a fazer medições de amostras da população de todo o território nacional.

Com base nos dados apurados, a Associação Brasileira de Normas Técnicas (ABNT), a partir de 2013, passou a discutir o desenvolvimento de uma norma de padronização do vestuário feminino. Os trabalhos envolvem entidades como a Associação Brasileira da Indústria Têxtil e de Confecção (Abit) e a Associação Brasileira do Vestuário (Abravest), bem como profissionais e professores da área. O Senac São Paulo também faz parte da comissão.

Embora o foco do estabelecimento de uma norma da ABNT seja a produção industrial, esse maior conhecimento do padrão da mulher brasileira também auxilia os modelistas que trabalham sob medida - e isso é levado em conta neste livro.

Técnicas de modelagem feminina é resultado do contínuo aperfeiçoamento da metodologia de modelagem adotada no Senac São Paulo, com o adicional de considerar números já obtidos do SizeBR. A autora alia a preocupação em vestir essa diversidade de corpos a um profundo rigor técnico.

Com este lançamento, o Senac São Paulo traz a público a excelência de um conhecimento atualizado ao longo de anos, possibilitando a estudantes, profissionais e interessados criar peças de corte preciso e caimento perfeito.

APRESENTAÇÃO
A ARTE DA MODELAGEM

Quando penso no significado da modelagem, vêm à mente as palavras paixão, técnica e dedicação. Uma arte que busca vestir o corpo com precisão e expressão. Exatamente o que Ana Laura Marchi Berg busca transmitir em seu trabalho.

Ana Laura e Daniela Nunes – que participou da elaboração desta obra com seus desenhos e compartilhou conhecimentos referentes à construção dos moldes – são duas profissionais apaixonadas pela modelagem que ao longo de suas carreiras experimentaram diferentes métodos, técnicas e interpretações na busca pela excelência na qualidade da modelagem e pelo melhor método de ensinar.

A metodologia apresentada aqui é resultado do aprofundamento da relação entre as técnicas bidimensionais e tridimensionais e o desenvolvimento de pesquisas com ênfase na modelagem feminina. Assim, a evolução da metodologia de modelagem do Senac São Paulo fica registrada neste livro, que define novos conceitos e traçados pela técnica de modelagem plana, mantendo a relação do bidimensional com o tridimensional e tendo como base o conhecimento antropométrico do corpo feminino.

Os traçados são apresentados isoladamente, para que o leitor analise a peça que deseja modelar e, a partir disso, selecione as bases, os volumes e os elementos que a compõem, estimulando o pensamento criativo na construção das roupas.

Verdadeiro e indispensável item para quem é apaixonado pela modelagem.

Tatiana Putti

É estilista especializada em comportamento de consumo e processos criativos. Coordenadora da área de Moda e Beleza do Senac São Paulo, desenvolve produtos educacionais que atendam às necessidades do setor de moda.

DEDICATÓRIA

Dedico esta obra a meus alunos, amigos e professores. As reflexões proporcionadas por essa convivência permitiram o aprimoramento das técnicas e práticas descritas nestas páginas.

AGRADECIMENTOS

Grande parte de minha história na modelagem foi construída por meus alunos, amigos e professores dentro do Senac São Paulo, e muitos deles colaboraram direta ou indiretamente neste trabalho.

Agradeço aos amigos:

Tatiana Putti, por acreditar em meu trabalho e incentivar a publicação desta obra.

Marta Magri, por incentivar e proporcionar durante anos os estudos na área de modelagem dentro da instituição.

Ozenir Ancelmo, pela parceria em diversos trabalhos ao longo dos anos – especialmente em nossa pesquisa no Senac que influenciou a forma de pensar a construção da modelagem deste trabalho.

Daniela Nunes, pelo compartilhamento de estudos das técnicas de modelagem e experiências profissionais e didáticas essenciais na definição dos conceitos e traçados desta metodologia. Daniela assina os textos "Conhecimentos básicos de geometria", "Materiais para modelagem" e "Como utilizar o método", no capítulo 1, o texto "Afinal, como é o corpo da brasileira?", no capítulo 8, e os desenhos técnicos dos traçados dos moldes. Agradeço especialmente pela parceria e pelo comprometimento no período de elaboração desta obra.

Mitiko Kodaira de Medeiros, que assina o texto "Tecidos e a interpretação da modelagem", no capítulo 1.

Luiz Henrique Mendes, por valorizar a modelagem com seu excelente trabalho fotográfico.

Rodrigo de Araújo, aluno do bacharelado em Design – Linha de Formação Específica em Design Industrial do Centro Universitário Senac, pela criação em 3D dos manequins.

LeoDolfini, pelo traço artístico sobre as fotos e os manequins.

Silvia Mascela Rosa e Elaine Sayuri Itikawa, pela constante presença nos bastidores deste trabalho.

Agradeço à Editora Senac e a toda a sua equipe. À Vanessa Rodrigues, editora que acompanhou este trabalho, pela percepção técnica e minuciosa em todos os detalhes, perfeita para a complexidade da obra.

Agradeço à empresa Propavit, pelo empréstimo de manequins utilizados nas imagens.

Agradeço a minha família – minha filha e meu marido –, pela paciência e pela compreensão durante a produção deste trabalho. A meu pai, pela força e pela proteção.

INTRODUÇÃO

Técnicas de modelagem feminina: construção de bases e volumes é o resultado de uma trajetória profissional e didática marcada por importantes fatores de influência: o aprendizado com grandes mestres, os estudos e as experimentações com profissionais e as dificuldades dos alunos em compreender a construção dos moldes de forma bidimensional, também chamada de modelagem plana.

A metodologia apresentada neste livro tem origem na pesquisa intitulada "Método Senac de modelagem industrial feminina", que iniciei em 2006 com Ozenir Ancelmo, quando ambas éramos professoras do Centro Universitário Senac. O estudo tinha como objetivo adequar o método de modelagem do Senac São Paulo à indústria de confecção nacional. Nessa pesquisa, analisamos as construções das bases de corpo, saia e calça de diversas publicações de modelagem plana – tanto nacionais como internacionais –, associando-as à nossa própria experiência e comparando-as com a metodologia Esmod,* instituição com a qual o Senac mantinha convênio.

Do material pesquisado, prevaleceu a influência de traçados europeus bidimensionais, talvez pela tradição na precisão e no corte impecável, mas os estudos das peças pela técnica de moulage (modelagem tridimensional, feita sobre um "corpo" – muitas vezes, um manequim) foram essenciais para a determinação de valores e cálculos fundamentais na construção dos traçados.

O estudo resultou no *Método Senac de modelagem feminina*, material didático utilizado nos cursos de modelagem da instituição a partir de 2009, que consiste em traçados de peças básicas do guarda-roupa feminino segundo a técnica de modelagem plana.

----

* École Supérieure des Arts et Techniques de la Mode, tradicional escola de moda – foi fundada em 1841 –, localizada em Paris. (N. E.)

Desde então, a interpretação da modelagem evoluiu muito: constantemente surgem metodologias com abordagens bidimensionais ou tridimensionais e, por vezes, com a união de ambas, possibilitando a compreensão entre o molde no plano e no corpo. Assim, os estudos e a adequação da metodologia de modelagem do Senac São Paulo continuaram e foram atualizados de acordo com as necessidades didáticas da instituição.

Modelagem e a diversidade corporal

As técnicas apresentadas nesta obra têm uma profunda preocupação em adequar as bases aos biótipos femininos. Esse tema é um desafio para toda a área de modelagem, tanto que em 2006 o Senai Cetiqt iniciou uma pesquisa de caracterização antropométrica para medir uma amostragem do corpo feminino nas principais regiões do Brasil e, assim, definir os biótipos predominantes no país. Esse projeto deu origem, em 2010, a um levantamento de maior porte, o "SizeBR – Estudo antropométrico brasileiro", com medições de corpos masculinos e femininos por meio de *body scanner*. Com base nos dados obtidos pelo SizeBR, desde 2013 se encontra em elaboração uma Norma Brasileira relacionada às medidas do corpo feminino.

A partir desses estudos e representando o Senac São Paulo, Daniela Nunes acompanha esse projeto com a Associação Brasileira de Normas Técnicas (ABNT). O texto "Afinal, como é o corpo da brasileira?", no capítulo 8, consiste em um panorama dos principais biótipos brasileiros com base na pesquisa do Senai Cetiqt.

Organização do livro

Em razão da importância da modelagem dentro do processo construtivo na indústria de confecção, o capítulo 1 se dedica a apresentar a técnica da modelagem plana e trazer informações têxteis fundamentais para a construção do molde, bem como informações relativas a conhecimentos geométricos e de materiais, ambos essenciais à realização dos traçados.

O foco de todo o livro está no traçado de bases (saia, corpo e calça) e volumes utilizados na construção de diversas peças do vestuário feminino. Os moldes são feitos inicialmente a partir do dimensionamento do corpo e, no final do processo, verificados sobre ele por prova de roupa.

Os estudos de volumes são construídos, em sua maioria, a partir dessas bases e dos estudos de mangas, golas e outros detalhes, elementos que compõem as partes de uma peça do vestuário. As construções são independentes, porém sempre relacionadas às medidas do corpo e da base (ou do volume) em que serão inseridas.

O objetivo é ensinar os traçados isoladamente, para que o leitor avalie a peça que deseja modelar e selecione as bases, os volumes e os elementos que formam a modelagem. Mas vale ressaltar que, mesmo que as partes sejam apresentadas isoladamente, as relações entre elas são mencionadas e destacadas no texto.

Para atingir o objetivo de propor uma metodologia que vista bem o maior número possível de mulheres, o capítulo 8 se concentra na adequação dos moldes das bases para diferentes biótipos. Assim, permite-se a construção da modelagem básica feminina de acordo com o perfil do consumidor – tanto na produção industrial como na elaboração de peças sob medida.

CAPÍTULO 1

Conceitos básicos

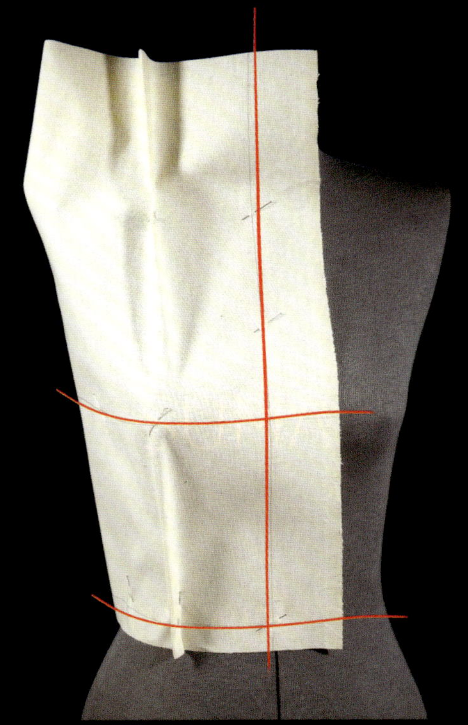

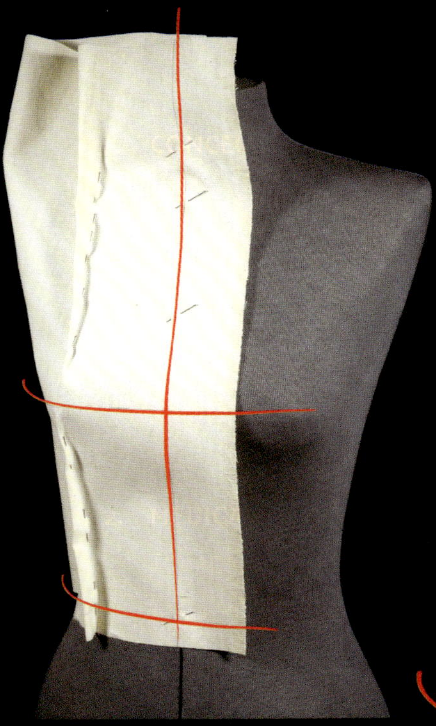

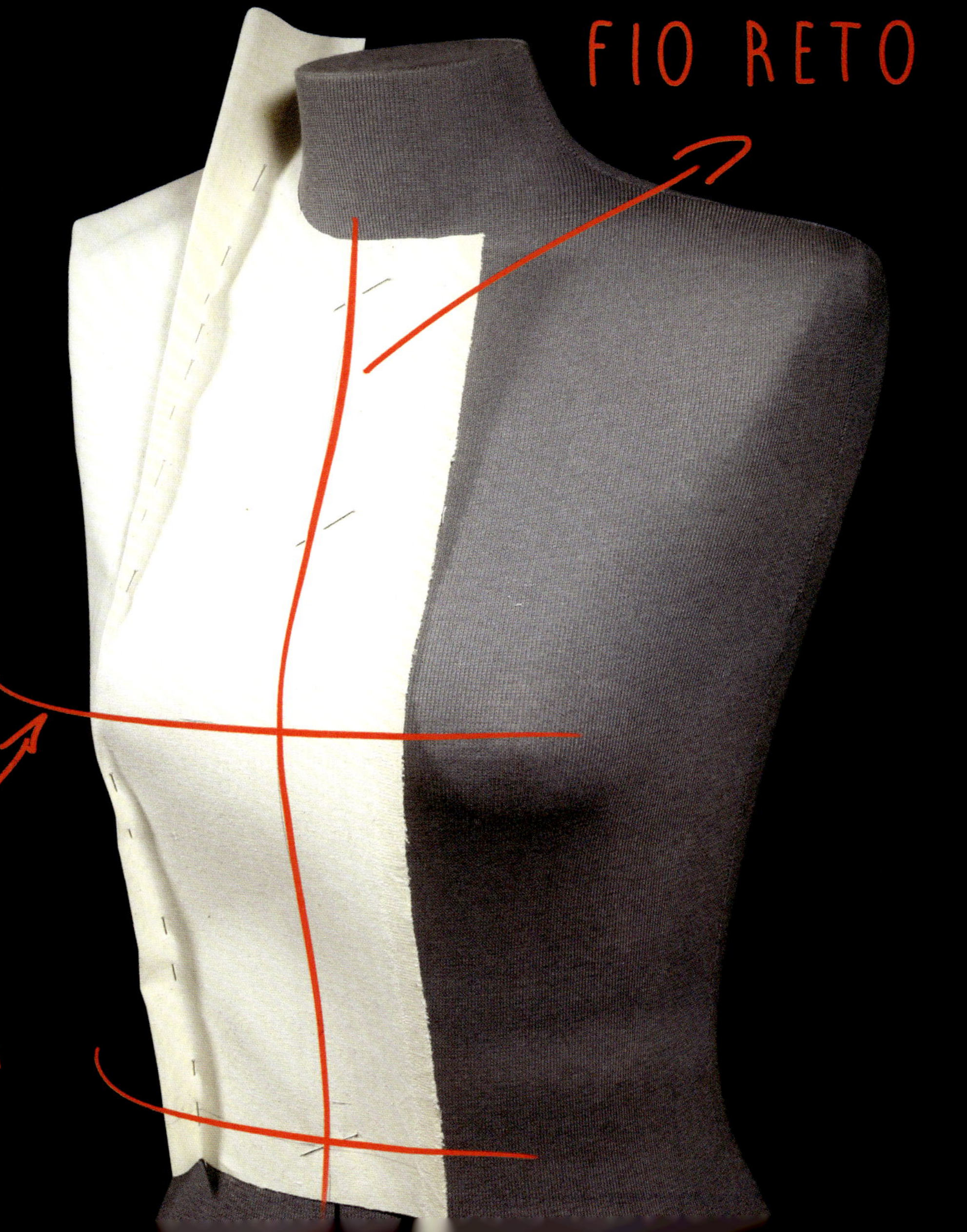

Modelagem

A modelagem consiste em uma técnica utilizada para representar, por meio de moldes, a forma das roupas, possibilitando a construção e a montagem. É fundamental dentro da indústria de confecção, pois sem o molde a forma não se concretiza e a idealização de um modelo de roupa se torna inexistente.

Mesmo que a modelagem faça parte de uma área técnica, a sensibilidade do profissional que constrói moldes – o modelista –, ao inserir nesses moldes folgas e volumes para atingir a silhueta desejada, harmonizando o desenho das costuras que ficarão visíveis na peça, transcende o caráter técnico e dá "vida" à roupa.

Seja uma roupa concebida de forma industrial, seja sob medida, a modelagem se faz presente em ambos os casos. A ideia, o desenho, a foto ou a própria peça como modelo chegam ao modelista, que transfere para o molde sua interpretação. A partir daí, para que o molde possa ser avaliado, corrigido e aprovado, são essenciais a montagem e a costura em tecido. Na cadeia produtiva, as etapas são necessárias e dependentes. Não se obtém o molde sem a idealização do produto, não se costura sem o tecido e não o cortamos sem a modelagem: a forma só é concebida quando todas as etapas são realizadas.

Um dos principais fundamentos da modelagem é o reconhecimento do corpo: a modelagem reproduz antropometricamente o corpo, respeitando suas formas e seus movimentos, e isso pode ser feito por duas técnicas: a modelagem plana (bidimensional) e a moulage (tridimensional). A primeira é realizada diretamente sobre o papel utilizando conhecimentos geométricos e matemáticos, bem como as medidas do corpo, para fazer os traçados dos moldes. A segunda é executada diretamente sobre o corpo (um manequim de costura) com o tecido, e já visualizamos a roupa montada (com alfinetes). Posteriormente, esse tecido é planificado e dele se obtém o molde.

Esta obra tem como foco o aprendizado da modelagem plana – técnica e prática mais utilizadas na indústria de confecção –, embora, conforme citado anteriormente, boa parte de seus conceitos e sua teorização de bases e volumes tenha sido proveniente de estudos realizados por moulage.

Por se tratar de traçados planificados, ao longo do texto serão inseridas diversas explicações e justificativas para que haja a compreensão do leitor sobre o corpo e a parte da roupa a que corresponde o molde. Sempre teremos a peça finalizada montada em tecido, reforçando que molde × tecido × costura fazem parte de um processo completo.

Base de corpo, base de volume ou modelo?

Bases

As bases correspondem à "planificação do corpo": a representação bidimensional de suas curvas, suas formas e seus volumes. Para que a reprodução seja fiel, a precisão é necessária em todo o processo de construção da base: na tomada de medidas, nos cálculos e no traçado. São três as bases apresentadas nesse conceito: saia, corpo e calça. Elas servirão como referência de formas para o desenvolvimento de diversos volumes e modelos de roupas.

As bases localizam os principais contornos do corpo, assim como todas as medidas da tabela utilizadas em sua construção. Não representam modelos de roupas, e sim a acomodação do tecido sobre a parte do corpo que está revestindo, respeitando suas medidas, seus contornos e suas saliências.

BASE DE SAIA: começa na cintura, passa pelo quadril e segue reta até o joelho.

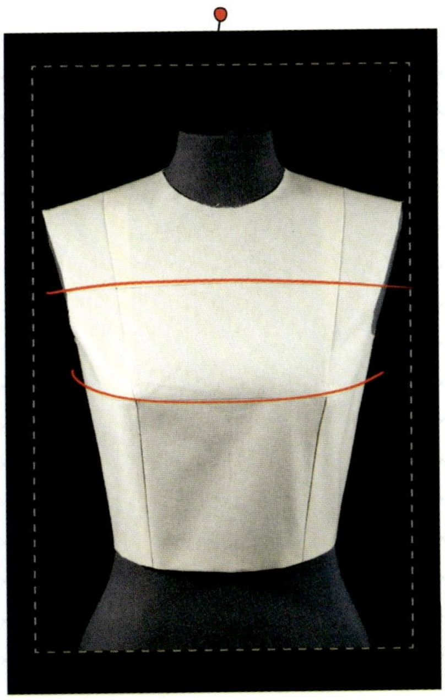

BASE DE CORPO: começa no pescoço, passa pela entrecavas (parando neste ponto, ou seja, não contempla os braços), passa pelo volume do busto e termina na cintura.

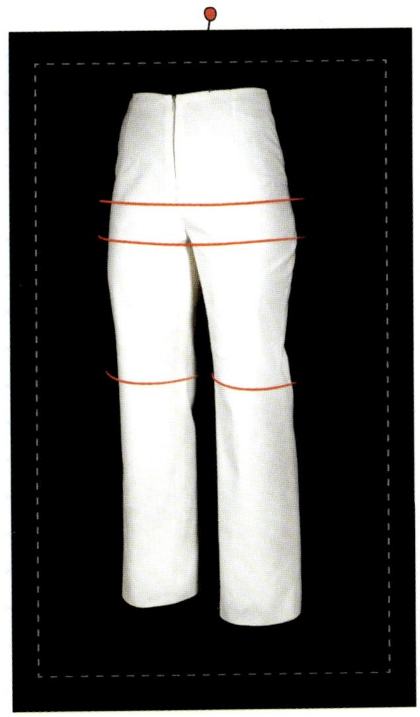

BASE DE CALÇA: começa na cintura, passa por quadril, gancho e entrepernas e termina nos pés.

Os traçados das bases são definidos para que sejam confeccionados em tecido plano, material originalmente mais estável. As bases são cortadas rigorosamente no fio reto de modo que as principais linhas de contorno do corpo no molde fiquem posicionadas sobre o fio de trama do tecido (para mais informações, ver "Tecidos e a interpretação da modelagem", neste capítulo). Nessa posição, o tecido não tem sua estrutura modificada e as costuras que formam as pences das bases resultam das "sobras" para acomodá-lo sobre o corpo.

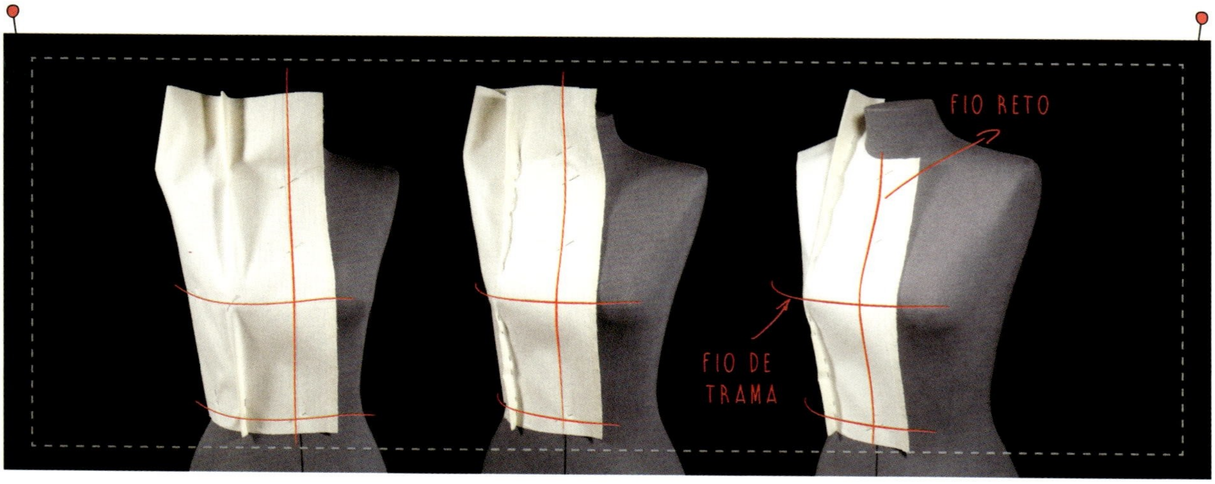

No desenvolvimento de peças sob medida, o ideal é que seja traçada a base relacionada ao modelo a ser trabalhado (de corpo, saia ou calça) nas medidas do corpo da pessoa, e a partir da reprodução bidimensional desse corpo é que se traça a modelagem do modelo. No caso da indústria, o processo é semelhante, mas o corpo para o qual se trabalha é definido conforme o segmento para o qual a empresa produz, o que determina o biótipo representativo de seu consumidor. Esse biótipo funciona como parâmetro para o desenvolvimento das bases e, consequentemente, das peças de roupas.

Bases de volumes

No método apresentado consideram-se, como bases de volumes, as construções feitas a partir das bases definidas anteriormente e que caracterizam os principais volumes de peças do vestuário feminino – por exemplo, volumes evasês em saias e vestidos.

Nessas bases, as pences podem ser deslocadas, formando volumes e folgas. Em relação ao tecido sobre o corpo, ele não se mantém mais estático como nas bases de corpo, saia e calça; movimenta-se de acordo com o volume inserido, caracterizando caimentos específicos.

Na indústria é comum o desenvolvimento dessas bases para determinar as silhuetas utilizadas em cada coleção, pois já possuem alterações e folgas que serão utilizadas na obtenção de outros modelos.

Modelos

É nesta etapa que se faz o modelo, ou seja, a roupa efetivamente. Partindo de uma base de corpo ou de volume (no caso da indústria), manipula-se a forma de maneira que se transforme em modelo. Aqui se mantém a referência do corpo somente como suporte e forma a ser vestida.

Surgem as folgas de modelo, o quanto é necessário para que o molde, depois de montado, seja coerente com o modelo proposto. É possível descer e abrir decotes, aumentar comprimentos, inserir recortes, trabalhar com as pences, acrescentar volumes, ou seja, são inúmeras as possibilidades. É neste momento que o processo se torna mais interessante e criativo dentro das técnicas apresentadas.

Tecidos e a interpretação da modelagem*

O tecido ou superfície têxtil é um produto bidimensional (com direito e avesso) que, a partir do trabalho do modelista, se transforma em uma peça tridimensional: a roupa em si.

As características de cada tecido são basicamente determinadas por dois fatores:

- a composição dos fios;
- a forma de obtenção, ou seja, o modo de entrelaçamento desses fios.

Composição dos fios

Os fios são compostos de fibras ou filamentos, que, por sua vez, podem ser de duas categorias: naturais e químicas.

---

* Este texto é assinado por Mitiko Kodaira de Medeiros, mestra em Comunicação e técnica têxtil. Atua como consultora e professora de materiais têxteis em cursos de graduação e pós-graduação na área de moda. (N. E.)

As fibras naturais são obtidas da natureza, de origem vegetal (por exemplo, algodão e linho), animal (lã e seda) e mineral (amianto).

As fibras químicas são produzidas pelo homem e se classificam em:

ARTIFICIAIS: provenientes do tratamento de matéria-prima natural, a saber: animal (por exemplo, lanital) e vegetal (por exemplo, viscose).

SINTÉTICAS: sintetizadas do petróleo (por exemplo, poliéster).

Os fios apresentam propriedades diversas: elasticidade, finura, resistência, toque e capacidade de absorção e retenção de água. Eles podem ser texturados, lisos, torcidos, brilhantes, influenciando o tipo de tecido que irão compor.

Os tecidos de materiais naturais animais e vegetais proporcionam maior conforto ao usuário. Os de materiais de origem química com base natural, embora possam oferecer conforto, amassam bastante, têm toque mais frio e podem apresentar brilho. Por fim, os tecidos de materiais de origem química sintética são resistentes, quentes e não amassam com facilidade.

Forma de obtenção

Considerando a maneira como são obtidos, os tecidos podem ser classificados em:

TECIDOS PLANOS, oriundos do entrelaçamento de fios verticais (comprimento/urdume) cruzando com fios horizontais (largura/trama);

TECIDOS DE MALHA, originados do entrelaçamento de fios horizontais;

NÃOTECIDOS, conhecidos também pelo termo inglês *nonwoven* e provenientes do aglomerado de fibras têxteis orientadas e aglutinadas.

Neste livro, o foco é a modelagem em tecido plano. Para isso, é preciso entender como o entrelaçamento de urdume e trama influencia a atuação do modelista.

Corte e caimento

Urdume e trama assumem funções diferentes no momento da tecelagem, tendo relação direta com o caimento do tecido. O fio de urdume fica tensionado no tear, e só então o fio de trama é inserido para a formação do tecido. A trama se acomoda no tear, e por essa razão o fio pode ser menos resistente, apresentando maior elasticidade. Por esse motivo é que os tecidos têm maior elasticidade na largura, independentemente de o fio usado na trama conter ou não elastano em sua composição.

A modelagem é desenvolvida no fio de urdume (ou seja, com o tecido na longitudinal). Para isso, é marcado no molde o chamado fio reto. O uso do tecido no fio de urdume possibilita um caimento melhor. O mesmo tecido utilizado no contrafio (posição de trama) deixa a peça estruturada, por isso costuma ser empregado em pala de camisa e barra de saia, por exemplo.

Além de comprimento e largura, há um terceiro elemento a ser considerado: o viés (diagonal). Quando o corte é feito no viés, em tecidos leves (por exemplo, crepe georgette) temos como resultado um caimento mais lânguido e maior maleabilidade em relação ao corpo. No caso de tecidos mais pesados e estruturados (gabardine, por exemplo), o resultado é apenas a acomodação ao corpo. Deve-se evitar o corte em viés em tecidos que apresentem alta densidade no urdume, como cetim, porque pode causar a formação de bicos assimétricos em peças como saia.

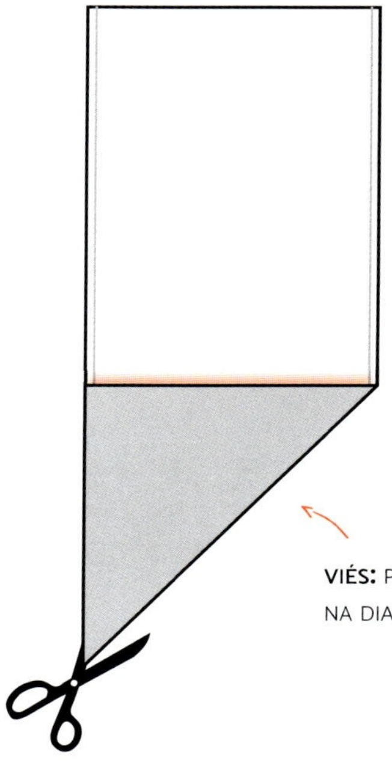

A interpretação do modelista

O comportamento do tecido, determinado pela matéria-prima dos fios e pelo modo de obtenção, é levado em conta pelo modelista na elaboração do molde, pois a característica da superfície têxtil tem impacto na construção das bases e dos volumes.

Tecidos com toque seco, armados e estruturados, obtidos de filamentos lisos e engomados, têm a capacidade de criar volume em uma saia ou em uma manga. Alguns bem conhecidos são tafetá, gazar e shantung.

Tecidos com maior elasticidade, toque áspero/arenoso e fluidez, proporcionados pelos multifilamentos ou por fios muito torcidos, são bastante versáteis e podem ser usados em peças diversas, como saias, vestidos e blusas. Como exemplos, temos o já citado crepe georgette, musselina, voile e crepe de lã.

Tecidos com toque liso, escorregadios e que apresentam maleabilidade, produzidos com filamentos lisos, desengomados e torção natural de manuseio de produção, são indicados para roupas mais sofisticadas. Alguns exemplos são cetim e crepe da china.

A tela de algodão cru é o tecido utilizado para ilustrar todos os modelos deste livro. A escolha se deve a características desse material: é engomado, tem baixo custo, toque seco e peso médio e apresenta boa estabilidade dimensional, o que permite avaliar a tridimensionalidade da modelagem proposta. Essas propriedades fazem com que a roupa se encaixe mais próxima ao corpo, acomodando sua forma natural, e possibilitam a visualização de volumes com folga, ajustes de pences, pregas, dobras, etc. No entanto, como efeito adverso esse tecido apresenta a característica de amassar quando representa um corpo em movimento. Essa reação deve ser considerada na visualização das fotos do livro.

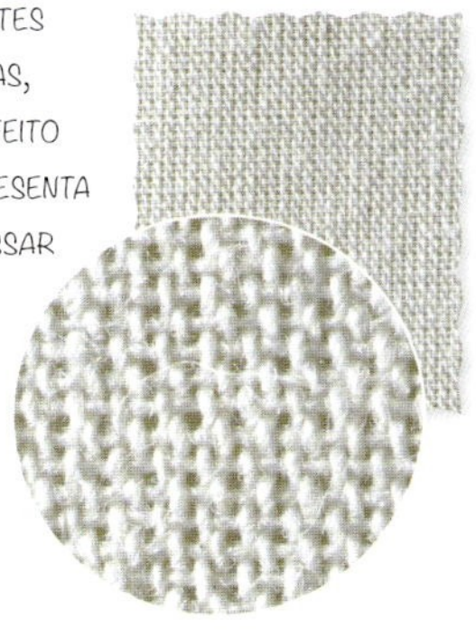

Conhecimentos básicos de geometria*

Para traçar os moldes propostos na metodologia apresentada nesta obra, não é necessário o uso de qualquer tipo de gabarito ou regra especificamente desenvolvidos para esse fim. A construção ocorre de forma plana e com base em princípios básicos de matemática e geometria utilizando ferramentas simples e de fácil acesso.

A seguir, a descrição de alguns cálculos, elementos e construções geométricas mais utilizados nos traçados.

Fração

Representa uma ou várias partes de um todo que foi dividido. É composta de numerador (o número de cima) e denominador (o número de baixo), que apresentam funções distintas.

$$\frac{1}{2}$$

NUMERADOR: INDICA QUANTAS PARTES DO TODO SERÃO USADAS PARA DETERMINADO FIM.

DENOMINADOR: INDICA EM QUANTAS PARTES O TODO SERÁ DIVIDIDO.

NA CONSTRUÇÃO DAS BASES, INICIALMENTE SE TRABALHA COM A METADE DO CORPO, POIS OS TRAÇADOS SÃO SIMÉTRICOS. DESSA FORMA, O USO DAS FRAÇÕES EM RELAÇÃO ÀS MEDIDAS DO CORPO É MUITO FREQUENTE. A SEGUIR, ALGUNS EXEMPLOS PRÁTICOS SOBRE O USO DE FRAÇÕES UTILIZADOS NO MÉTODO.

1/4 DO BUSTO: INDICA QUE SE DEVE USAR UMA PARTE DE OUTRAS QUATRO DA MEDIDA TOTAL DO BUSTO, OU SEJA, DEVE-SE DIVIDIR SEU VALOR (POR EXEMPLO, 86 CM) EM QUATRO PARTES.

$$\frac{86\ \text{cm}}{4} = \mathbf{21{,}5\ cm}$$

2/3 DO BUSTO: INDICA QUE SE DEVEM USAR DUAS PARTES DAS TRÊS PELAS QUAIS A MEDIDA DO BUSTO SERÁ DIVIDIDA. ESSA FRAÇÃO PODE VIRAR ENTÃO UMA EQUAÇÃO SIMPLES $\left(\frac{86\ \text{cm}}{3}\right) \times 2$ E DEVE SER RESOLVIDA POR ESTAPAS:

$$\frac{86\ \text{cm}}{3} = 28{,}66\ \text{cm}$$

$$28{,}66\ \text{cm} \times 2 = \mathbf{57{,}32\ cm}$$

EM AMBAS AS SITUAÇÕES, O VALOR FINAL É O QUE SERÁ UTILIZADO.

----

* Este texto, "Materiais para modelagem", "Como utilizar o método" e "Afinal, como é o corpo da brasileira?" são assinados por Daniela Nunes Figueira Belschansky, mestra em Moda, Cultura e Arte. Atua no ensino superior como coordenadora pedagógica no Centro Universitário Senac e leciona em cursos livres, de graduação e de pós-graduação *lato sensu* nos temas modelagem plana, moulage, gradação, costura e desenho técnico digital. (N. E.)

Números decimais

Os números decimais (que contêm vírgula e números após essa vírgula) servem para indicar uma parte de um todo (0,5) ou uma parte além de um todo (24,5). No primeiro exemplo, o zero anterior à virgula indica que não se chega a utilizar um todo, isto é, utiliza-se um valor que está necessariamente entre 0 e 1. No segundo exemplo, essa indicação se mantém, mas a parte está entre 24 e 25.

Nesta metodologia, a unidade de medida será basicamente expressa em centímetros. Os valores resultantes dos cálculos nos traçados não serão arredondados, a menos que haja necessidade de arredondamento para localizá-los na régua.

Ângulos

São espaços entre duas retas que partem de um mesmo ponto ou eixo. Medem-se em graus (°) que vão de 0° a 360°, sendo 360° um círculo completo. Os aparelhos para medir os ângulos são os transferidores.

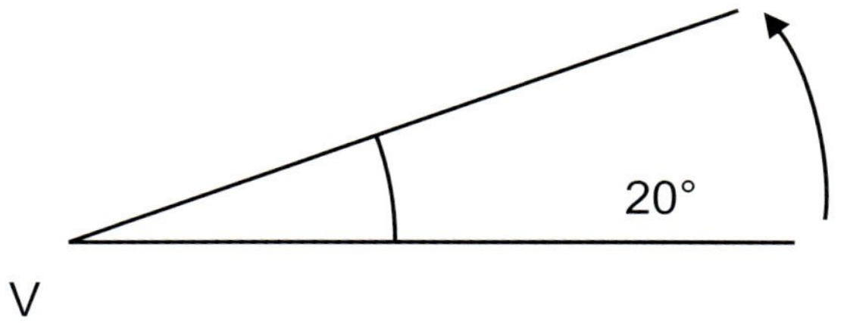

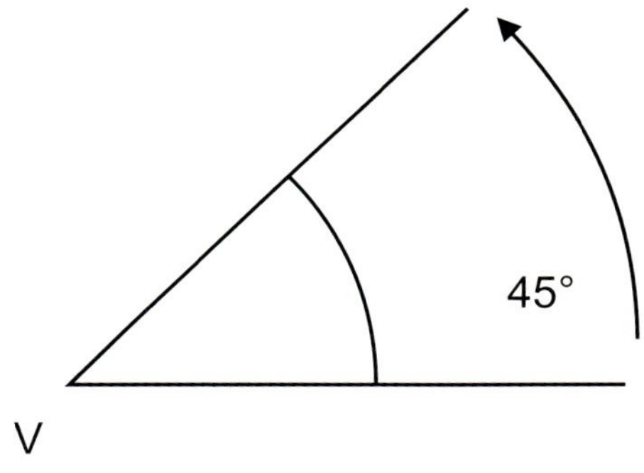

Para a construção de moldes, trabalha-se muito com o ângulo de 90° (ângulo reto). Para que seja alcançado, podem-se usar o transferidor ou o esquadro – ambos tendo uma reta "base" como suporte.

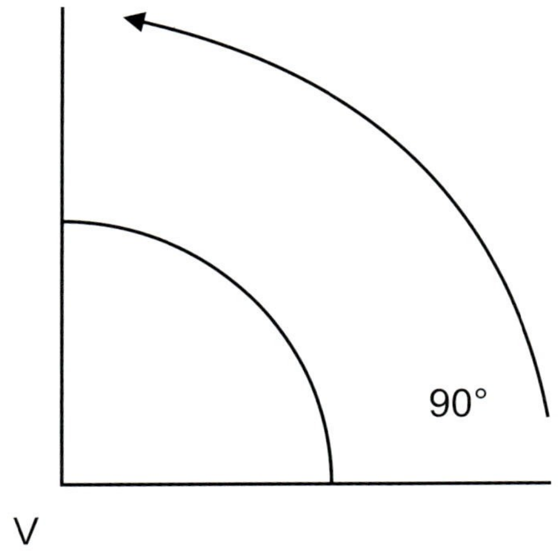

Retas

Em sua concepção, trata-se de uma linha esticada que liga pelo menor perímetro dois elementos em posições distintas. Por ser um método geométrico de modelagem, é importante ressaltar que o instrumento utilizado para garantir que as linhas aqui utilizadas estejam efetivamente retas, e não sinuosas ou tortas, é a régua. Todas as retas indicadas ao longo deste livro devem ser feitas com auxílio dessa ferramenta.

SEGMENTOS DE RETAS: SÃO RETAS COM MEDIDAS DEFINIDAS EM SEUS EXTREMOS, OU SEJA, INÍCIO E FIM. ESSE TIPO DE RETA SERÁ MUITO UTILIZADO NESTE MÉTODO.

RETAS PARALELAS: SÃO RETAS TRAÇADAS DE FORMA QUE TENHAM SEMPRE A MESMA DISTÂNCIA ENTRE SI. ELAS NUNCA SE ENCONTRAM.

SÍMBOLO QUE INDICA ÂNGULO RETO

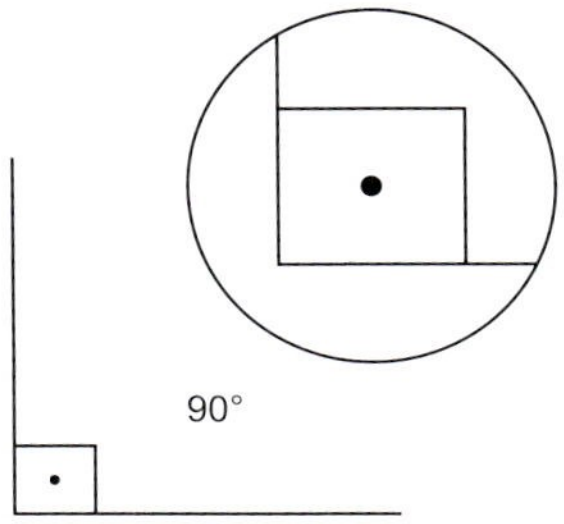

RETAS PERPENDICULARES: SÃO AQUELAS QUE SE CRUZAM FORMANDO UM ÂNGULO DE 90°.

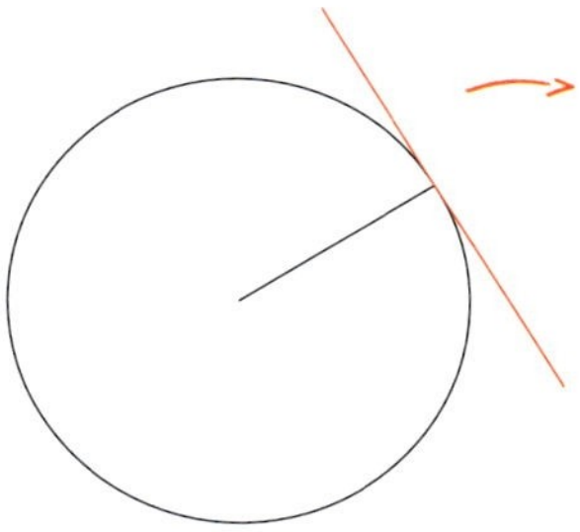

RETA TANGENTE: É UMA RETA QUE PASSA POR UM CÍRCULO, ENCOSTANDO NA BORDA E TOCANDO-O POR APENAS UM PONTO.

Ao longo dos traçados aqui apresentados, haverá a indicação de traçar retas tangentes a algumas curvas e de traçado de curva que "finalize" tangente a uma reta. Neste caso, a ideia é de que a reta comece ou termine suavemente na curva, de forma a não fazer bicos ou quinas, como mostram as imagens abaixo.

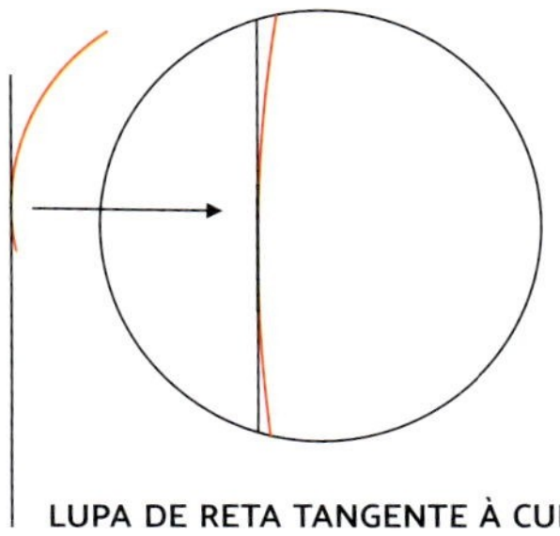

LUPA DE RETA TANGENTE À CURVA

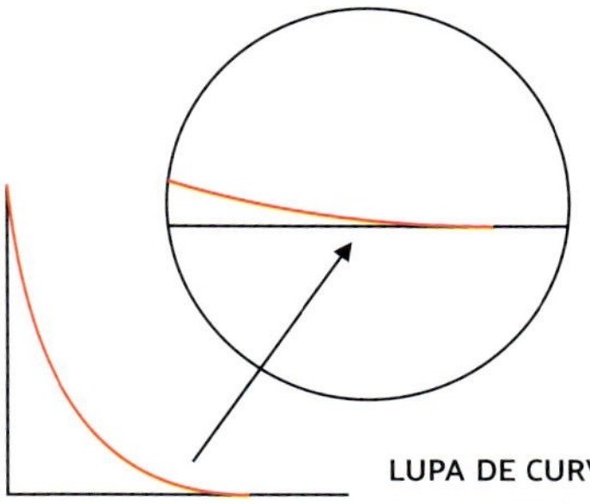

LUPA DE CURVA TANGENTE À RETA

Raio

É a distância do ponto central de um círculo até sua borda, utilizada para traçar circunferências.

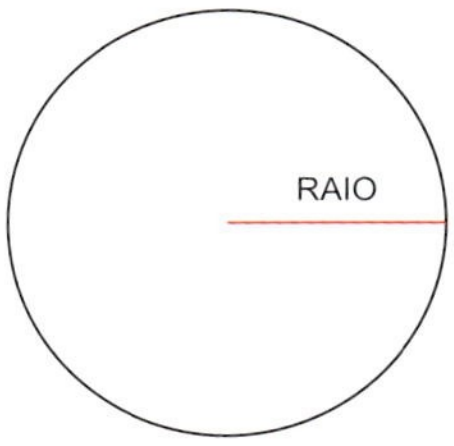

Materiais para modelagem

O desenvolvimento de modelagem requer o máximo de precisão, portanto os materiais devem ser de boa qualidade, adequados à finalidade e utilizados de forma correta nos traçados.

A lista a seguir traz esses materiais com comentários sobre cada um deles. Estão divididos em básicos, específicos e de apoio.

Materiais básicos

São materiais fundamentais para a construção dos moldes.

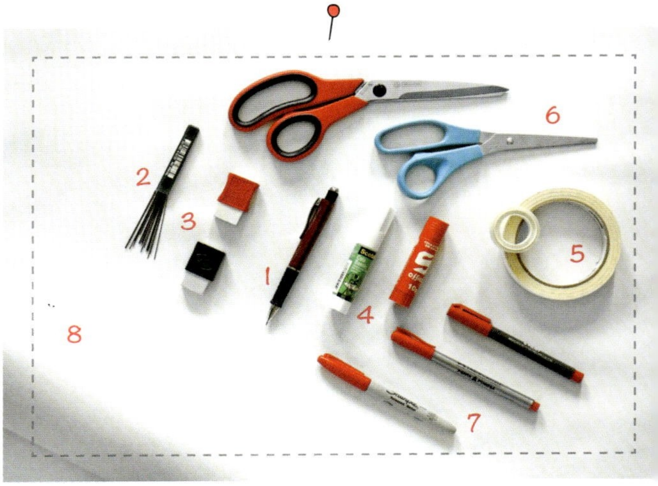

1. **LAPISEIRA 0,5 CM OU 0,7 CM:** quanto mais fino for o traço na construção dos moldes, menor será a distorção de medidas.
2. **GRAFITE:** espessura de acordo com a lapiseira escolhida. Os mais indicados são os grafites da linha B, mais macios (até 4B é o ideal). Grafites duros rasgam o papel com mais facilidade.
3. **BORRACHA:** recomenda-se também que seja mais macia.
4. **COLA:** as colas tipo bastão são as mais indicadas na modelagem, pois quase não deformam o papel.
5. **FITA ADESIVA:** os tipos mais recomendados são as fitas-crepe e as fitas adesivas transparentes foscas, pois é possível traçar com o grafite sobre elas.[1]
6. **TESOURA:** para modelagem recomenda-se que sejam grandes (tamanho mínimo em torno de 20 cm) e de uso exclusivo para papel. Usar uma mesma tesoura em materiais diferentes faz com que fique sem corte, dificultando a utilização e impactando a precisão do movimento.
7. **CANETA COM PONTA POROSA (VERMELHA):** utilizada para a marcação do fio reto nos moldes. Não deve ser muito grossa: 0,2 mm ou 0,3 mm são medidas ideais, pois mantêm a precisão da linha.
8. **PAPEL PARA MOLDE:** podem-se usar diversos tipos de papel, entre eles o kraft e o sulfite. O tamanho deve ser suficiente para comportar os traçados. Papéis em rolo evitam emendas nos moldes.

[1] Por serem materiais muito utilizados nos moldes, a escolha entre a fita adesiva e a cola fica a critério do usuário.

Materiais específicos

Também são materiais fundamentais para o desenvolvimento dos moldes, mas, diferentemente dos básicos, a maioria destes aqui foi desenvolvida especificamente para a modelagem.

1. **RÉGUA QUADRICULADA DE 60 CM:** régua específica para traçar modelagem. Por ser quadriculada, auxilia na precisão dos traços ao longo do processo. São encontradas em PVC ou acrílico. A diferença entre esses materiais está basicamente no fato de o primeiro ser flexível e o segundo, não. Caso essa régua não seja encontrada, pode-se usar uma régua comum de 60 cm, mas esta deve ser de acrílico ou plástico. Evite as de madeira, MDF ou materiais similares, pois são imprecisas e não têm transparência. Outra opção são as réguas de metal. Estas oferecem altíssima precisão, mas deixam a desejar em relação à transparência.

2. **ESQUADRO:** instrumento utilizado na construção de linhas. Recomenda-se que seja de acrílico e de tamanho grande (acima de 20 cm).

3. **CURVA FRANCESA:** régua específica para auxiliar na construção de linhas curvas. Existem modelos desenvolvidos para modelagem de vestuário.

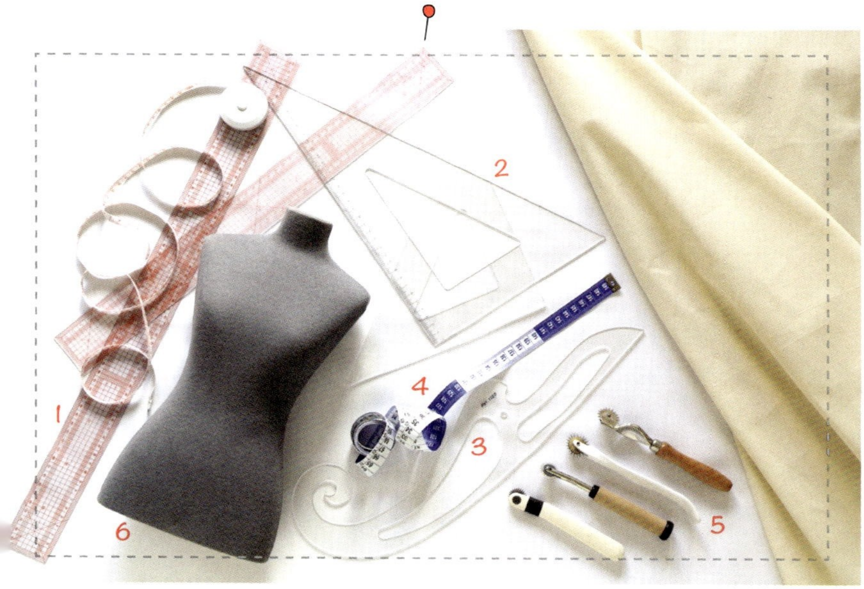

4. **FITA MÉTRICA:** fita utilizada para a tomada de medidas. A unidade de medição deve ser o centímetro, mas é importante que a fita tenha marcação em milímetros em um dos lados. Recomenda-se que seja de fibra de vidro, material mais resistente e sem distorção.

5. **CARRETILHA:** instrumento para passar a marcação de uma parte para outra, seja no papel, seja até mesmo no tecido. Existem diversos modelos; os fatores mais importantes a levar em conta na hora de escolher são a firmeza e a precisão na marcação.

6. **BUSTO OU MANEQUIM DE COSTURA:** todo o desenvolvimento apresentado nesta metodologia se deu sobre um corpo representado por um busto ou manequim de costura*. São vários os tipos encontrados no mercado; o importante na escolha é que o modelo represente o biótipo e o tamanho utilizados na confecção das peças piloto, pois isso facilita o desenvolvimento dos moldes. No caso de elaboração de peças sob medida em que seja necessário o uso do manequim, é possível preenchê-lo com espuma ou manta acrílica até que atinja a forma e as medidas desejadas.

---

* Na imagem, o manequim (originalmente de tamanho 38) aparece reduzido em 50%. (N. E.)

Materiais de apoio (opcionais)

São materiais utilizados na confecção de moldes, a maioria específicos, embora possam ser substituídos.

1. **RÉGUA DE ALFAIATE OU CURVA PARA CALÇA:** trata-se de uma régua com curva mais alongada, ideal para traçar curvas de quadril em calças.
2. **ALFINETE DE COSTURA:** item muito importante para o momento das provas das peças, para marcar os possíveis ajustes a serem feitos. Os mais finos são mais indicados.
3. **ALICATE DE PIQUE:** instrumento que faz pequenos cortes/marcações, conhecidos como piques, na borda do molde.
4. **PUNÇÃO OU FURADOR MANUAL:** instrumento utilizado para fazer furos na parte interna do molde.
5. **VAZADOR:** instrumento com a mesma função do furador, porém mais sofisticado: ele vaza os moldes e vem com várias pontas de corte para que se escolha o diâmetro do furo.

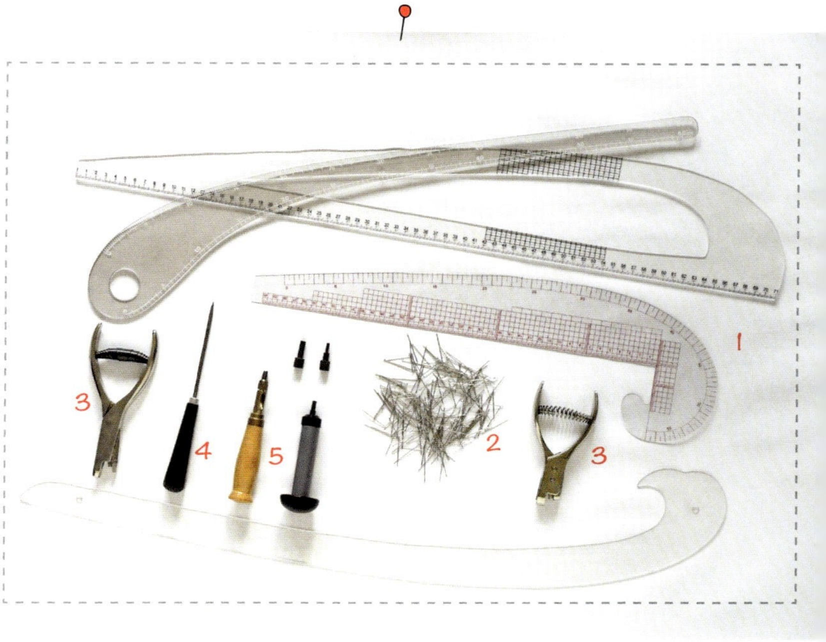

Como utilizar o método

O método aqui apresentado segue o padrão europeu de construção, ou seja, começa pelo traçado da frente e da direita para a esquerda. Os moldes são construídos lado a lado, de maneira que se tenha a visão do traçado do lado direito do corpo completo.

O exemplo ao lado corresponde ao traçado da base de saia. É possível observar os meios da frente (à direita) e das costas (à esquerda). Importante ressaltar que, por se tratar de bases, o ideal é que sejam construídas em suas metades, com o entendimento de que, quando o traçado for finalizado, o outro lado será um espelho daquele que foi construído.

1ª ETAPA DA SAIA

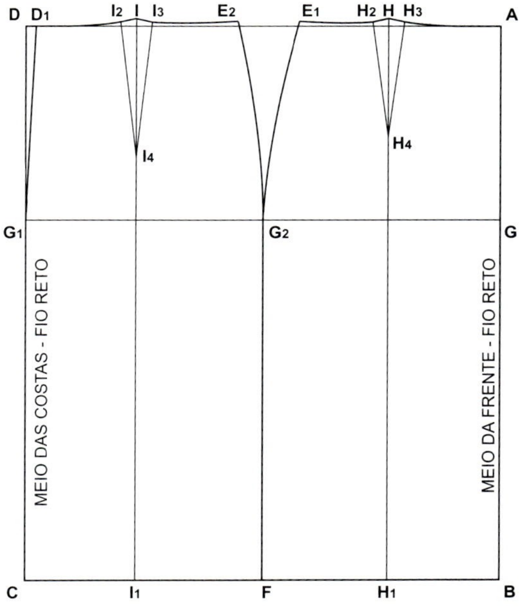

A utilização de letras e números indicando as etapas e a ordem a serem seguidas facilita a compreensão do passo a passo da construção do traçado.

No início de cada traçado é apresentada uma imagem da peça montada em tela de algodão com o molde correspondente, possibilitando a visualização tridimensional da modelagem.

Os traçados são apresentados em diversas etapas, sempre acompanhadas de texto explicativo seguido da imagem (desenho) correspondente. Pelo fato de os moldes serem construídos em etapas, elas estão divididas também por sua apresentação gráfica: somente a fase em desenvolvimento aparece em destaque na imagem (as etapas anteriores aparecerão em tom mais claro). Uma vez concluído o traçado, segue a imagem mais recente com o molde pronto, como exemplificado na base de saia.

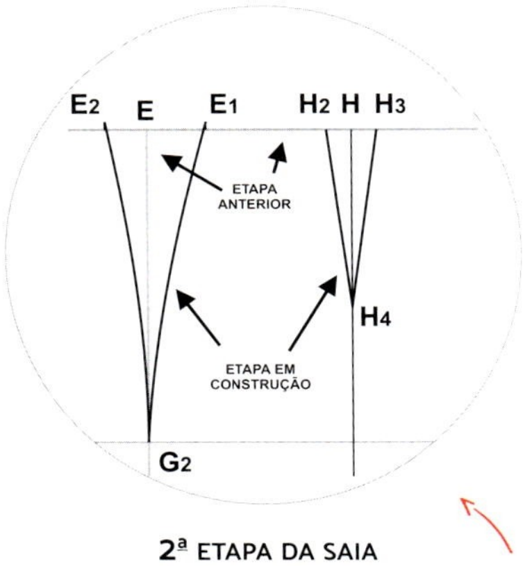

2ª ETAPA DA SAIA

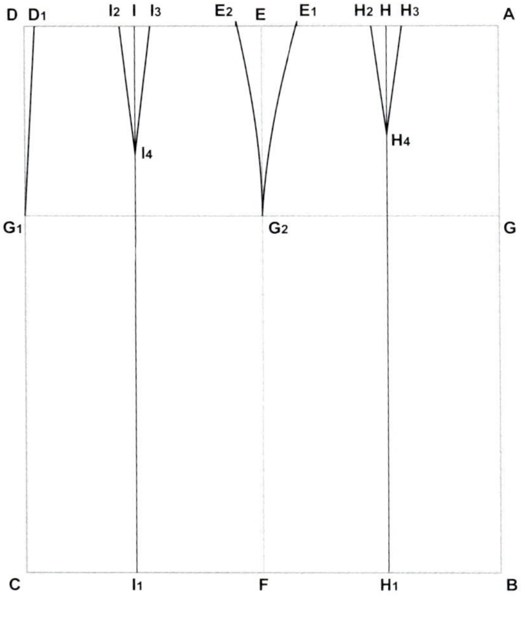

ÚLTIMA ETAPA DA SAIA: MOLDE PRONTO E COM A FRENTE ESPELHADA

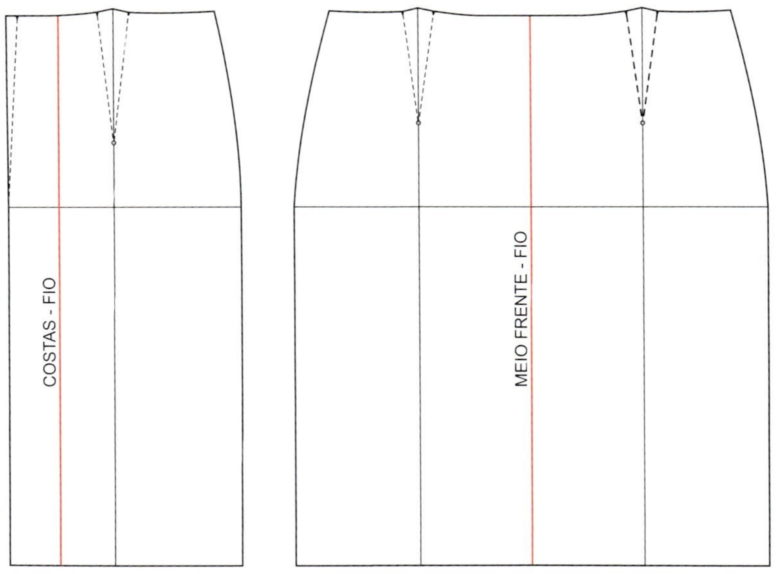

As modelagens não possuem valor de costura. Esses valores são inseridos sobre o molde finalizado, segundo a máquina na qual a peça será costurada e/ou conforme o acabamento a ser utilizado. É comum inserir 1 cm para as costuras em máquina reta e 0,5 cm em máquina overloque (normalmente para peças em tecidos de malha, o que não é o foco desta metodologia). No caso da barra, o valor varia de acordo com o acabamento desejado.

Além dos valores de costura, é muito importante que todas as marcações necessárias para a montagem da peça (como piques e marcações de pences) sejam repassadas para essa modelagem.

Ao longo dos traçados são inseridas dicas trazendo explicações mais complexas e outras informações importantes (por exemplo, sobre o caimento da peça).

CAPÍTULO 2

Medição do corpo

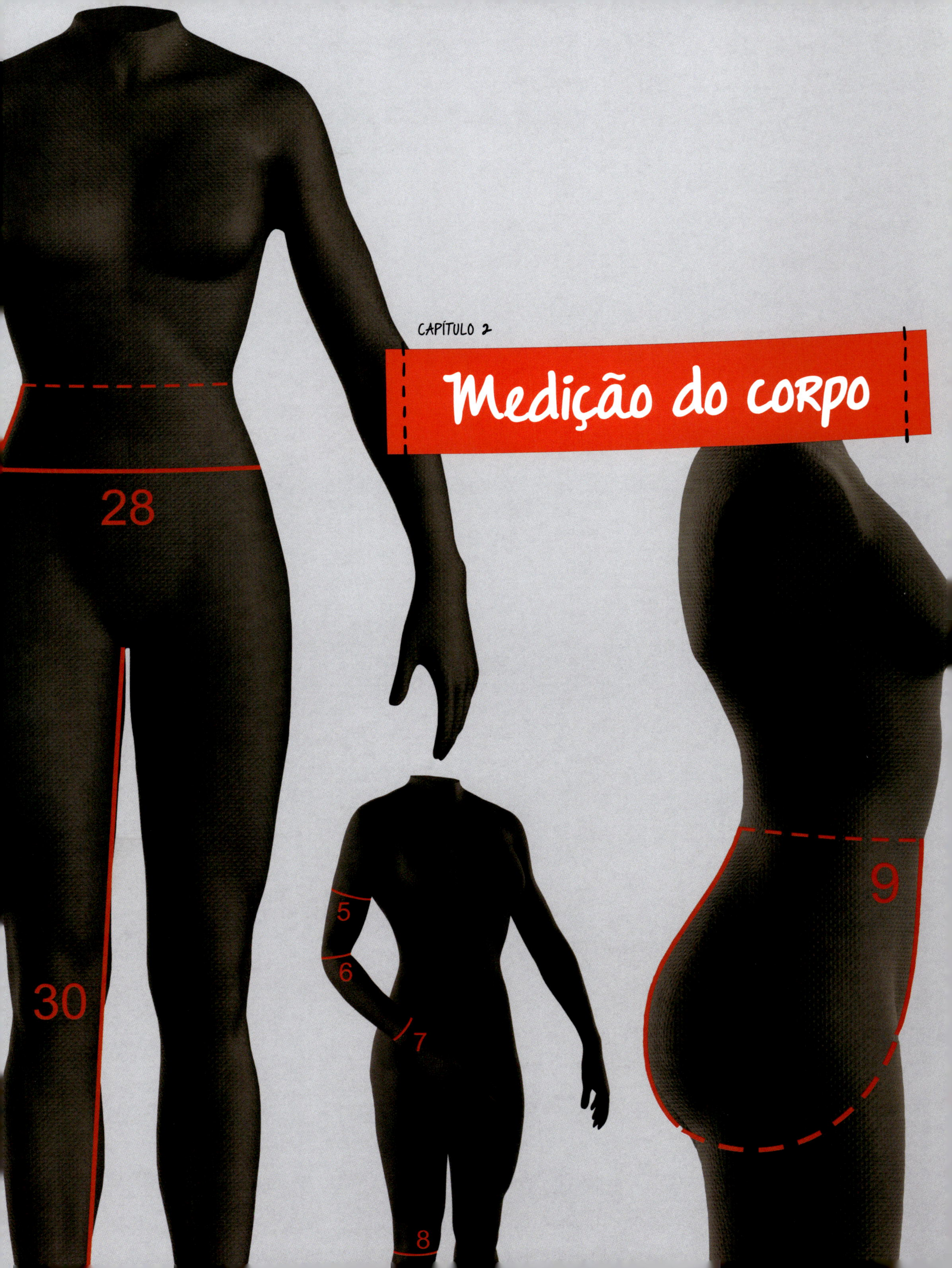

Tomada de medidas

A modelagem é feita de acordo com as medidas do corpo: industrialmente, trabalha-se com valores conforme uma tabela definida a partir do dimensionamento de um corpo feminino pertencente a determinado biótipo.

A localização das medidas apresentada neste livro tem referências dos métodos pesquisados, principalmente dos europeus. Algumas medidas foram adotadas exclusivamente para esta metodologia, como altura da cava e transversais frente e costas.

A precisão é um fator requerido durante todo o processo de construção de um molde, portanto é imprescindível que o modelista saiba localizar as medidas no corpo, utilizando corretamente uma fita métrica de boa qualidade. Ao medir um corpo, pode-se adotar a tolerância de 5 décimos para os arredondamentos, ou seja, de 0,5 em 0,5 cm.

Abaixo, alguns cuidados que devem ser observados ao tirar as medidas.

PREFERENCIALMENTE, a pessoa deve estar vestida com uma roupa de tecido leve e fino, que não marque o corpo, para ser possível apoiar a fita no local correto. Também pode estar usando uma roupa justa – de malha, por exemplo –, porém que não aperte nem deforme o corpo.

A LINGERIE utilizada não deve alterar o corpo (por exemplo, sutiã de bojos volumosos).

A CINTURA deve ser marcada com um elástico estreito. Esse material facilita acomodar sem apertar demais, pois a medida não deverá ser alterada.

A PESSOA deve, de preferência, estar descalça, para manter a postura correta durante o processo.

A descrição das medidas do corpo e o modo de localizá-las são apresentadas a seguir. (As medidas estão relacionadas numericamente com a imagem de tomada de medidas.)

1. CONTORNO DO BUSTO: contorno do tórax, passando pelos mamilos.

2. CONTORNO DA CINTURA: contorno da região mais estreita do tronco.

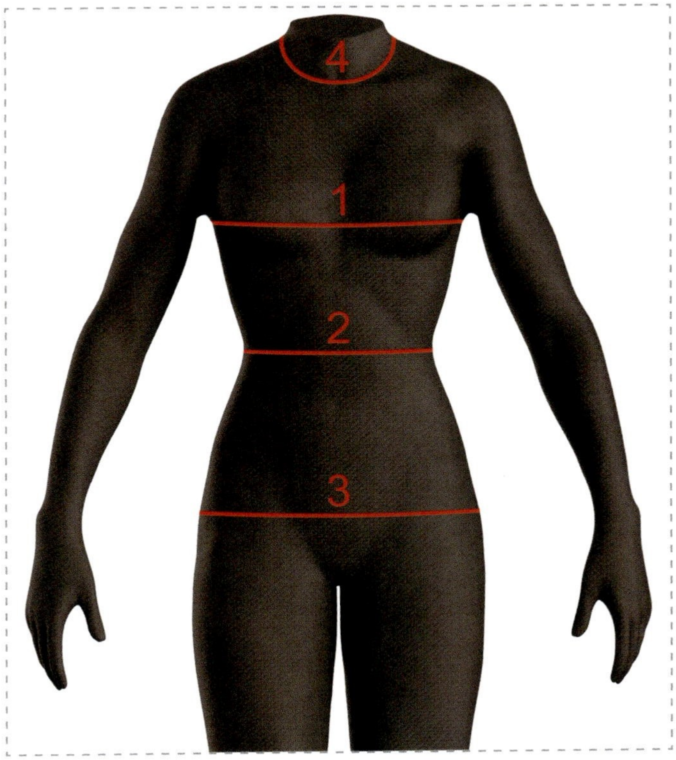

A MARCAÇÃO DA LINHA DE CINTURA, FEITA COM UMA FITA OU UM ELÁSTICO ESTREITOS, SERVIRÁ COMO APOIO DE OUTRAS MEDIDAS.

3. CONTORNO DO QUADRIL: contorno da parte mais saliente do quadril, passando pelas nádegas.

4. CONTORNO DO PESCOÇO: contorno do pescoço, passando pela sétima vértebra cervical, nas costas, e a incisura jugular (depressão abaixo da extremidade da clavícula).

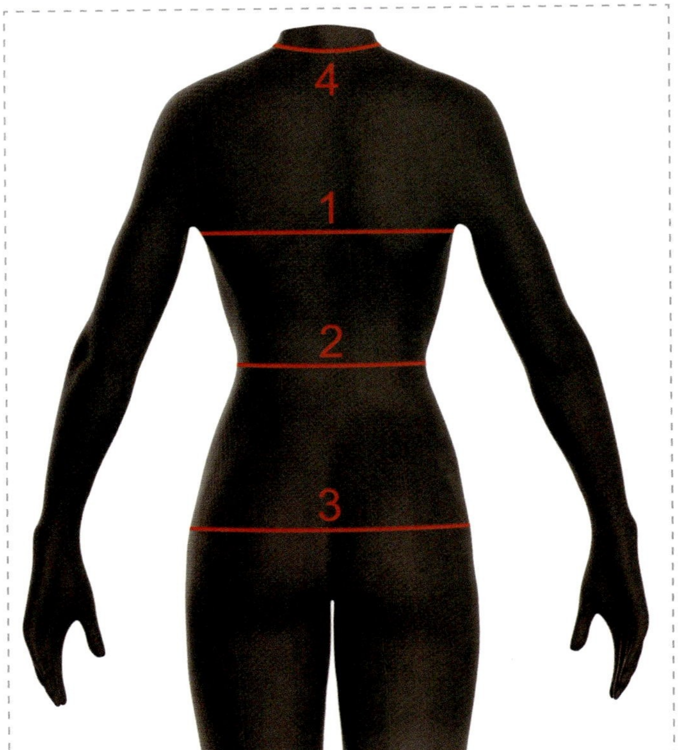

NA TOMADA DE MEDIDA DO PESCOÇO, AO POSICIONAR A FITA MÉTRICA, MARQUE NO CORPO (TENDO COMO REFERÊNCIA A PARTE INFERIOR DA FITA MÉTRICA) OS PONTOS INDICADOS NO MEIO DAS COSTAS, NO MEIO DA FRENTE E NA LATERAL DO OMBRO. ESSAS MARCAÇÕES SERVIRÃO COMO REFERÊNCIA PARA A TOMADA DE OUTRAS MEDIDAS.

5. CONTORNO DO BRAÇO: contorno do maior volume do braço na região do bíceps. Meça com o braço tensionado e flexionado em ângulo reto.

6. CONTORNO DO COTOVELO: contorno dessa parte do corpo. Faça a medição com o braço flexionado em ângulo reto.

7. CONTORNO DO PULSO: contorno do pulso, passando pelos ossos salientes.

8. CONTORNO DO JOELHO: contorno do joelho, passando pelo osso mais saliente na parte frontal e no ponto de articulação na parte traseira. Tire essa medida com a pessoa sentada e com a perna dobrada a 90°.

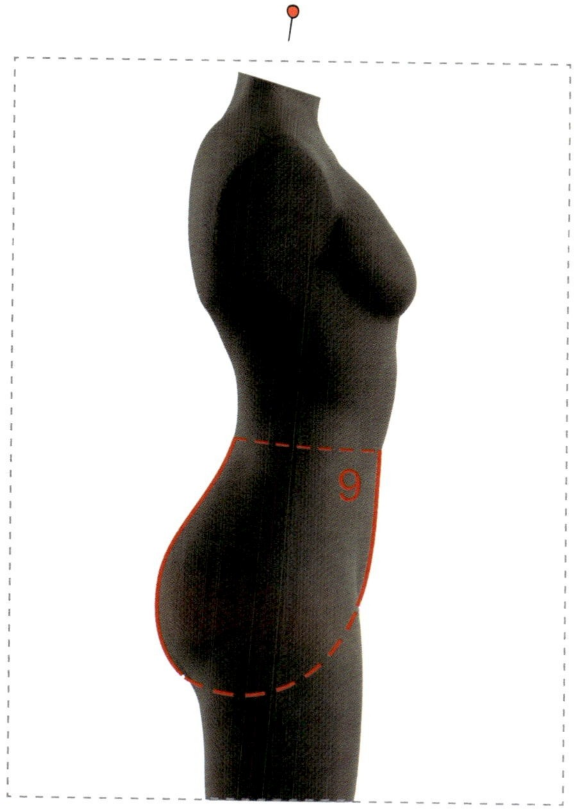

9. CONTORNO DO GANCHO: contorno medido verticalmente a partir da linha de cintura no meio na frente até a linha de cintura no meio das costas, passando por entre as pernas pela região dos órgãos genitais.

Para medir as alturas do corpo, utilize as marcações no pescoço até a linha de cintura.

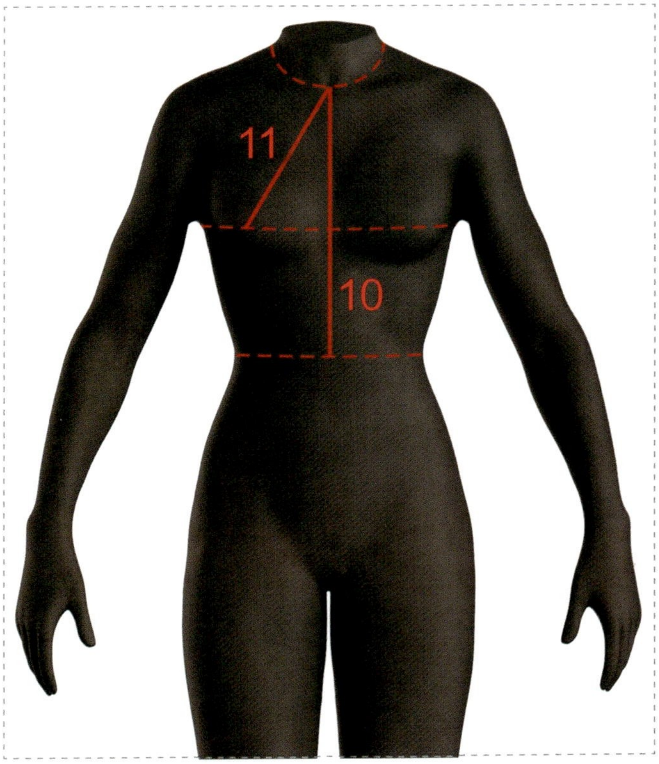

10. ALTURA DO CORPO FRENTE: distância entre o pescoço (na incisura jugular) e a cintura. Meça sobre o meio da frente.

11. ALTURA DO BUSTO: distância entre o pescoço (na incisura jugular) e o mamilo. Meça na diagonal.

12. ALTURA DO CORPO COSTAS: distância entre o pescoço (na sétima cervical) e a cintura. Meça sobre o meio das costas.

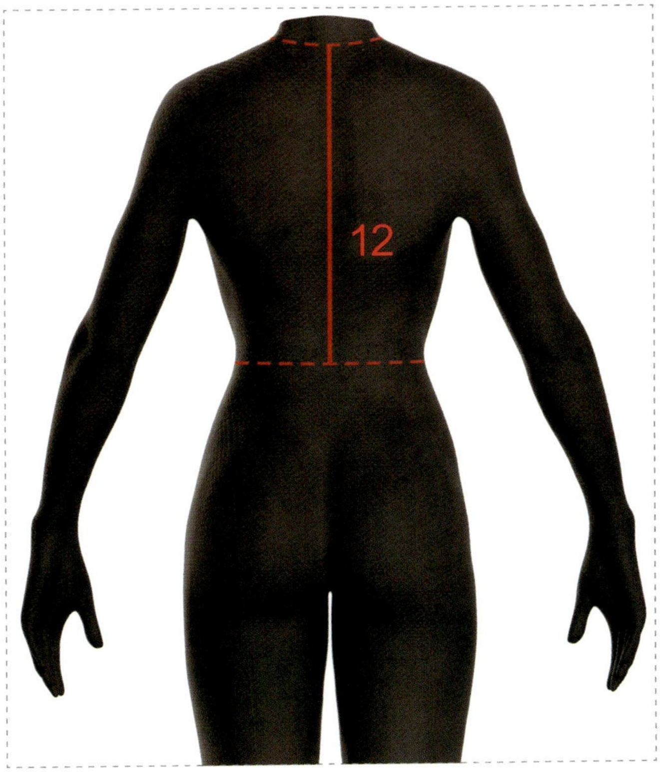

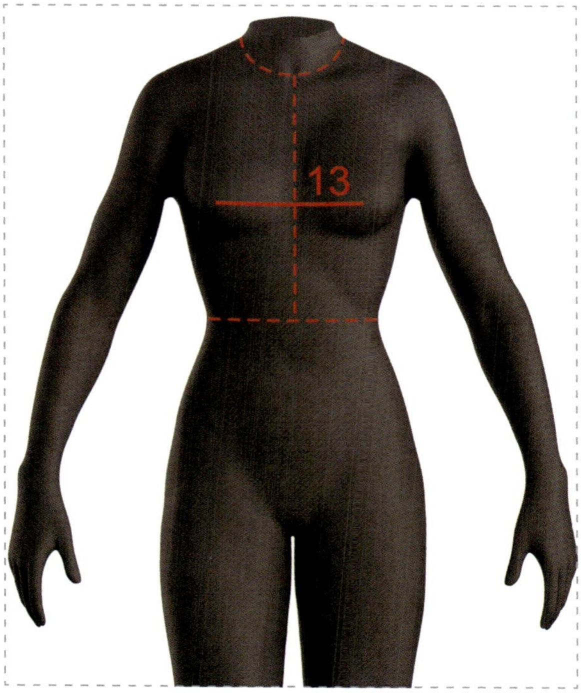

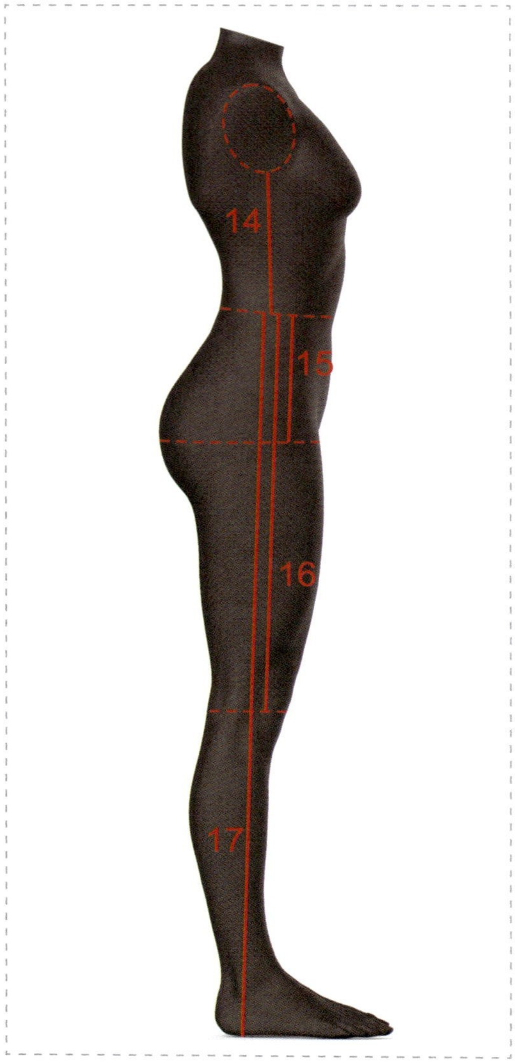

13. ABERTURA DO BUSTO: distância entre os mamilos.

14. ALTURA DA CAVA: distância entre a cintura e a axila. Meça lateralmente.

15. ALTURA DA CINTURA AO QUADRIL: distância entre a cintura e o quadril. Meça lateralmente sobre o corpo.

16. ALTURA DA CINTURA AO JOELHO: distância entre a cintura e o joelho. Meça lateralmente sobre o corpo.

17. ALTURA DA CINTURA AO SOLO: distância entre a cintura e o solo. Meça lateralmente sobre o corpo.

POSICIONAR UMA RÉGUA SOB O BRAÇO TORNA MAIS FÁCIL A MEDIÇÃO DA ALTURA DA CAVA.

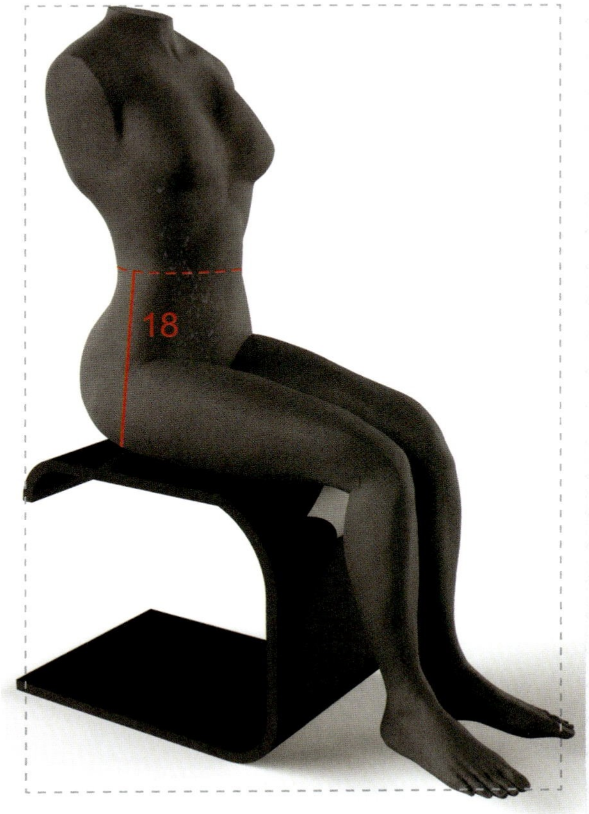

18. ALTURA DA CINTURA AO GANCHO: distância entre a linha de cintura e a região dos órgãos genitais. Meça lateralmente sobre o corpo na posição sentada.

19. COMPRIMENTO DO BRAÇO: comprimento do braço medido do ombro ao pulso. Meça a partir do acrômio (saliência óssea no ombro) e com o braço semiflexionado, passando pelo cotovelo até o pulso.

20. ALTURA DO COTOVELO: comprimento entre o ombro e o cotovelo. Meça com o braço semiflexionado a partir do ombro (no acrômio) até o cotovelo.

Marque o acrômio nos ombros direito e esquerdo para facilitar a localização e utilizar a mesma referência em outras medidas.

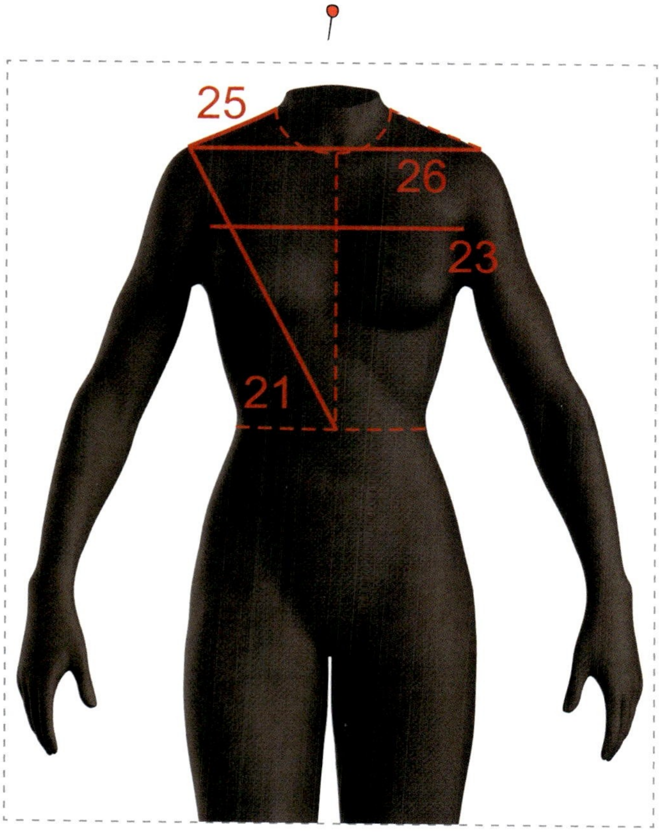

21. TRANSVERSAL FRENTE: distância entre a cintura no meio da frente e o ombro (no acrômio). Meça na diagonal a partir da cintura.

22. TRANSVERSAL COSTAS: distância entre a cintura no meio das costas e o ombro (no acrômio). Meça na diagonal a partir da cintura.

23. ENTRECAVAS FRENTE: distância entre as axilas da frente.

24. ENTRECAVAS COSTAS: distância entre as axilas das costas.

Se estiver trabalhando sob medida, ao fazer a medição de entrecavas (frente e costas), meça a distância entre essa linha e as marcações no contorno do pescoço para medir o comprimento do ombro com a fita posicionada entre as axilas. Essas medidas tomadas sobre o corpo localizam precisamente as alturas das linhas de entrecavas.

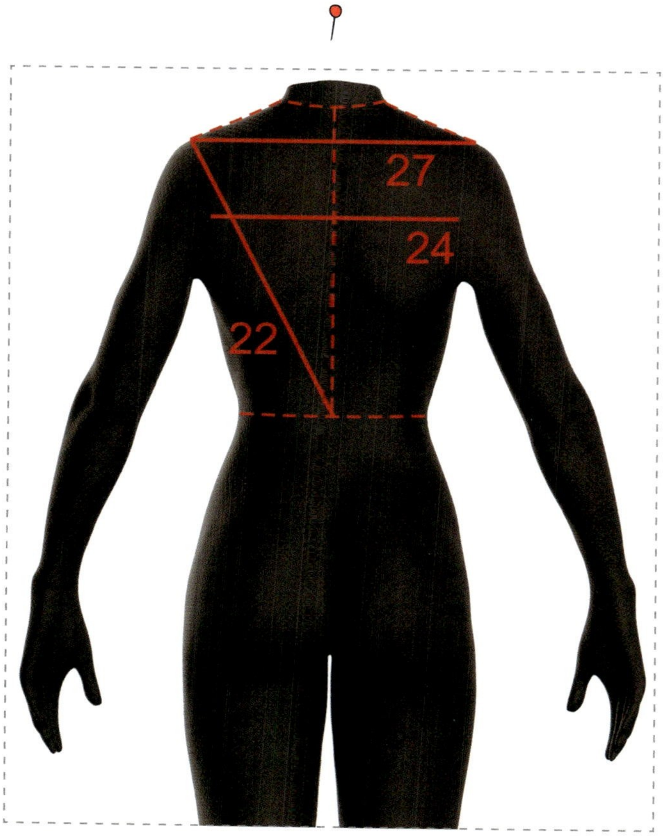

25. COMPRIMENTO DO OMBRO: distância entre o pescoço e o acrômio no ombro.

Utilize o ponto marcado no momento da tomada de medidas do pescoço para medir o comprimento do ombro.

26. OMBRO A OMBRO FRENTE: distância entre os acrômios dos ombros direito e esquerdo. Meça na frente do corpo.

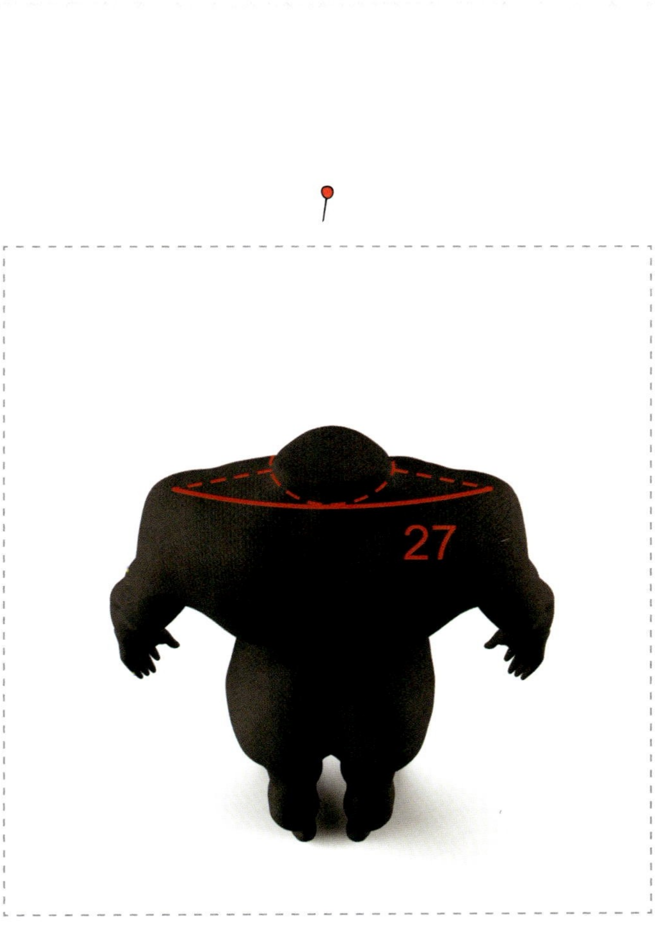

27. OMBRO A OMBRO COSTAS: distância entre os acrômios dos ombros direito e esquerdo. Meça nas costas do corpo.

As medidas apresentadas a partir daqui não constam da tabela, mas podem ser necessárias para o desenvolvimento de peças específicas ou sob medida e para conferência de forma.

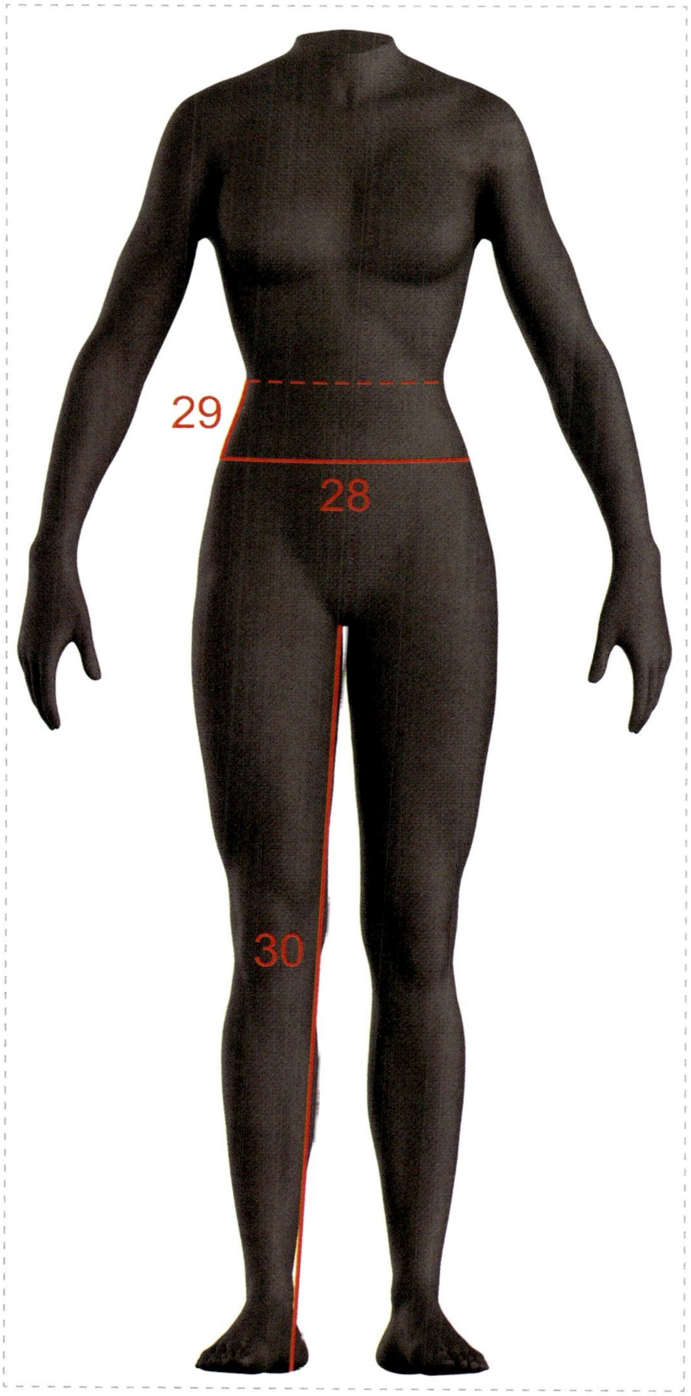

28. CONTORNO DO PEQUENO QUADRIL: contorno da parte mais saliente do abdômen. Meça aproximadamente entre 9 cm e 11 cm abaixo da cintura.

29. ALTURA DA CINTURA AO PEQUENO QUADRIL: distância entre a cintura e o pequeno quadril. Meça lateralmente sobre o corpo. Com a fita apoiada sobre o contorno do pequeno quadril, meça a altura até a linha de cintura marcada.

30. ENTREPERNAS: distância entre a região dos órgãos genitais e o solo. Meça com os pés levemente abertos, somente para possibilitar a medição.

As medidas referentes ao pequeno quadril servem como conferência para determinar o comprimento das pences da cintura em função do volume do abdômen e das nádegas.

Tabela de medidas

Todos os estudos desta metodologia foram feitos sobre um manequim de tamanho 38 da Propavit – mais longilíneo, com uma silhueta em que tanto o busto como o quadril não possuem saliências muito acentuadas.

A tabela de medidas a seguir serve apenas como referência para representar os traçados propostos. O mais importante nessa tabela é a variação entre os tamanhos numéricos para cada medida.

No capítulo 8, serão apresentadas as diferenças entre as principais bases desta metodologia e os biótipos mais frequentes no Brasil. Para fazer as adequações necessárias, é possível utilizar as proporções aqui informadas.

Tabela de referência para construção das bases

Medidas	Tamanhos						
	36	38	40	42	44	46	48
Contorno do busto	81	85	89	93	97	101	105
Contorno da cintura	63	67	71	75	79	83	87
Contorno do quadril	88	92	96	100	104	108	112
Contorno do pescoço	35	36	37	38	39	40	41
Contorno do braço	25,8	27	28,2	29,4	30,6	31,8	33
Contorno do cotovelo	23,2	24	24,8	25,6	26,4	27,2	28
Contorno do pulso	14,5	15	15,5	16	16,5	17	17,5
Contorno do joelho	36,8	38	39,2	40,4	41,6	42,8	44
Contorno do gancho	62	64	66	68	70	72	74
Altura do corpo frente	37,2	37,5	37,8	38,1	38,4	38,7	39

(cont.)

Tabela de referência para construção das bases

Medidas	Tamanhos						
	36	38	40	42	44	46	48
Altura do corpo costas	41,2	41,5	41,8	42,1	42,4	42,7	43
Altura do busto	21,5	22	22,5	23	23,5	24	24,5
Abertura do busto	17,4	18	18,6	19,2	19,8	20,4	21
Altura da cava	21,5	21,75	22	22,25	22,5	22,75	23
Altura da cintura ao quadril	18,5	19	19,5	20	20,5	21	21,5
Altura da cintura ao joelho[1]	56	57	58	59	60	61	62
Altura da cintura ao solo	101,5	103	104,5	106	107,5	109	110,5
Altura da cintura ao gancho	25,5	26	26,5	27	27,5	28	28,5
Comprimento do braço	59,5	60	60,5	61	61,5	62	62,5
Altura do cotovelo	35,7	36	36,3	36,6	36,9	37,2	37,5
Transversal frente	42,7	43,3	44,1	44,7	45,3	45,9	46,5
Transversal costas	43,4	44	44,6	45,2	45,8	46,4	47
Entrecavas frente	31,7	32,5	33,3	34,1	34,9	35,7	36,5
Entrecavas costas	34,7	35,5	36,3	37,1	37,9	38,7	39,5
Comprimento do ombro	12,25	12,5	12,75	13	13,25	13,5	13,75
Ombro a ombro frente	35,2	36	36,8	37,6	38,4	39,2	40
Ombro a ombro costas	38,2	39	39,8	40,6	41,4	42,2	43

[1] Esta medida, a de altura da cintura do solo, a de comprimento do braço e a de altura do cotovelo foram calculadas considerando mulheres de estatura entre 1,60 m e 1,70 m. A variação entre os tamanhos na tabela acompanha a proporção das medidas dos contornos. Também é possível manter um único valor nessas medidas, que certamente atingirá uma parte dos usuários. Mas, uma vez que sabemos que existem pessoas mais baixas e mais altas em todos os tamanhos, o ideal é as confecções trabalharem com opções para atender a todos os públicos.

CAPÍTULO 3

Saias: bases e estudos de volumes*

* Todos os moldes do livro foram feitos no manequim 38 da Propavit e são proporcionais entre si. Neste capítulo, correspondem a 12,5 % do tamanho real. (N. E.)

Base de saia reta

É utilizada para a construção de volumes e modelos de saias. Representa o contorno da parte inferior do corpo, da cintura até o quadril, e mantém-se reta até a altura dos joelhos.

Na construção do traçado da base, é acrescentado 1 cm à medida do contorno do quadril, para garantir a vestibilidade. O contorno da cintura mantém-se inalterado, pois é a medida de sustentação da base no corpo.

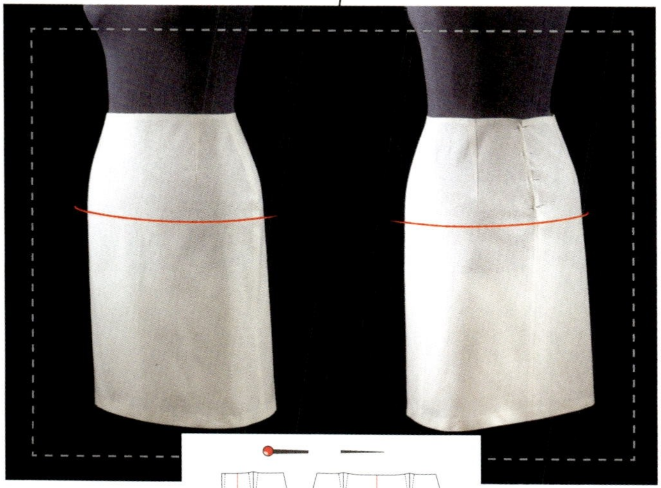

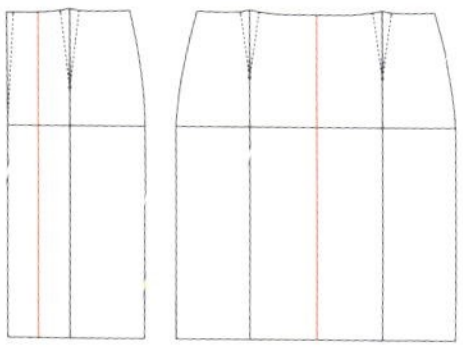

Medidas utilizadas para construção da base de saia reta

Medidas do corpo	Tamanho 38
Contorno da cintura	68
Contorno do quadril	93
Altura da cintura ao quadril	19
Altura da cintura ao joelho	57
Abertura do busto	18

Construção do traçado

AB = comprimento da saia = meio da frente. Por ser uma base, utilize como comprimento a altura dos joelhos.

BC = ½ do contorno do quadril. Trace perpendicular a **AB**.

CD = **AB** em paralelo. Ligue **D** a **A** por uma reta e feche o quadro para construção da base.

DA = linha da cintura

LINHA LATERAL

AE = ½ de **AD**.

BF = **AE**. Ligue **EF** por uma reta.

NÃO ESQUEÇA QUE NA MEDIDA DO CONTORNO DO QUADRIL FOI ACRESCENTADO 1 CM. PORTANTO, TODA VEZ QUE O TEXTO DESTA CONSTRUÇÃO MENCIONÁ-LO, UTILIZE A MEDIDA COM ESSE ACRÉSCIMO.

LINHA DO QUADRIL

AG = altura do quadril.

AG = $\mathbf{DG_1}$. Ligue o ponto **G** ao ponto $\mathbf{G_1}$ por uma reta e marque $\mathbf{G_2}$ na intersecção com a linha **EF**.

$\mathbf{GG_1}$ = linha do quadril.

PENCES

CÁLCULO DAS PENCES

Frente:

- 1 pence de 3 cm.

Costas:

- 1 pence de 1 cm (no meio das costas);
- 1 pence de 3 cm (entre a pence no meio das costas e a lateral).

Total = 7 cm.

CURVA LATERAL

Frente:

- $\mathbf{AE_1}$ = ¼ do contorno da cintura mais 3 cm (valor da pence da frente).

Costas:

- $\mathbf{DE_2}$ = ¼ do contorno da cintura mais 4 cm (valor total das pences das costas).

Suba os pontos $\mathbf{E_1}$ e $\mathbf{E_2}$ 0,5 cm perpendicularmente à linha **AD**. Ligue $\mathbf{E_1G_2}$ e $\mathbf{E_2G_2}$ em curva harmoniosa.

LOCALIZAÇÃO DAS PENCES

Frente:

- **AH** = ½ da abertura do busto mais 2 cm;
- **AH** = $\mathbf{BH_1}$. Ligue $\mathbf{HH_1}$ por uma reta. Para cada lado de **H**, marque a ½ do valor da pence, achando $\mathbf{H_2}$ e $\mathbf{H_3}$;

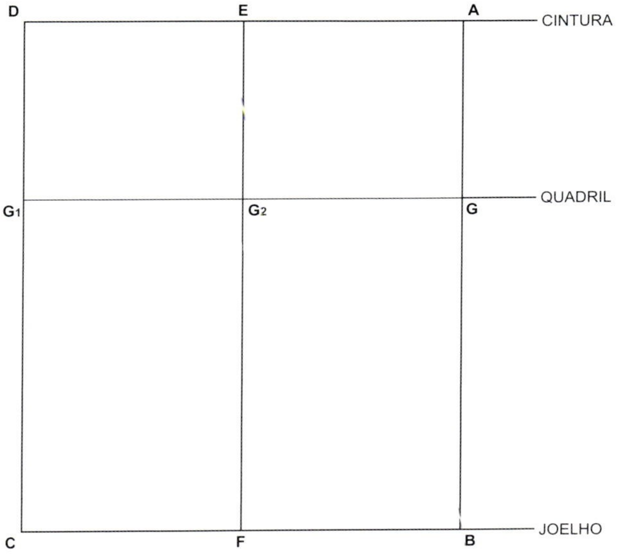

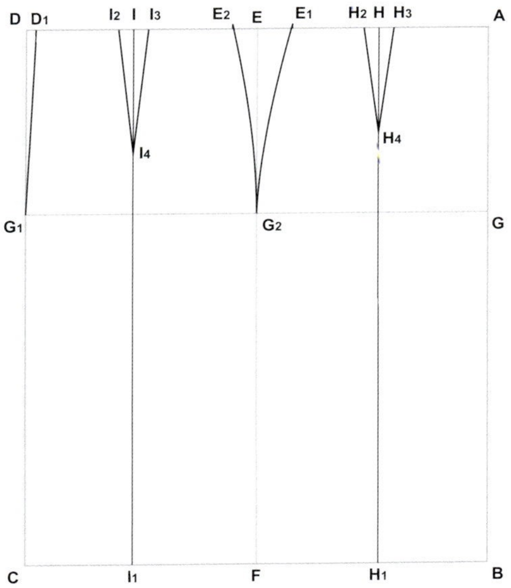

- $\mathbf{HH_4}$ = 11 cm (comprimento da pence). Ligue $\mathbf{H_2H_4}$ e $\mathbf{H_3H_4}$ por retas.

Costas:

- $\mathbf{D_1}$ = 1 cm. Ligue $\mathbf{D_1}$ a $\mathbf{G_1}$ por uma reta;
- $\mathbf{D_1I}$ = ½ de $\mathbf{D_1E_2}$;
- $\mathbf{CI_1}$ = **DI**. Ligue $\mathbf{II_1}$ por uma reta. Para cada lado de **I**, marque a ½ do valor da pence, achando $\mathbf{I_2}$ e $\mathbf{I_3}$;
- $\mathbf{II_4}$ = 13 cm (comprimento da pence). Ligue $\mathbf{I_2I_4}$ e $\mathbf{I_3I_4}$ por retas.

Os comprimentos das pences podem variar em função dos volumes de abdômen e de quadril. Utilize a medida do contorno do pequeno quadril para definir o comprimento nos traçados sob medida. (Ver p. 200, no capítulo 8.)

Para redefinir uma linha do molde em que foi inserido um volume de pence, é necessário dobrar as pences como se estivessem costuradas e, nessa posição, redesenhar a linha. Nesse processo, não é possível manter o molde planificado, portanto faça como mostrado a seguir.

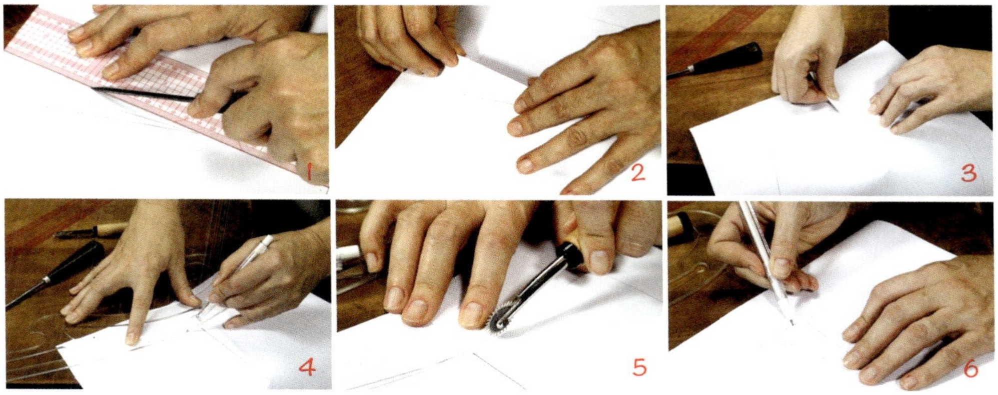

1. Vinque um dos lados da pence até o vértice.
2. Feche a pence dobrando o lado vincado sobre o outro lado da pence.
3. Utilize a "quina" de uma mesa para dobrar a pence, apoiando o vértice. Assim, a parte do molde que não se acomoda planificadamente ficará para baixo.
4. Apoie a curva francesa cuidadosamente sobre a pence dobrada e retrace a cintura em curva.
5. Carretilhe sobre o volume da pence fechada.
6. Abra a pence e retrace-a na linha de cintura sobre a parte carretilhada.

Quando não houver uma "quina" para apoiar o vértice da pence, siga este procedimento para dobrar a pence:

1. Siga os dois primeiros passos do exemplo anterior. Para fechar a pence, mantenha o papel do molde abaixo do vértice para cima.
2. Apoie a parte do molde que não se planifica ao dobrar a pence para cima e sobre a mesa.
3. Com a pence fechada, retrace a curva da cintura da mesma forma mostrada anteriormente.

Nesse procedimento, o molde é dobrado apenas nas linhas da pence, mantendo somente os elementos e as informações necessários ao modelo, sem marcas ou rasuras.

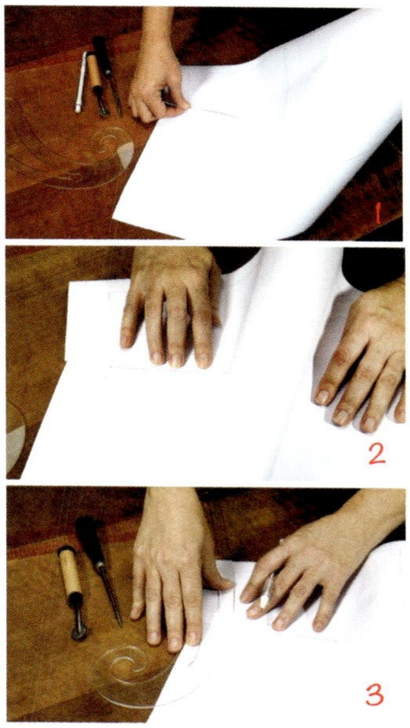

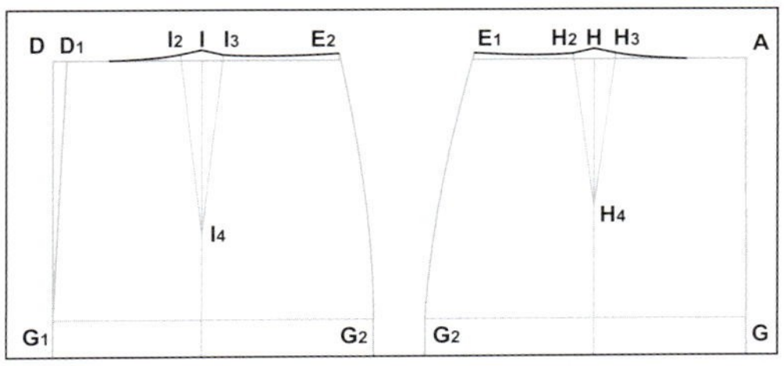

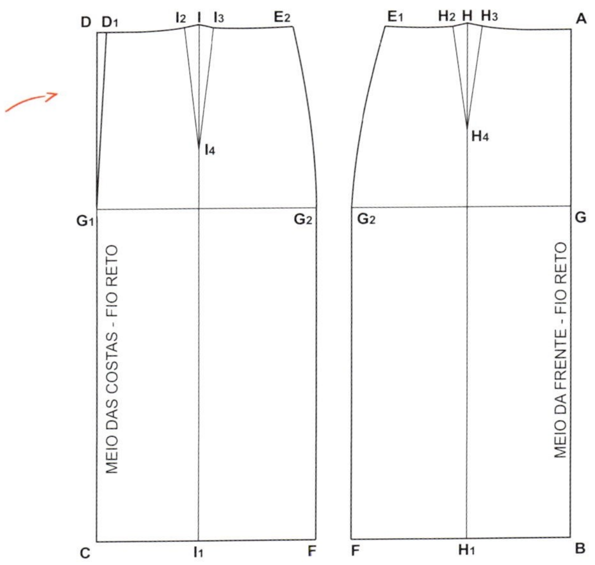

AJUSTES

Separe os moldes (frente e costas).

Feche as pences da frente e das costas para retraçar as linhas de cintura **AE_1** e **D_1E_2** em curva suave com o auxílio de uma curva francesa, deixando um ângulo reto em **A** e **D_1**.

MARCAÇÃO DO FIO RETO

Sobre o molde das costas, marque o fio paralelo ao meio. Na frente, espelhe o molde a partir da linha do meio e marque o fio nessa linha.

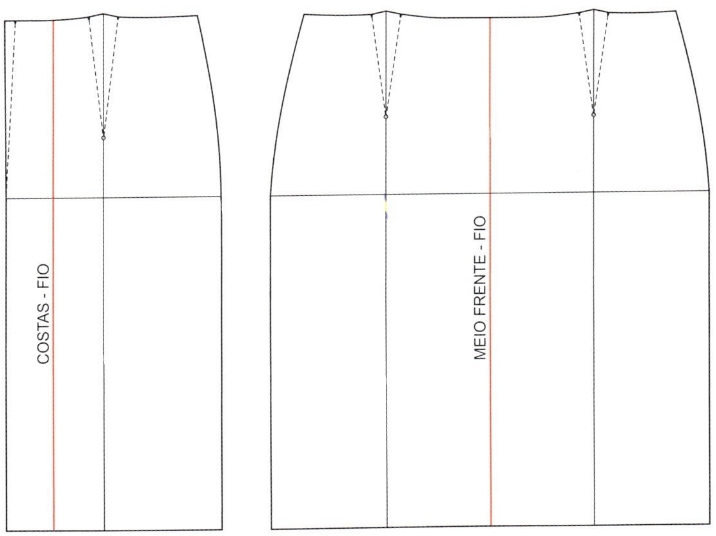

Estudos de volumes de saias a partir da base de saia reta

A partir da base de saia, é possível fazer alterações de volumes construindo novos modelos e, por vezes, outras silhuetas. Nesta seção serão apresentadas algumas formas de inserir volume sobre a base: de forma localizada (em determinado local) ou distribuída (em diversos locais, visualizando um volume uniforme).

Os estudos aparecem sobre a base de saia, mas podem ser interpretados em outras bases e outros elementos de uma roupa.

Nos dois primeiros exemplos, as alterações são pequenas: somente nas laterais em que a estrutura da base não se altera (embora a silhueta seja modificada).

Retirada de volume somente das laterais (silhueta afunilada)

Para um modelo de saia afunilada, copie a base de saia reta (frente e costas) e retire volume somente nas laterais a partir da barra:

→ **FF1** = entre de 1,5 cm a 2 cm. Retrace as laterais da saia.

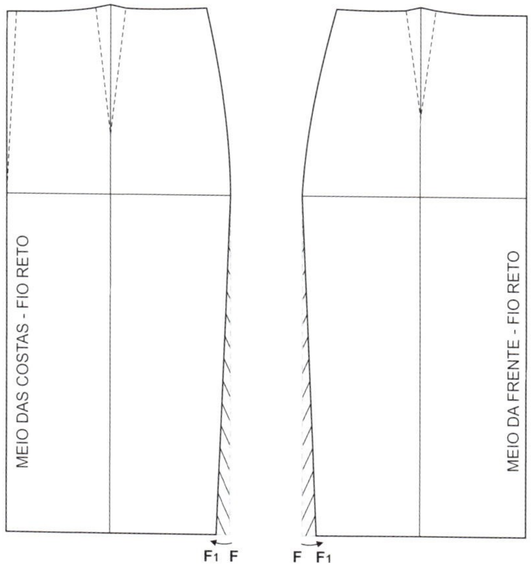

Acréscimo de volume somente nas laterais

Para um pequeno volume lateral, copie a base de saia reta (frente e costas) e insira volume somente nas laterais a partir da barra:

→ **FF1** = saia de 1,5 cm a 2 cm. Retrace as laterais da saia.

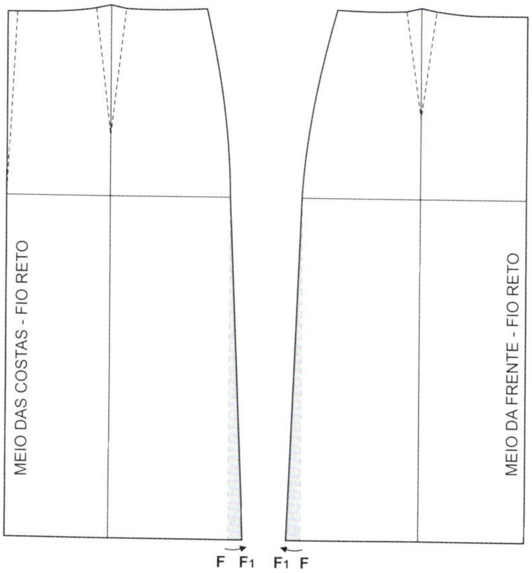

Volumes evasês

Nos evasês a partir da base de saia reta, o volume é inserido de forma distribuída e concentrado na barra. As construções são apresentadas em dois estudos, nº 1 e nº 2, em que a distribuição de volume é feita a partir da profundidade das pences da frente e das costas e nas laterais.

Os eixos centrais das pences da base de saia, representados pelas linhas $\mathbf{HH_1}$ e $\mathbf{II_1}$, frente e costas respectivamente, estão localizados desde a cintura até a barra. O volume será inserido seguindo esse mesmo "padrão", ou seja, de cima para baixo e de forma crescente.

Para que haja um equilíbrio entre frente e costas, a distribuição de volume deve ser a mesma entre as duas partes do molde. Assim, execute os passos a seguir para preparar os moldes.

* Iguale os comprimentos das pences pelo menor e retrace a pence (achando o ponto $\mathbf{I_5}$).
* Corte nas linhas centrais das pences a partir da barra (pontos $\mathbf{H_1}$ e $\mathbf{I_1}$) até os vértices delas (pontos $\mathbf{H_4}$ e $\mathbf{I_5}$).
* Ao fechar (dobrar) a pence, abra o molde na barra (o controle de volume do evasê é feito em função desse movimento). É possível abrir pouco (as pences ficam menores) ou eliminar as pences totalmente (como consequência, o volume de evasê será maior).

PODEM OCORRER DIFERENÇAS DE LARGURA ENTRE AS PENCES EM FUNÇÃO DE ALGUM AJUSTE QUE TENHA SIDO FEITO. CASO ISSO OCORRA, IGUALE ESSES VALORES TENDO COMO BASE A PENCE DE MENOR VALOR. A DIFERENÇA DEVE SER RETIRADA NA LATERAL OU DE OUTRA PENCE DO MESMO MOLDE.

No primeiro exemplo, a abertura será controlada pela inserção de um valor determinado na barra, resultando em uma saia evasê ainda com pences na cintura. No segundo, será usada a abertura total em função dos volumes das pences, para obter uma saia com mais evasê que a primeira e sem pences na cintura.

EVASÊ Nº 1

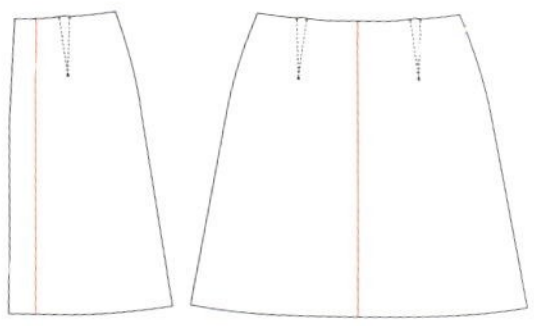

Copie a base de saia reta (frente e costas) e iguale as pences:

- $H_2H_3 = I_2I_3$. Os valores das pences são iguais. Iguale o comprimento das pences;
- I_5 = suba 2 cm no ponto I_4 e retrace a pence.

Corte o molde nas linhas H_1 e I_1 até os vértices das pences (H_4 e I_5).

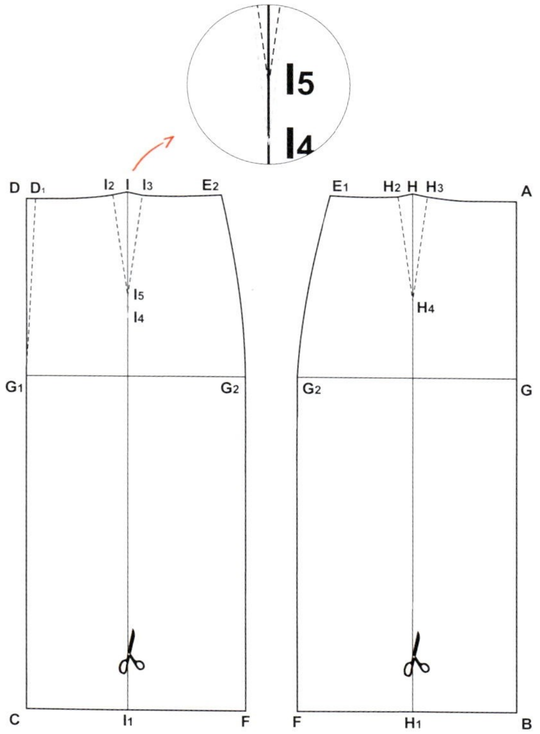

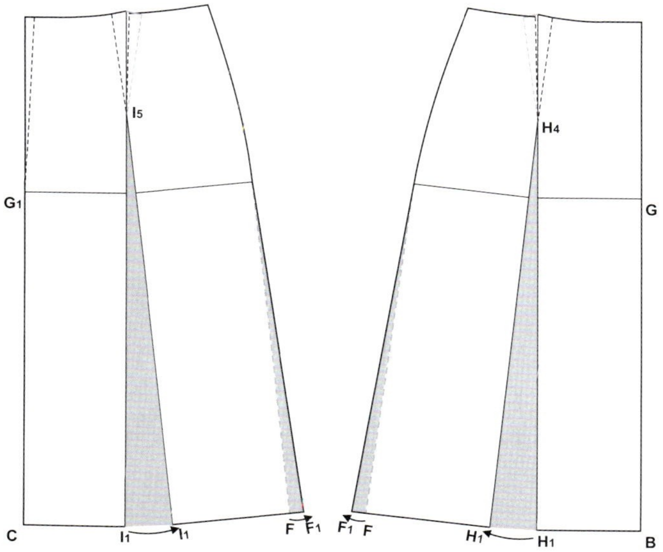

Abra 5 cm em H_1 e I_1, fechando proporcionalmente as pences de cintura. Insira papel sob a abertura, controlando o valor determinado.

Para que o desenho das laterais do molde acompanhe o movimento da saia após a inserção de volume, insira na barra:

- FF_1 = saia 2,5 cm (até ½ do valor aberto em H_1 e I_1) e retrace a lateral a partir de F_1 em reta até a altura do quadril (tangenciando a curva do molde).

O VALOR SUGERIDO PARA A LATERAL (METADE DA ABERTURA EM H_1 E I_1) RESULTA EM UMA DISTRIBUIÇÃO PROPORCIONAL DE VOLUME, E O EVASÊ NÃO É ACENTUADO LATERALMENTE. CASO DESEJE UM VOLUME MAIOR NAS LATERAIS, É POSSÍVEL AUMENTÁ-LO ATÉ QUE CHEGUE AO MESMO VALOR INSERIDO NAS ABERTURAS H_1 E I_1.

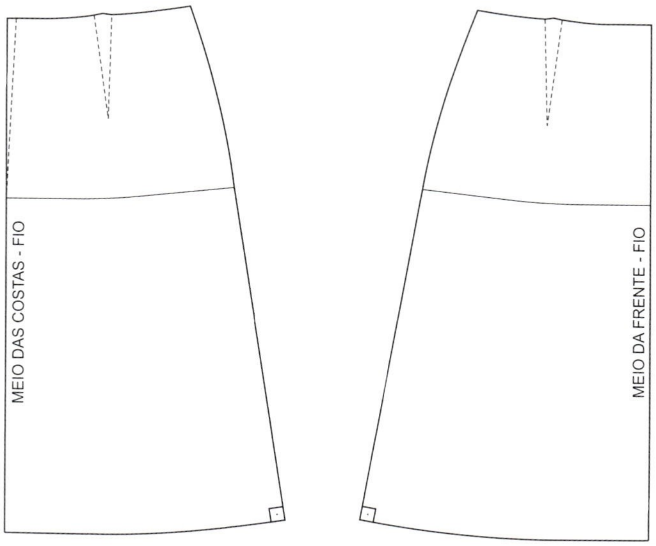

Retrace a barra, apoiando o esquadro entre a lateral e a barra da base. Trace a partir do ângulo reto, seguindo em curva suave, e finalize tangente à barra.

EVASÊ Nº 2

Copie a base de saia reta (frente e costas) e faça o mesmo procedimento para igualar as pences do estudo anterior (evasê nº 1).

Feche totalmente as pences da cintura, abrindo proporcionalmente em **H_1** e **I_1**.

FF_1 = saia ½ do valor encontrado em **H_1** e **I_1** nas laterais da saia.

Retrace as laterais a partir de **F_1** em uma reta, finalizando tangente à curva do quadril.

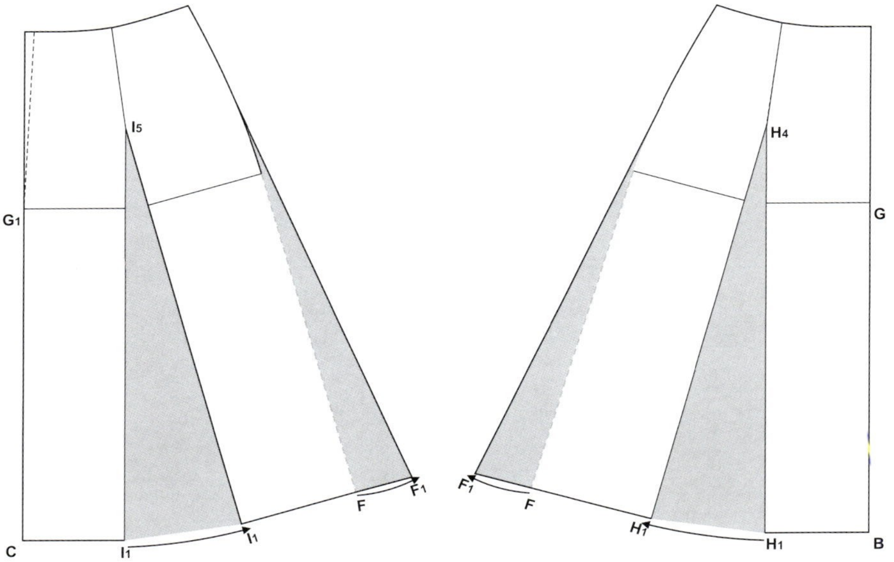

Uma vez traçada a nova linha lateral, apoie o esquadro entre esta linha e a barra da base. Retrace a barra a partir do ângulo reto, seguindo em curva suave e finalizando tangente à barra da base.

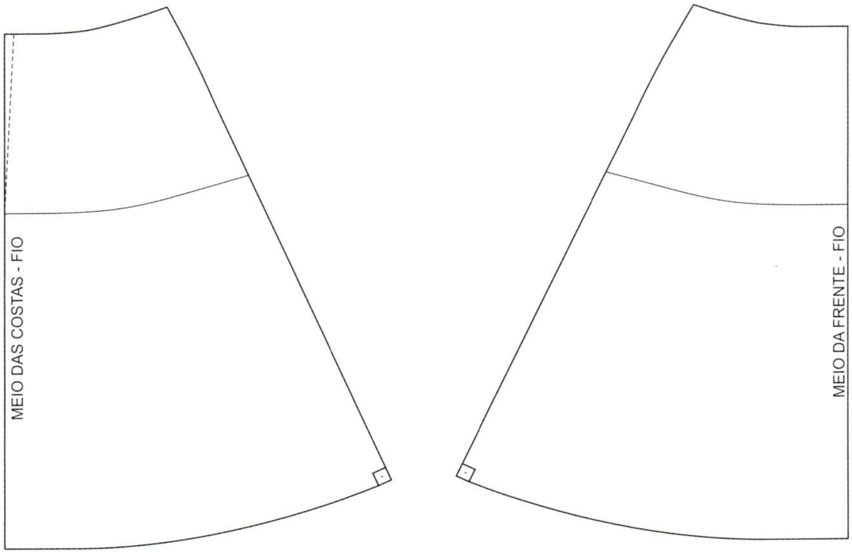

É IMPORTANTE LEVAR EM CONTA QUE TODA E QUALQUER ALTERAÇÃO OU INSERÇÃO DE VOLUME FEITA EM UM MOLDE APARECE EXATAMENTE DO MODO COMO FOI EXECUTADA NA CONSTRUÇÃO QUANDO A PEÇA É MONTADA NO TECIDO. OU SEJA, SE NA CONSTRUÇÃO A OPÇÃO TIVER SIDO TRABALHAR A INSERÇÃO DE UM VOLUME DE FORMA LOCALIZADA, QUANDO A PEÇA ESTIVER PRONTA O VOLUME APARECERÁ LOCALIZADO. SE A FORMA ESCOLHIDA TIVER SIDO A DISTRIBUÍDA, NA PEÇA MONTADA O VOLUME APARECERÁ DISTRIBUÍDO.

Elementos para inserir volumes

Pregas

As pregas são dobras inseridas em qualquer parte de um molde para acrescentar volume. Na prega existem elementos distintos, apresentados a seguir.

A figura abaixo sinaliza as principais características de uma prega.

PREGA: É A PRIMEIRA PARTE DOBRADA E COMEÇA APÓS O VINCO. CORRESPONDE A UMA PARTE DO VOLUME ACRESCENTADO E NÃO FICA APARENTE.

FUNDO DA PREGA: É A PARTE QUE FICA POR BAIXO DA PREGA QUANDO ESTÁ DOBRADA. É INSERIDA NO MOLDE COM O MESMO VALOR DA PREGA.

VINCO: É A DOBRA SUPERIOR E LOCALIZA A PREGA.

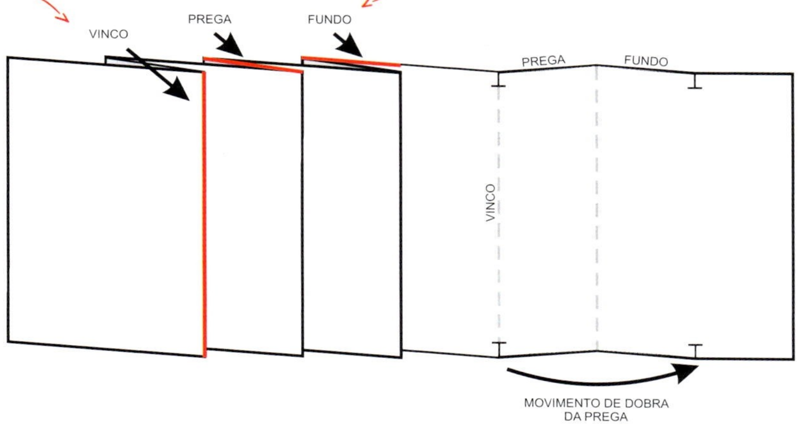

São três os principais tipos.

PREGA BATIDA: É AQUELA EM QUE AS PREGAS SÃO TOMBADAS TODAS PARA UM MESMO LADO, COMO ILUSTRA A IMAGEM ACIMA DA DESCRIÇÃO DE PREGAS.

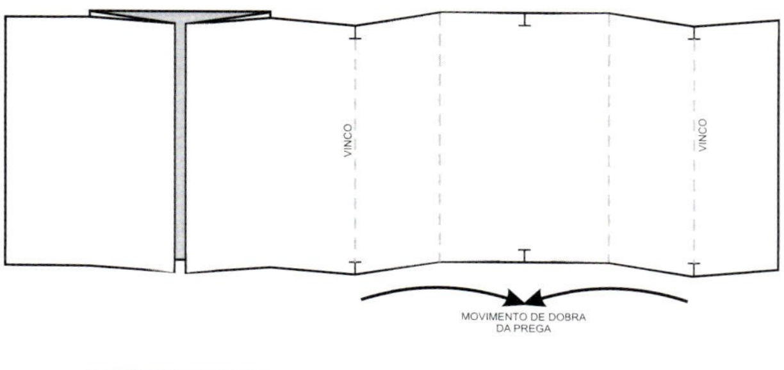

PREGA FÊMEA: É AQUELA EM QUE DUAS PREGAS BATIDAS SE UNEM PELO FUNDO, OU SEJA, SÃO DOBRADAS PARA LADOS OPOSTOS. DESSA FORMA, OS VINCOS TAMBÉM SE UNEM.

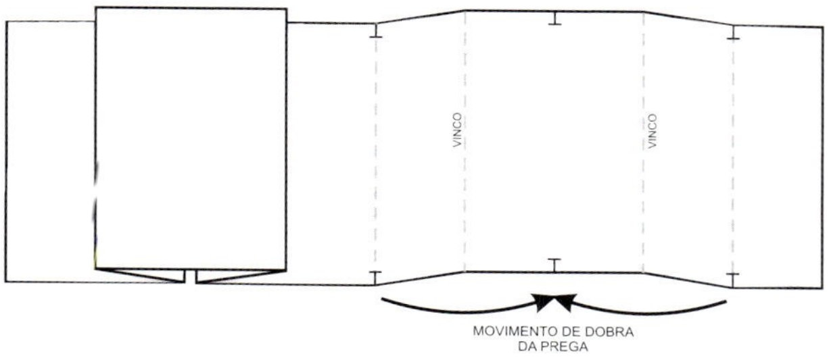

PREGA MACHO: É AQUELA EM QUE DUAS PREGAS BATIDAS SÃO DOBRADAS PARA LADOS OPOSTOS. OS VINCOS FICAM TAMBÉM EM LADOS OPOSTOS. VISUALMENTE, É CONTRÁRIA À PREGA FÊMEA.

INSERÇÃO DE PREGA BATIDA NO MOLDE

Para ilustrar este processo, usaremos a base de saia reta – assim como nas inserções das pregas macho e fêmea. As pregas serão posicionadas no meio da frente com a mesma medida, sem alterar a silhueta da base.

O movimento natural de uma prega é ela se abrir, deixando o fundo da peça mais aparente. Uma forma de atenuar esse movimento é deslocar um pouco a linha do vinco em que a prega será inserida em direção ao lado para o qual a prega será tombada.

Copie o molde da frente da base de saia reta e acrescente paralelamente ao meio da frente o valor da prega:

- **AA_1** = **BB_1** = 2 vezes (dobro) o valor da prega. Marque no prolongamento da linha de cintura e da barra. Ligue **A_1** e **B_1** por uma reta;
- **AA_2** = ½ de **AA_1**;
- **AA_2** = **BB_2**. Ligue **A_2** e **B_2** por uma reta;
- **A_2B_2** = linha da dobra interna da prega;

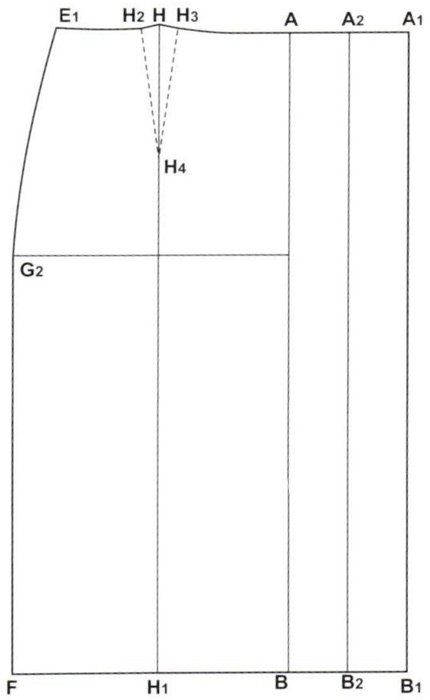

- **BB_3** = 1 cm. Ligue **AB_3** por uma reta;
- **AB_3** = nova linha do vinco da prega. Ao dobrar a prega, a linha **A_2B_2** também se desloca;
- **AA_3** = **A_1A_4** = **HH_4** = comprimento da pence da frente. Marque **A_3** sobre a linha **AB_3** e **A_4** sobre a linha **A_1B_1**, para determinar a parte da prega que ficará costurada.

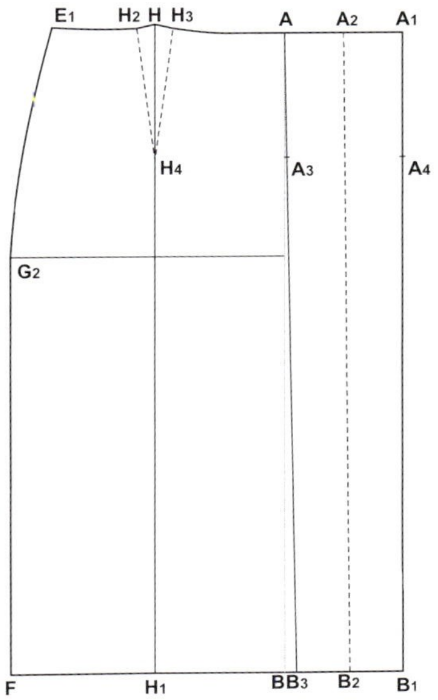

Dobre a prega **AB_3** sobre **A_1B_1** e carretilhe a linha da cintura:

- **AB_3** = **A_1B_1** = corresponderá ao meio da frente da saia quando a peça estiver montada.

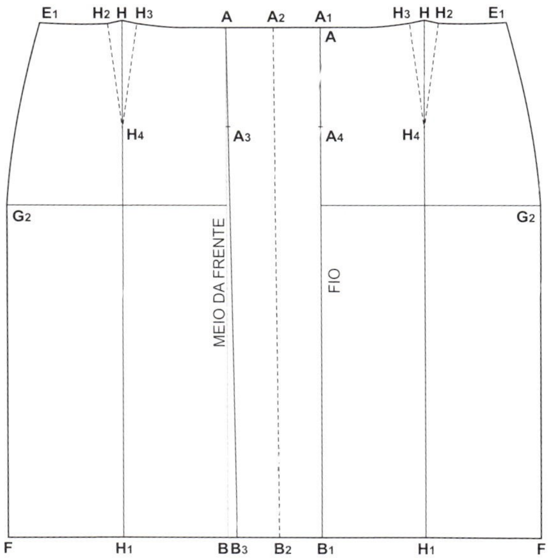

Espelhe a frente da base de saia de forma que **AB** fique sobre **A₁B₁**.

Mesmo que esteja trabalhando com deslocamento de eixo **AB** para melhor caimento da prega, na parte da frente que será copiada e inserida do lado esquerdo da peça utilize o eixo sem deslocamento.

Para sinalizar a prega no molde, marque com piques **AB₃** e **A₁B₁**, necessários para vincar adequadamente.

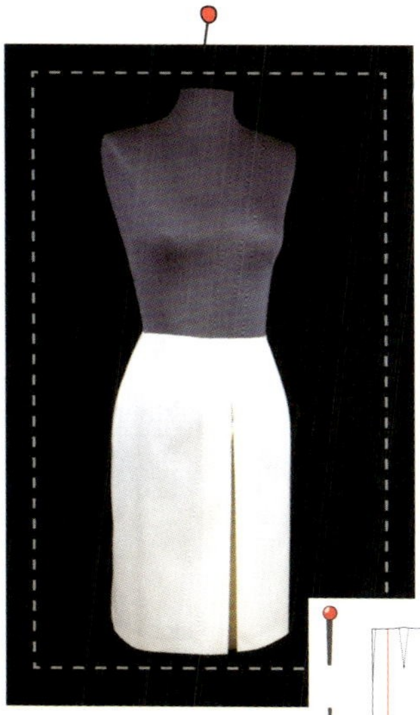

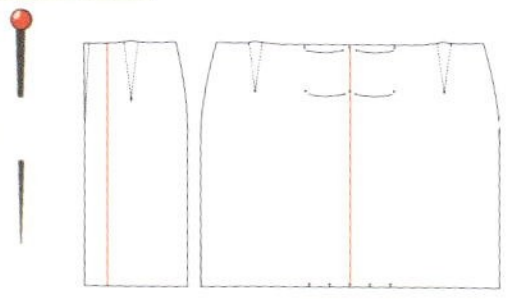

INSERÇÃO DE PREGA FÊMEA NO MOLDE

Copie o molde da frente da base de saia reta e faça o mesmo procedimento da prega batida para acrescentar, paralelamente ao meio da frente, o valor da prega. Faça o deslocamento do vinco da mesma forma.

A₁B₁ = linha do meio da prega e meio da frente.

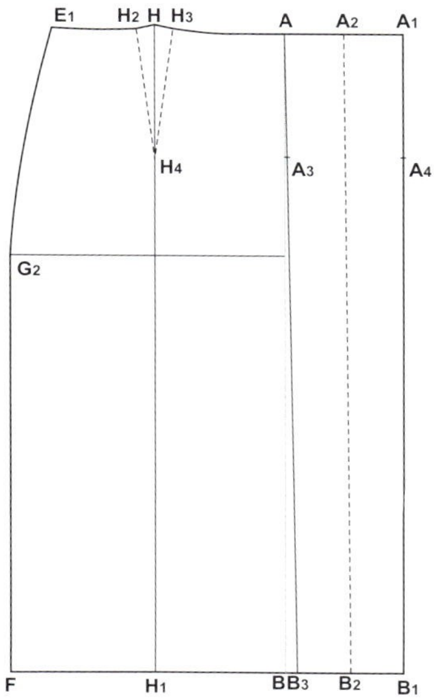

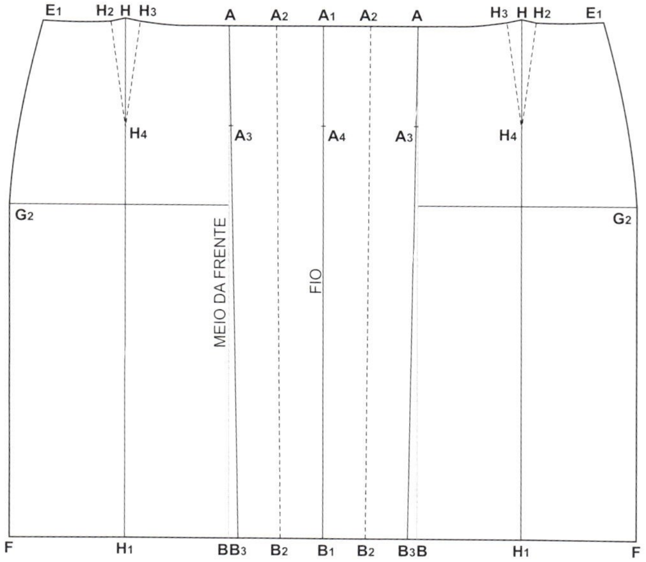

Espelhe o molde pela linha **A₁B₁**.

Para sinalizar a prega no molde, marque com piques **AB₃** e **A₁B₁** e os respectivos pontos espelhados, necessários para vincar adequadamente.

Visualizando toda a prega com o molde aberto, percebemos que a profundidade da prega é 4 vezes seu valor.

INSERÇÃO DE PREGA MACHO NO MOLDE

Copie o molde da frente da base de saia reta e acrescente paralelamente ao meio da frente o valor da prega:

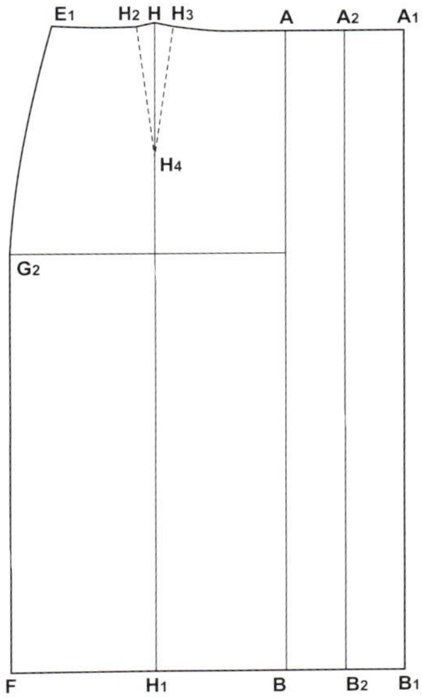

- $AA_1 = BB_1$ = 2 vezes (dobro) o valor da prega. Marque no prolongamento da linha de cintura e da barra. Ligue A_1 e B_1 por uma reta;
- AA_2 = ½ de AA_1;
- $AA_2 = BB_2$. Ligue A_2 e B_2 por uma reta;
- AB = linha da dobra interna da prega;
- B_2B_3 = 1 cm. Ligue A_2B_3 por uma reta;
- A_2B_3 = nova linha do vinco da prega;
- $AA_3 = BB_4$ = valor da prega. Ligue A_3B_4 por uma reta;
- $A_2A_4 = A_3A_5 = HH_4$ = comprimento da pence da frente. Marque A_4 sobre a linha A_2B_3 e A_5 sobre a linha A_3B_4 para determinar a parte da prega que ficará costurada;
- dobre a prega A_2B_3 sobre A_3B_4 e carretilhe a linha da cintura.

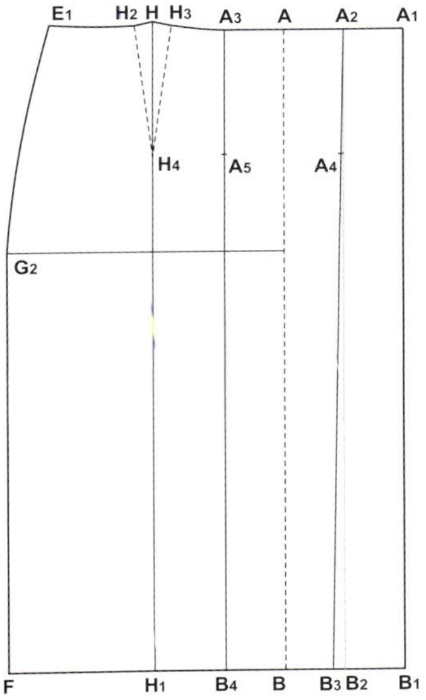

Embora a construção da prega macho seja a mesma da prega fêmea, visualmente uma prega corresponde à forma do "avesso" da outra. Além disso, as linhas dos vincos e as dobras internas não são equivalentes.

A_1B_1 = linha do meio da prega e meio da frente.

Espelhe o molde pela linha A_1B_1.

Para sinalizar a prega no molde, marque com piques A_2A_3 e B_3B_4 e os respectivos pontos espelhados, necessários para vincar adequadamente.

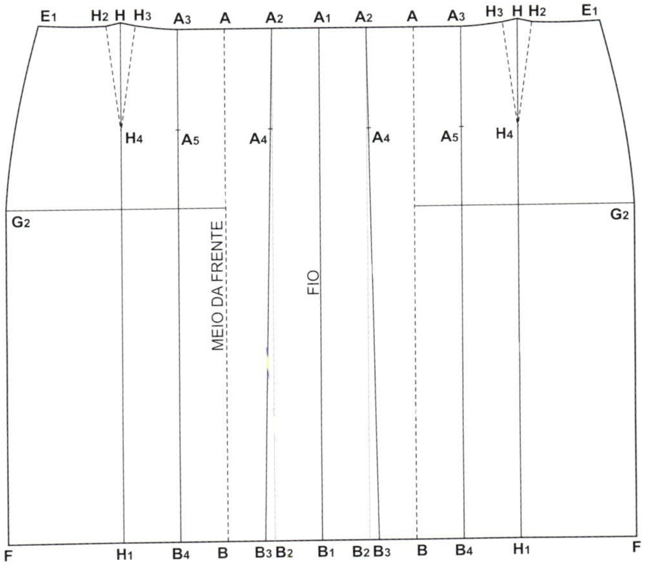

Nas peças montadas que ilustram os três tipos de pregas, os vincos foram deslocados para facilitar o movimento de abertura da prega, uma vez que a base de saia é reta e justa. Nas pregas batida e fêmea, não se percebe a correção, mas no caso da prega macho a alteração se torna evidente, pois a largura na barra é maior. É uma opção do modelista fazer essa modificação na modelagem. O importante é avaliar a largura da peça na barra em relação ao movimento do corpo – quanto menor for a medida, maior a importância do deslocamento. Caso contrário, será opcional manter a linha do vinco inalterada.

Nesgas

As nesgas consistem em moldes em formato triangular que são inseridos nos modelos, normalmente em recortes, para acrescentar volume de forma localizada e acentuada.

Molde:

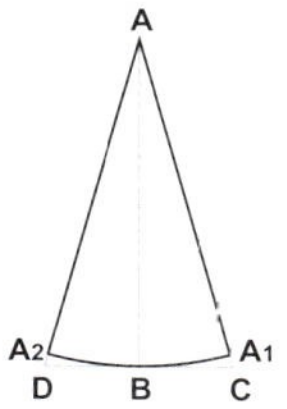

- **AB** = altura da nesga;
- **BC** e **BD** = ½ da largura da nesga. Marque perpendicular a **AB**. Ligue **AC** e **AD** por retas;
- $\mathbf{AA_1} = \mathbf{AA_2} = \mathbf{AB}$ = altura da nesga. Ligue $\mathbf{A_1BA_2}$ em curva, mantendo um ângulo reto em $\mathbf{A_1}$ e $\mathbf{A_2}$.

INSERÇÃO DE NESGA NO MOLDE

A inserção de nesgas será demonstrada em um modelo de saia afunilada com recortes, para ilustrar o efeito de volume.

Copie a base de saia reta (frente e costas).

$\mathbf{FF_1} = \mathbf{FF_2}$ = entre 1,5 cm. Retrace as laterais $\mathbf{F_1}$ e $\mathbf{F_2}$ até $\mathbf{G_2}$ por retas.

Desloque o valor da pence do meio das costas $\mathbf{DD_1}$ para a pence $\mathbf{I_2I_4I_3}$. Retrace a pence $\mathbf{I_5I_4I_6}$.

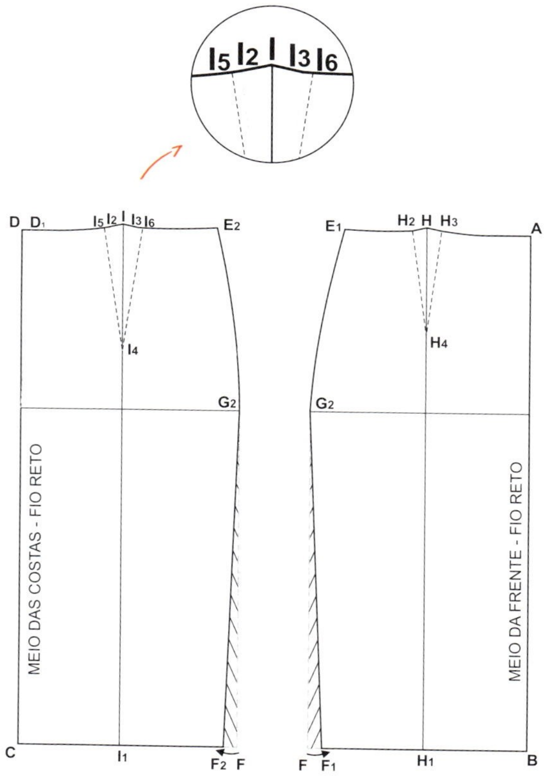

Separe os moldes pelas linhas dos centros das pences **HH_1** e **II_1**, eliminando o valor das pences.

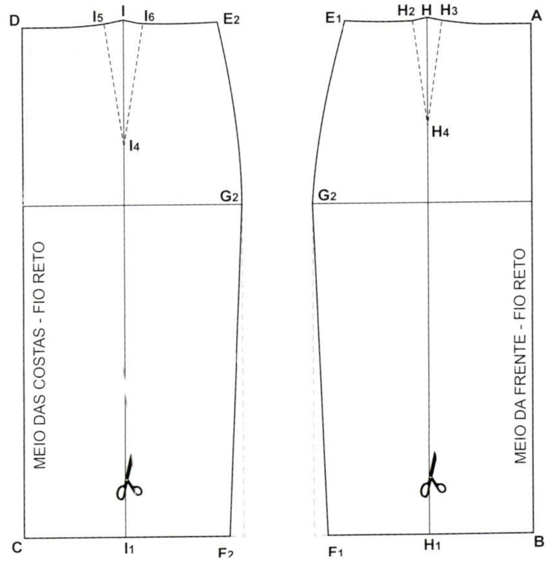

Frente:

- para o recorte do meio, corte na linha **$H_1H_4H_3$**. Para o recorte lateral, corte na linha **$H_1H_4H_2$** e na lateral **$F_1G_2E_1$**.

Costas:

- para o recorte do meio, corte na linha **$I_1I_4I_5$**. Para o recorte lateral, corte na linha **$I_1I_4I_6$** e na lateral **$F_2G_2E_2$**.

Faça o molde da nesga do tamanho desejado. Localize a altura das negas por piques nas linhas dos recortes em que serão inseridas:

H_1H_5 = **F_1F_3** = **F_2F_4** = **I_1I_7** = altura da nesga.

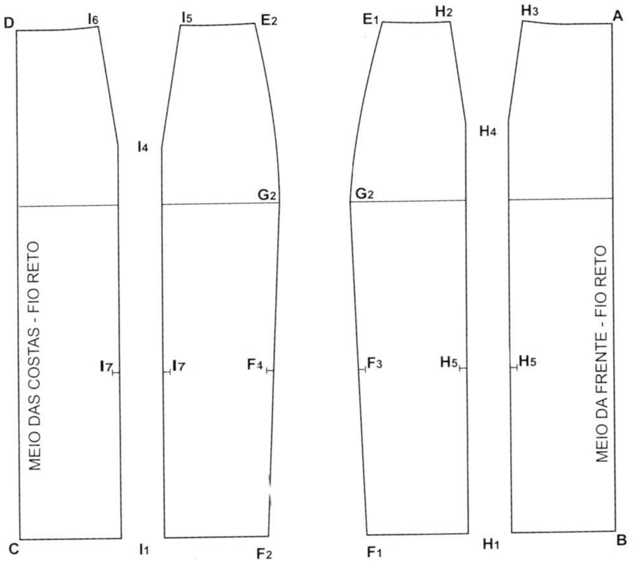

Espelhe os moldes em **AB** (meio da frente) e **DC** (meio das costas).

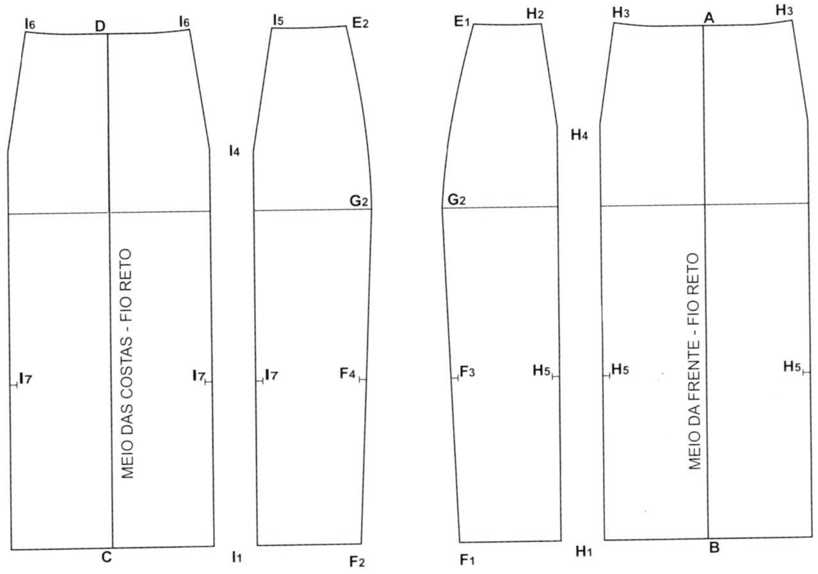

PARA QUALQUER INSERÇÃO DE VOLUME, SEJAM PREGAS, SEJAM NESGAS, O RESULTADO DEPENDE DO TAMANHO DO VOLUME INSERIDO E DO TIPO DE TECIDO UTILIZADO: NOS TECIDOS MAIS "SECOS" (AQUELES MAIS RÍGIDOS, COMO LINHO, BRIM, DENIM E TRICOLINE, ENTRE OUTROS), O EFEITO FICA MAIS ACENTUADO; NOS MAIS MALEÁVEIS (POR EXEMPLO, CETIM, CHIFFON, MUSSELINE, VOILE), O VOLUME SE DILUI.

Acabamentos para cintura

Cós

Cós é uma faixa costurada na cintura de saias e calças como acabamento. Existem dois tipos desse acabamento:

CÓS RETO: para modelos em que a cintura é no lugar, ou seja, na linha da cintura do corpo ou até aproximadamente 2 cm abaixo;

CÓS ANATÔMICO OU EM FORMA: para modelos com cintura baixa, em que a localização da cintura do modelo é abaixo da linha da cintura do corpo.

TRAÇADO DO CÓS RETO

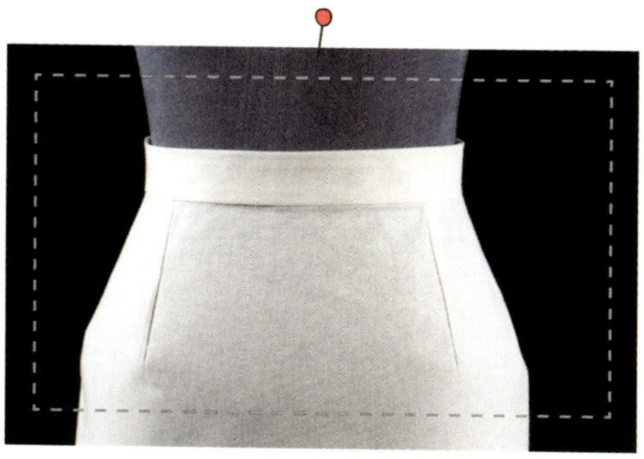

AB = contorno da cintura do molde mais transpasse (valor para colocação de botão ou fecho) de acordo com o modelo desejado.

AC = largura do cós de acordo com o valor desejado. Trace perpendicular a **AB**.

BD = **AC** em paralelo. Ligue **DC** por uma reta para fechar o quadro da construção do cós.

BB_1 = **DD_1** = valor do transpasse. Marque sobre as linhas **AB** e **CD**, respectivamente.

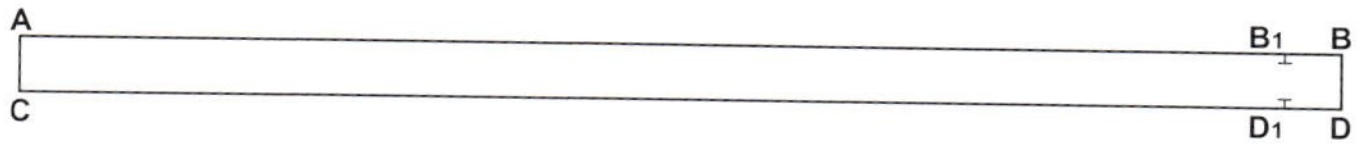

Para eliminar uma das costuras do cós, na construção do traçado insira em **AC**, na altura do cós, o dobro do valor desejado.

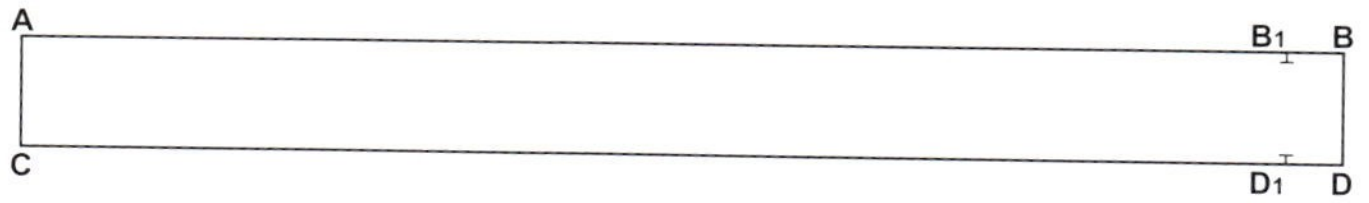

TRAÇADO DO CÓS ANATÔMICO OU EM FORMA

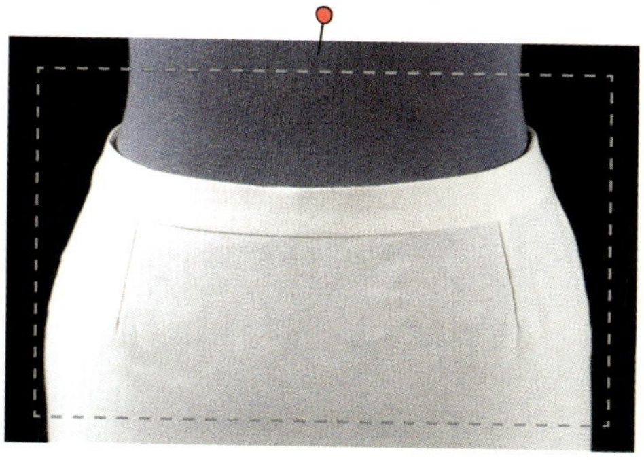

O molde do cós anatômico é traçado sobre o molde do modelo em que ele será inserido. (Esta demonstração será feita sobre o molde de uma base de saia reta.)

Na interpretação de modelos de saias, é comum o deslocamento da cintura da peça. Ela pode estar mais acima ou mais abaixo, assim como pode estar localizada paralelamente à linha de cintura do corpo ou de forma irregular (com valores distintos entre frente e costas). Assim, para fazer o cós anatômico é necessário primeiro definir a localização da cintura da saia já considerando a largura do cós.

Para isso, localize a cintura de acordo com o modelo proposto. Com o intuito de exemplificar o cós, a cintura foi retraçada de acordo com os valores a seguir.

Desça 3 cm no meio da frente (a partir do ponto **A**), 2,5 cm nas laterais (pontos **E**$_1$ e **E2**) e 2 cm no meio das costas (na linha da pence, ponto **D**$_1$).

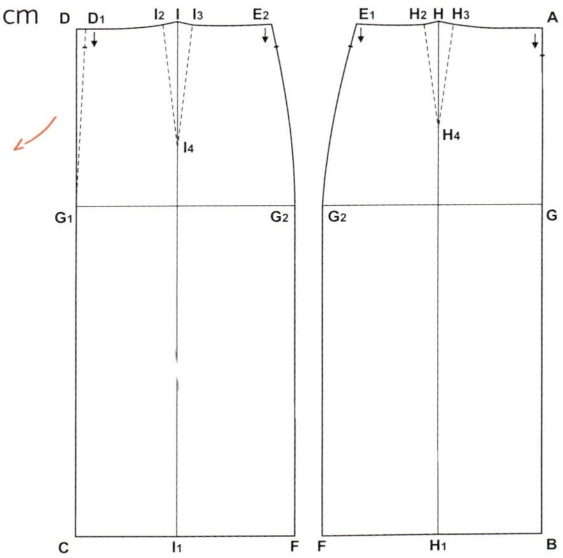

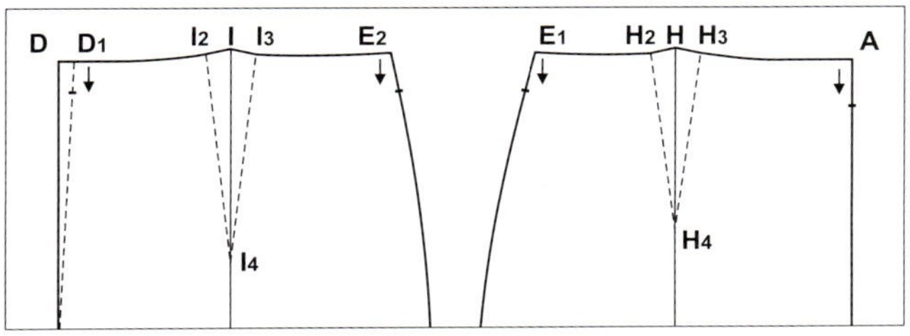

Feche as pences e execute as etapas a seguir:

- desenhe a cintura em curva, mantendo ângulo reto nos meios da frente e das costas;
- desenhe o cós, traçando uma paralela abaixo da cintura com a medida da largura do cós (por exemplo, 3 cm);
- faça a marcação do fio reto, acompanhando a mesma marcação do molde da saia;
- destaque o cós da saia, cortando-o ainda com as pences fechadas.

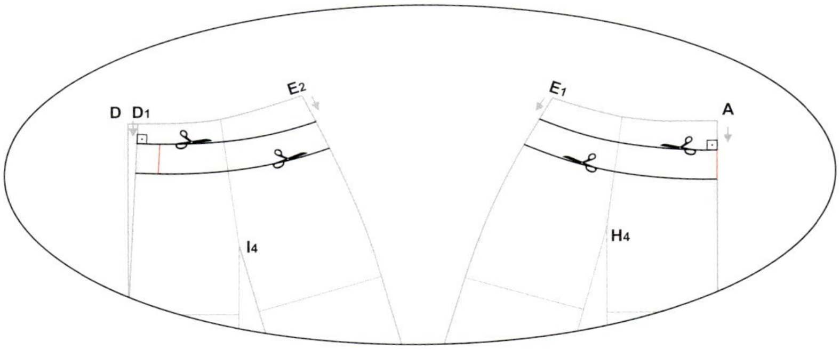

Caso o cós seja montado com costura na lateral, siga a marcação de fio reto de acordo com a saia.

Insira o transpasse na parte em que ficará a abertura e marque com piques.

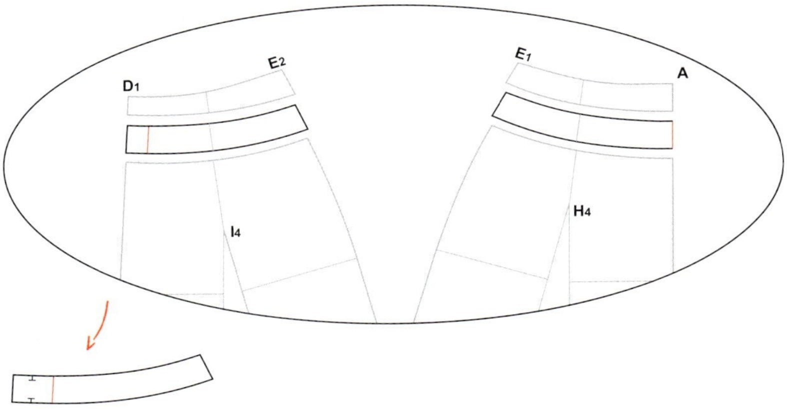

Abaixo, cós com costura lateral, frente inteira e abertura com transpasse nas costas.

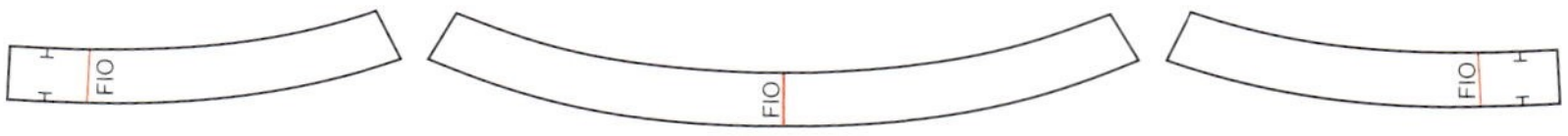

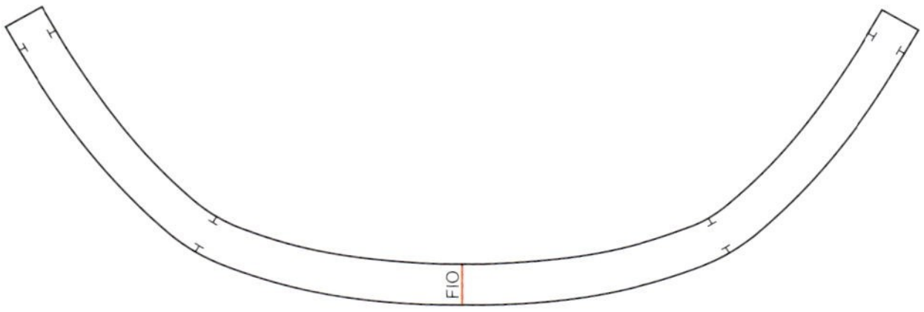

Ao lado, cós inteiro e abertura com transpasse no meio das costas. Nesta construção, após destacar o molde da saia, junte as laterais, insira o transpasse no meio das costas prolongando a medida desejada, e espelhe pelo meio da frente.

REVEL

Revel é um acabamento interno muito utilizado na cintura de saias e calças e em cavas e decotes de blusas. Seu molde tem a mesma forma da parte em que será inserido.

Assim como o cós anatômico, é traçado sobre o molde da peça (por exemplo, da base de saia).

No caso das saias, pode-se considerar o revel como um cós interno, porém com estas diferenças: o cós é separado da saia e visível no direito e no avesso da peça, enquanto o revel mantém a saia inteira externamente e é vísivel somente no lado interno.

Com o propósito de comparação entre cós em forma e revel, os dois serão representados sobre uma mesma peça: base de saia reta com a cintura baixa.

Para isso, siga o procedimento explicado anteriormente sobre o cós anatômico: desça a cintura e localize o revel com um valor determinado (por exemplo, 5 cm) paralelamente à cintura. A diferença é que o revel será apenas carretilhado no molde, e não cortado.

Por acompanhar a forma da peça, o revel pode ser feito com outras larguras. É importante ressaltar que a medida exemplificada no modelo dá sustentação ao acabamento da peça, principalmente por ser na cintura, o local de apoio no corpo. Dependendo do lugar em que for aplicado e do tipo de peça, ele poderá ser mais estreito. Evite largura inferior a 3 cm – a não ser que o revel seja todo costurado (porém a costura será visível pelo lado externo).

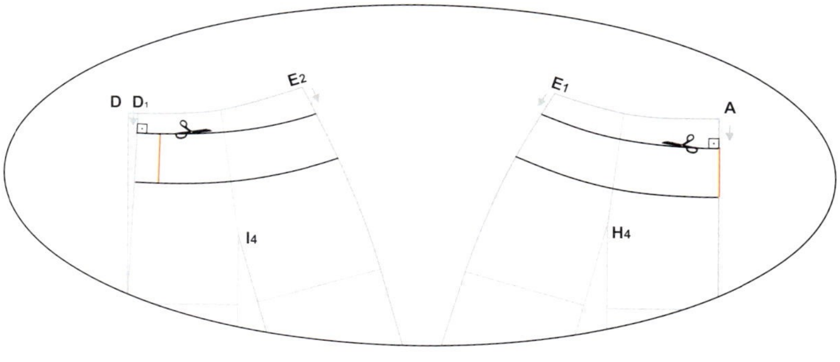

As imagens abaixo mostram o molde da saia e o revel à esquerda e o molde da saia e o cós em forma à direita.

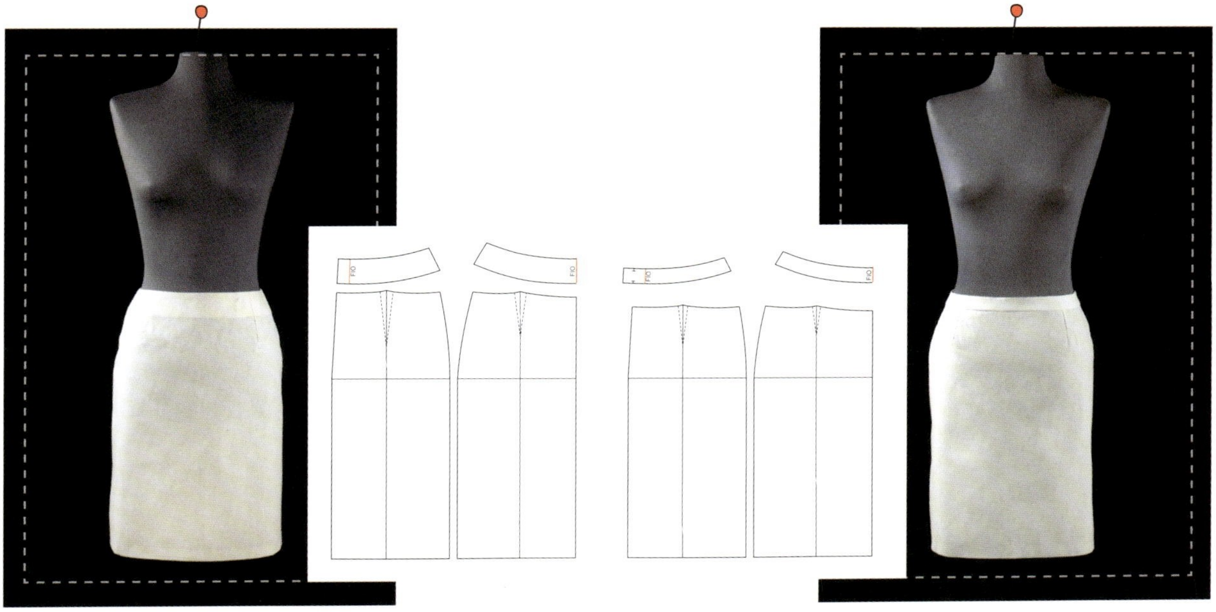

Como os dois exemplos foram demonstrados para uma saia com a mesma localização da cintura baixa, apesar de ter sido utilizada uma largura maior para o revel (mais adequada), a diferença aparece mesmo entre os moldes da saia (é maior na peça com revel).

O revel acompanha o acabamento da peça e normalmente não tem transpasse. Por ser interno, mantenha as costuras nas laterais e espelhe o meio da frente.

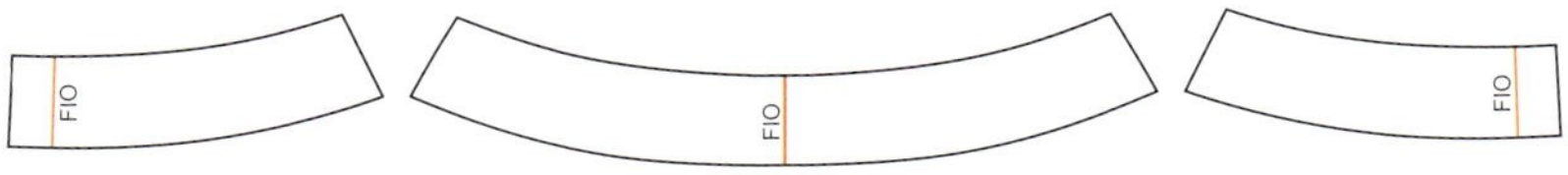

Volumes godês

Esses volumes são representados bidimensionalmente por construções geométricas de círculos. Nas frações dos círculos, os volumes nas barras das saias aparecem de forma crescente: ¼ de círculo, ½ círculo e círculo inteiro.

As construções com menos volumes assemelham-se aos evasês, mas os godês, em função das construções circulares, apresentam caimento com volume mais distribuído.

Medidas utilizadas para construção das saias godê

Medidas do corpo	Tamanho 38
Contorno da cintura	67
Altura da cintura ao joelho	57

Godê em um círculo inteiro

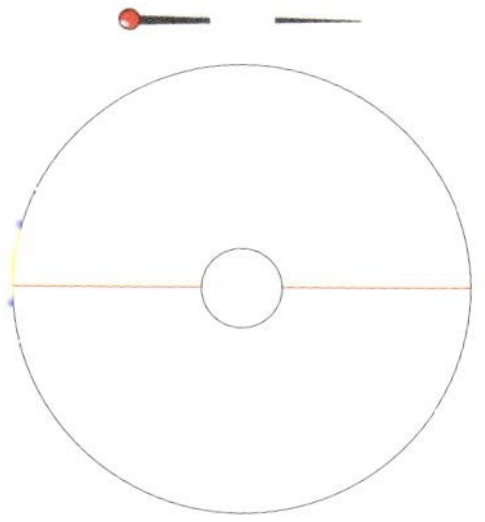

Trace duas retas de apoio, perpendiculares entre si, e marque no cruzamento entre elas o ponto **A**. Para cada lado do ponto **A** insira a medida do raio da circunferência mais o comprimento da saia. Essas retas serão denominadas como **x** (reta horizontal) e **y** (reta vertical).

Execute o cálculo da construção de um círculo.

$$\mathbf{AB} = \text{RAIO DA CIRCUNFERÊNCIA} = \frac{\text{CONTORNO DA CINTURA}}{6{,}28\ (2\pi)}$$

Marque **B** sobre a reta **x**. Com o auxílio de um compasso, fixe em **A**, apoie em **B** e trace a circunferência.

Circunferência do raio **AB** = linha do contorno da cintura.

BC = comprimento da saia.

A partir da linha da cintura, no ponto **B**, marque o comprimento da saia. Trace a circunferência maior, que corresponde à barra da saia, fixando o compasso em **A**. Apoie em **C** e trace a circunferência.

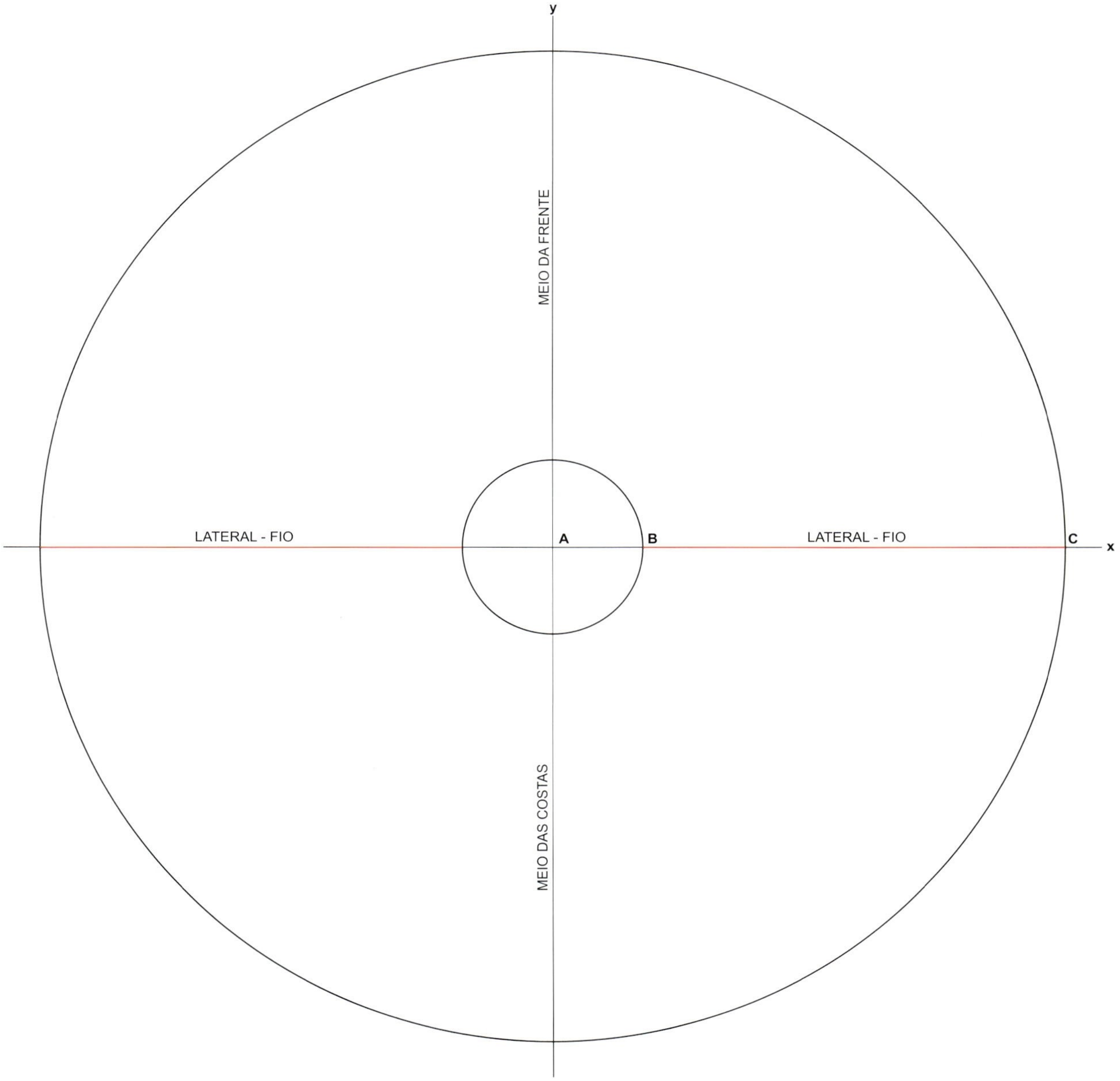

Construção da régua para godês

O compasso não é adequado para os traçados dos godês, em função dos valores dos raios. Para facilitar esses traçados, é possível construir uma régua conforme a imagem abaixo.

Sobre uma reta, marque os pontos **A**, **B** e **C** de acordo com as medidas **AB** (raio) e **BC** (comprimento da saia) do traçado do godê.

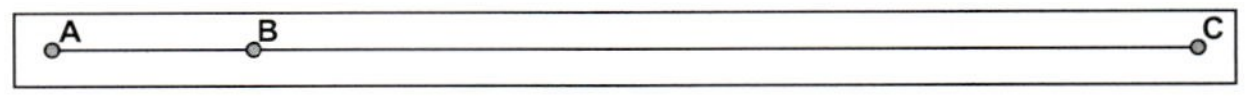

Centralize essa régua sobre um retângulo com margem de no mínimo 2 cm ao redor e marque com furos os pontos **A**, **B** e **C**.

Godê em ½ círculo

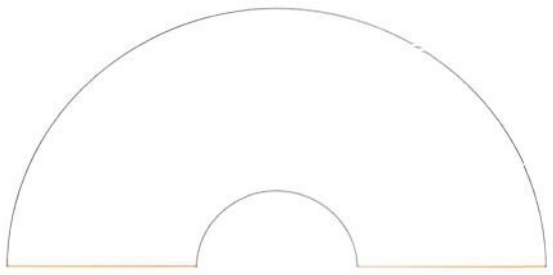

Trace duas retas de apoio perpendiculares entre si.

Reta **y** (vertical): trace com a medida do raio da cinrcunferência mais o comprimento da saia. Marque o ponto **A** de acordo com a figura.

Reta **x** (horizontal): trace perpendicular a partir do ponto **A**, inserindo para cada lado a medida do raio da circunferência mais o comprimento da saia.

Execute o cálculo da construção de uma ½ circunferência.

$$\textbf{AB} = \text{RAIO} = \frac{\text{CONTORNO DA CINTURA}}{3{,}14\ (\pi)}$$

½ circunferência do raio **AB** = linha do contorno da cintura.

BC = comprimento da saia. Marque o comprimento da saia a partir do ponto **B**.

Construa uma régua para godês com as medidas de **AB** e **BC** e trace a ½ circunferência (ambas).

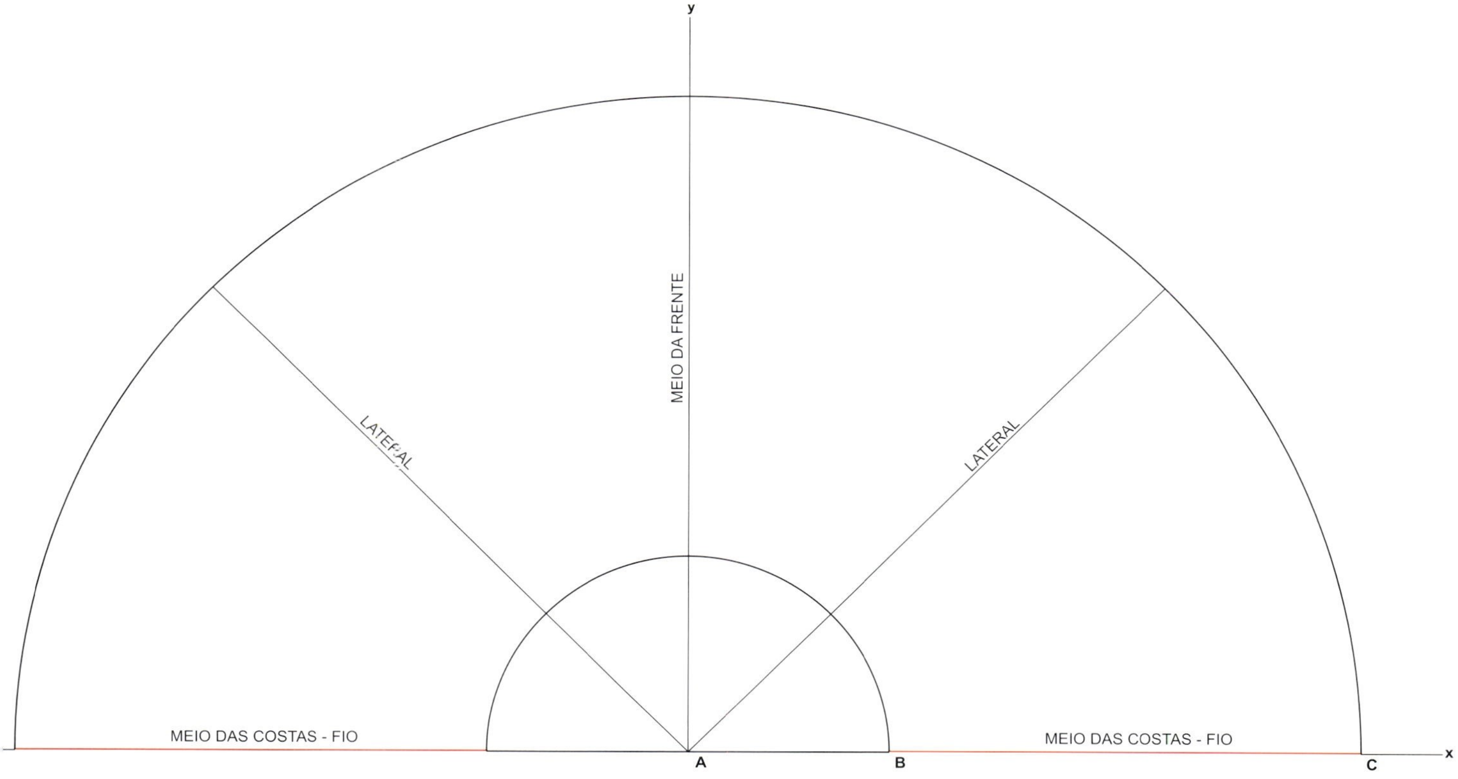

Godê em 1/4 círculo

Trace duas retas de apoio perpendiculares entre si, reta **x** (horizontal) e reta **y** (vertical), com a medida do raio da circunferência mais o comprimento da saia. Marque o ponto **A** no cruzamento delas.

Execute o cálculo da construção de ¼ de circunferência.

$$\mathbf{AB} = \text{RAIO} = \frac{\text{CONTORNO DA CINTURA}}{1{,}57\ (1/2\ \pi)}$$

¼ da circunferência do raio **AB** = linha da cintura.

BC = comprimento da saia. A partir do ponto **B**, na linha da cintura, marque o comprimento da saia.

Construa uma régua para godês com as medidas de **AB** e **BC** e trace ¼ das circunferências.

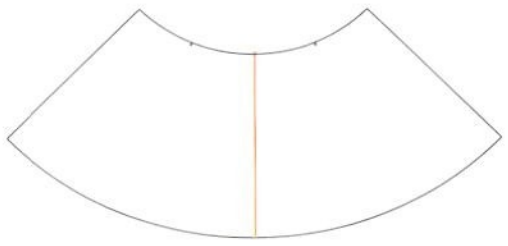

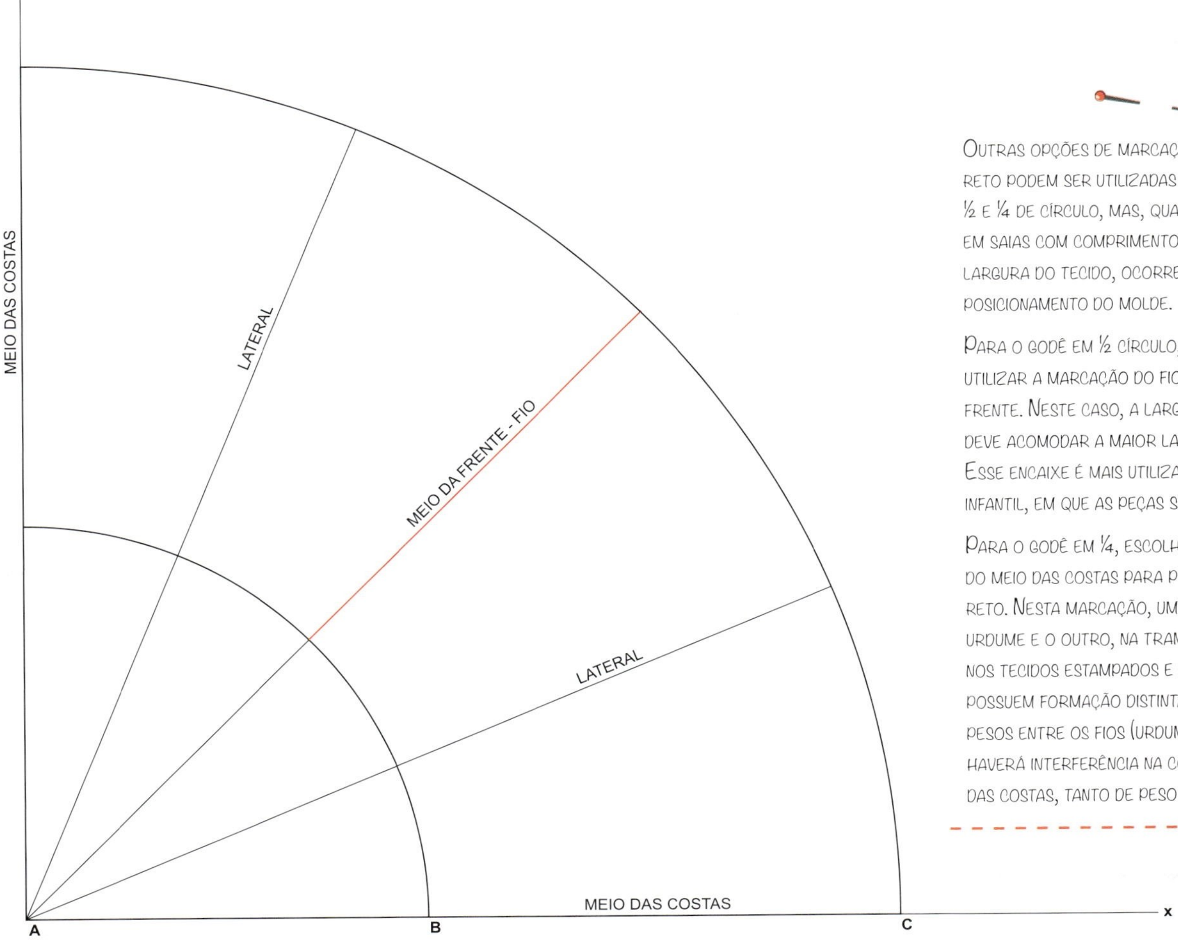

Outras opções de marcação de fio reto podem ser utilizadas nos godês em ½ e ¼ de círculo, mas, quando usadas em saias com comprimento maior que a largura do tecido, ocorre limitação do posicionamento do molde.

Para o godê em ½ círculo, é possível utilizar a marcação do fio reto no meio da frente. Neste caso, a largura do tecido deve acomodar a maior largura do molde. Esse encaixe é mais utilizado no segmento infantil, em que as peças são menores.

Para o godê em ¼, escolha um dos lados do meio das costas para posicionar o fio reto. Nesta marcação, um lado ficará no urdume e o outro, na trama. Atenção: nos tecidos estampados e naqueles que possuem formação distinta de cores e pesos entre os fios (urdume e trama), haverá interferência na costura do meio das costas, tanto de peso como visual.

É importante considerar que os godês em ½ círculo e ¼ de círculo não são fracionados do godê de círculo inteiro. As medidas do contorno total da cintura correspondem:

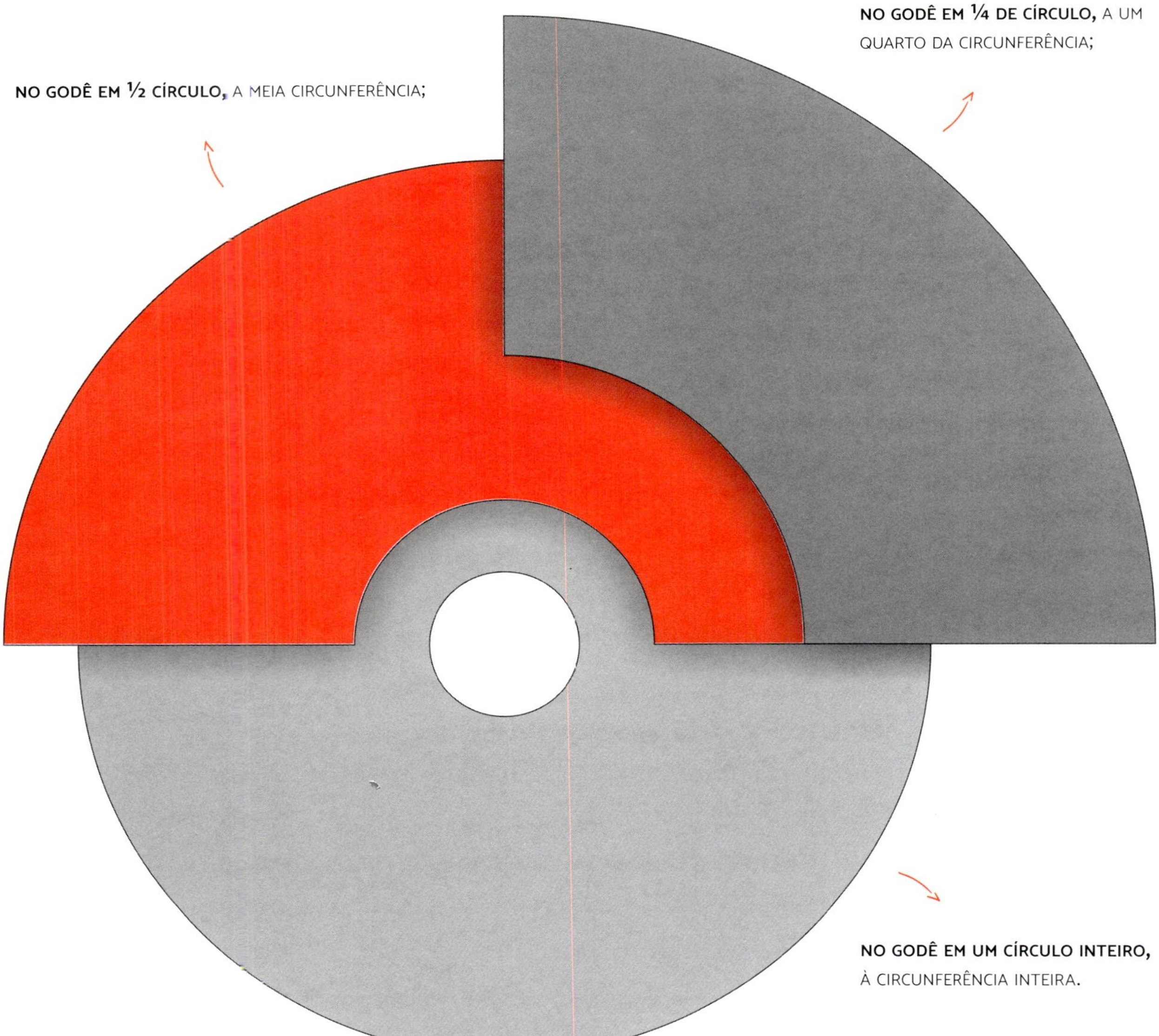

NO GODÊ EM ½ CÍRCULO, A MEIA CIRCUNFERÊNCIA;
NO GODÊ EM ¼ DE CÍRCULO, A UM QUARTO DA CIRCUNFERÊNCIA;
NO GODÊ EM UM CÍRCULO INTEIRO, À CIRCUNFERÊNCIA INTEIRA.

OS VOLUMES GODÊS PODEM SER UTILIZADOS EM DIVERSAS PARTES DE UMA ROUPA, COMO MANGAS, PUNHOS, GOLAS, BABADOS E DETALHES EM RECORTES ENTRE OUTRAS PARTES DE UMA PEÇA. PARA CALCULAR O MOLDE, SUBSTITUA A REFERÊNCIA DA CINTURA EXEMPLIFICADA NA SAIA PELA MEDIDA DA PARTE EM QUE SERÁ APLICADO O GODÊ.

Por isso, as medidas dos raios para a construção dos moldes de cada godê aumentam de modo inversamente proporcional ao volume da circunferência de cada saia. Quanto maior a medida do raio, menor o volume da saia. A figura acima mostra essa relação com a sobreposição dos três tipos de godês para uma mesma medida de cintura e um mesmo comprimento de saia.

Corpo: bases e estudos de formas*

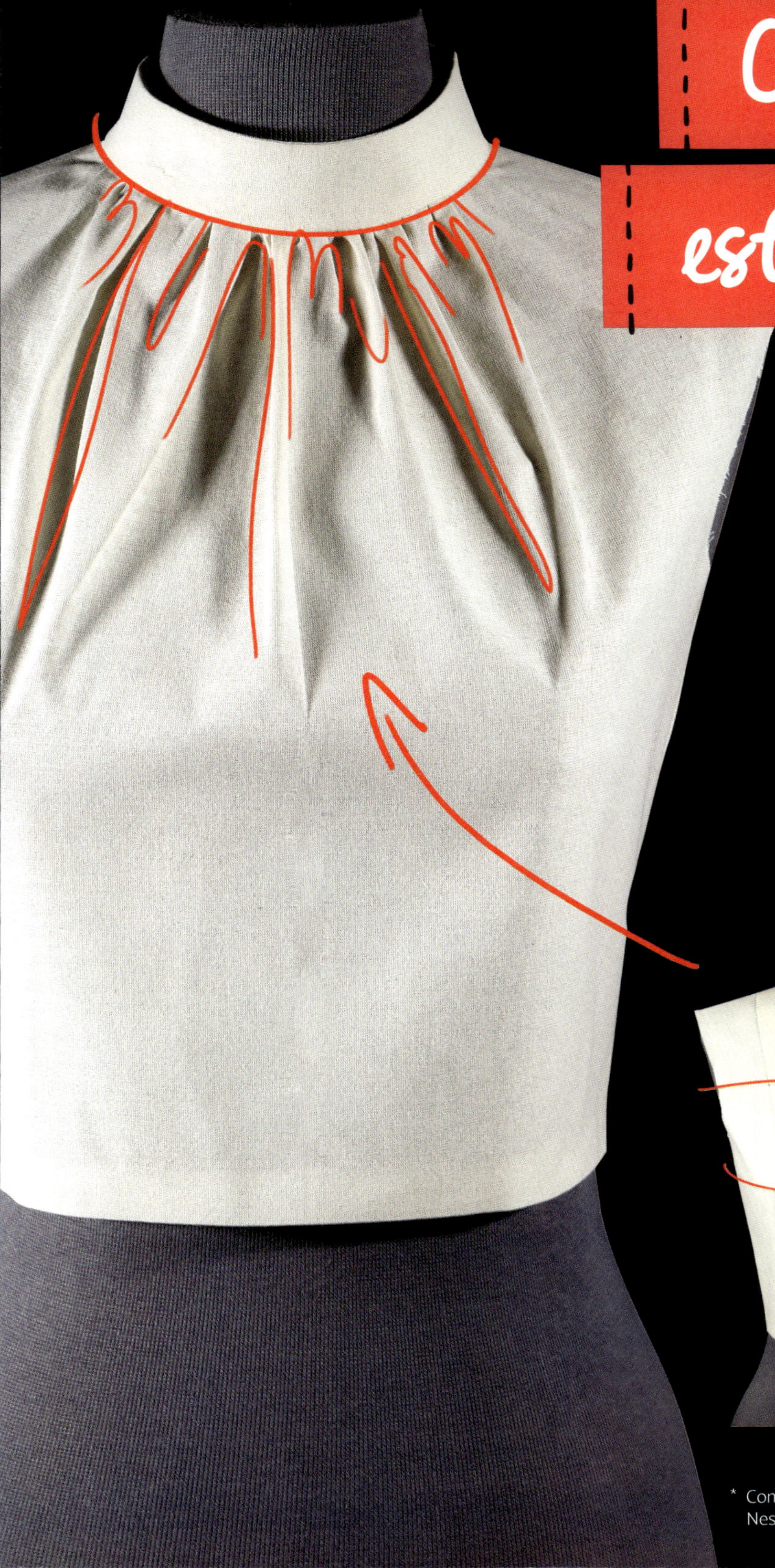

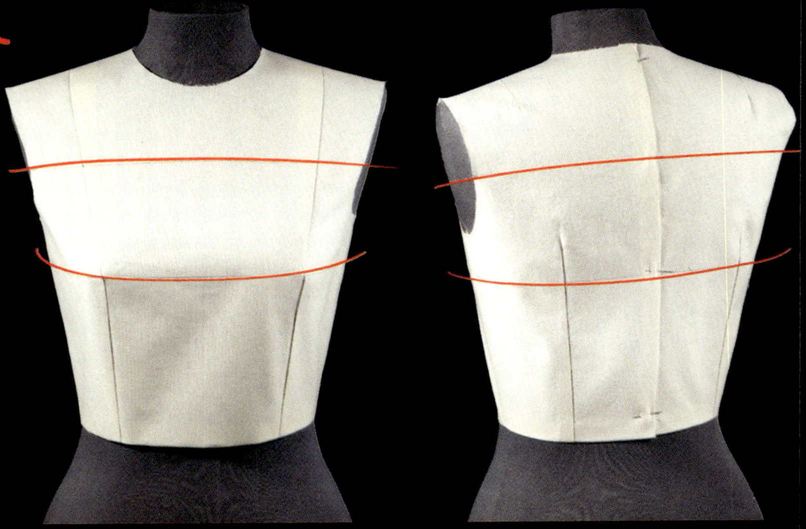

* Conforme informado anteriormente, os moldes do livro foram feitos no manequim 38. Neste capítulo, correspondem a 12,5% do tamanho real. (N. E.)

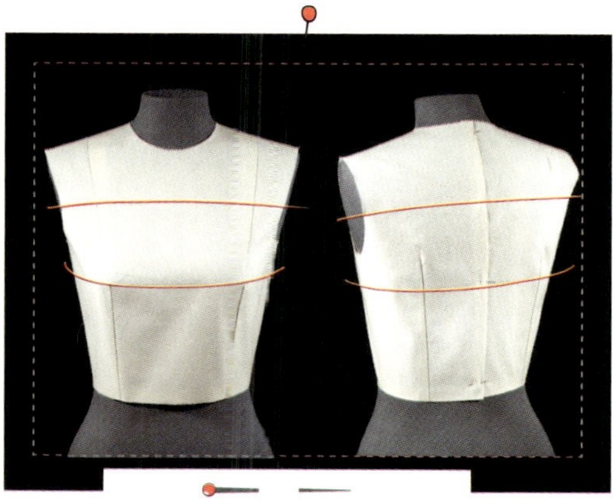

Base de corpo

Esta base é utilizada na construção de blusas e representa o contorno do corpo do pescoço até a cintura. Acrescenta-se 1 cm aos principais contornos do corpo utilizados nessa construção, o busto e a cintura, para garantir a vestibilidade.

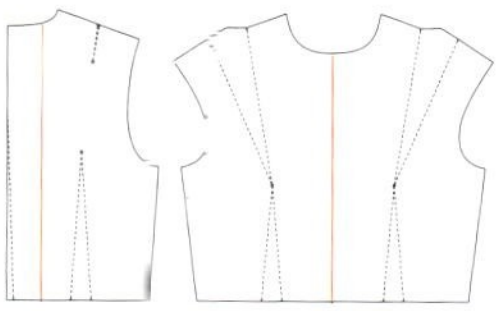

Não esqueça que foi acrescentado 1 cm nas medidas dos principais contornos do corpo (busto e cintura). Portanto, toda vez que o texto desta construção os mencionar, utilize as medidas com esse acréscimo.

Medidas utilizadas para construção da base de corpo

Medidas do corpo	Tamanho 38
Altura do corpo frente	37,5
Altura do corpo costas	41,5
Contorno do busto	86
Abertura do busto	18
Altura do busto	22
Contorno da cintura	68
Contorno do pescoço	36
Comprimento do ombro	12,5
Ombro a ombro frente	36
Ombro a ombro costas	39
Transversal frente	43,5
Transversal costas	44
Entrecavas frente	32,5
Entrecavas costas	35,5
Altura da cava	21,75

Construção do traçado

AB = altura do corpo frente = linha do meio da frente.

BC = ½ do contorno do busto mais 5 cm (folga somente para construção do traçado) = linha da cintura. Trace perpendicular a **AB**.

CD = altura do corpo costas = linha do meio das costas. Trace paralela a **AB**.

LINHA DO BUSTO

BE = ½ da abertura do busto. A partir do ponto **E**, trace uma reta paralela a **AB** com aproximadamente 25 cm a partir de **E**. Chamaremos essa reta de **x**, que servirá como apoio para a localização da altura do busto.

Apoie a régua no ponto **A** e marque a medida da altura do busto até encostar na reta **x**. Na intersecção dessa medida com a reta **x**, temos o ponto **F**, que determina por onde passará a linha do busto.

AF = altura do busto.

EF = **BF_1** = **CG** = altura entre a cintura e a linha do busto. Localize os pontos **F_1** e **G** sobre as linhas dos meios (frente e costas) correspondentes. Ligue **F_1G** por uma reta.

GF_1 = linha do busto.

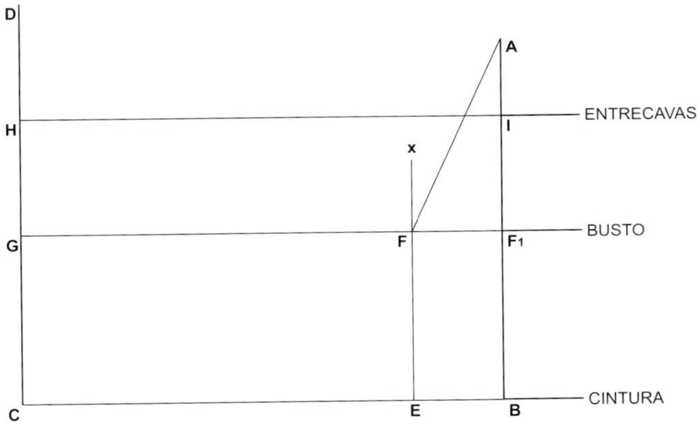

LINHA DE ENTRECAVAS

H = ½ de **DG**.

HG = **IF_1**. Ligue **IH** por uma reta.

HI = linha de entrecavas.

PESCOÇO E LOCALIZAÇÃO DO OMBRO – FRENTE

A partir do ponto **A**, trace uma perpendicular a **AB** com aproximadamente 25 cm. Essa reta servirá de apoio para a localização do pescoço e do ombro. Chamaremos essa reta de **y**.

AA_1 = ⅙ do contorno do pescoço mais 1 cm. Marque sobre a reta **y**.

A_1A_2 = ⅙ contorno do pescoço. Trace perpendicular a **AA_1**.

Trace o contorno do pescoço em curva, deixando 1 cm em ângulo reto em **A**.

AJ = ½ da medida de ombro a ombro frente. Marque sobre a reta **y**. Trace uma perpendicular em **J**, que servirá de apoio para a transversal frente.

BK = medida transversal frente. A partir de **B**, na linha de cintura, coloque a medida transversal frente até a perpendicular em **J**. Ligue **A_2K** por uma reta.

PESCOÇO E LOCALIZAÇÃO DO OMBRO – COSTAS

A partir do ponto **D**, trace uma perpendicular a **CD** com aproximadamente 25 cm. Essa reta servirá de apoio para a localização do pescoço e do ombro. Chamaremos essa reta de **z**.

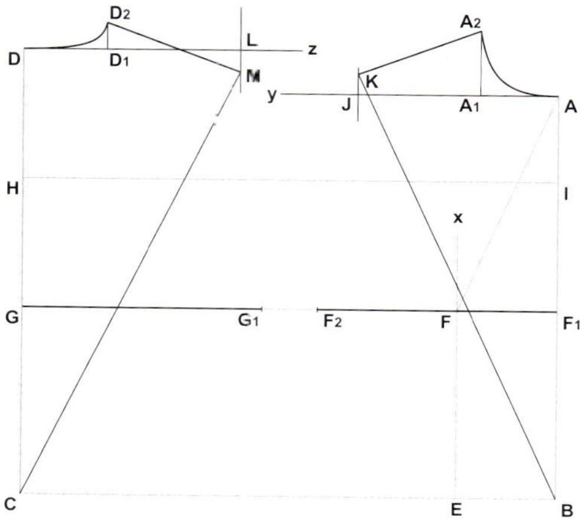

DD_1 = ⅙ do contorno do pescoço mais 1,5 cm. Marque sobre a reta **z**.

D_1D_2 = ⅓ de **DD_1**. Trace perpendicular a **DD_1**.

Trace o contorno do pescoço nas costas em curva, deixando 3 cm em ângulo reto em **D**.

DL = ½ da medida de ombro a ombro costas. Marque sobre a reta **z**. Trace uma perpendicular em **L**, que servirá de apoio para a transversal das costas.

CM = medida transversal das costas. A partir de **C**, coloque a medida transversal das costas até a perpendicular em **L**. Ligue **D_2M** por uma reta.

Para os traçados das curvas do contorno do pescoço, mantenha a base no ângulo reto solicitado e trace a curva tangente a essa base.

BUSTO

F_1F_2 = **GG_1** = ¼ do contorno do busto.

CÁLCULO DAS PENCES

CINTURA

Será apresentado o cálculo básico (valores próximos entre frente e costas).

Frente:

→ 1 pence de 3 cm (na linha da abertura do busto).

Costas:

→ 1 pence de 3 cm (entre o meio das costas e a lateral);

→ 1 pence de 1 cm (no meio das costas).

Modelistas mais experientes e que estejam trabalhando sob medida conseguem já na construção do traçado da base alterar os valores das pences em função do volume de abdômen e da curvatura da lombar, nas costas. Para fazer o ajuste sobre a base finalizada, consulte as adequações das bases em relação às larguras, no capítulo 8.

BB_1 = ¼ da cintura mais 3 cm (total de pence da frente). Marque 1,5 cm para cada lado de **E**, encontrando **E_1** e **E_2**. Trace a pence, unindo **E_1FE_2**.

CC_1 = ¼ da cintura mais 4 cm (total de pence costas).

CC_2 = 1 cm. Trace a pence do meio das costas, unindo **C_2H**.

C_3 = ½ de **C_2C_1**.

C_3N = Comprimento da pence da cintura. A partir de **C_3**, trace uma paralela ao meio das costas (**CD**) até encostar na linha da transversal (**CM**). Marque 1,5 cm para cada lado de **C_3**, encontrando **C_4** e **C_5**. Trace a pence, unindo **C_4NC_5**.

PENCE DE BUSTO – FRENTE

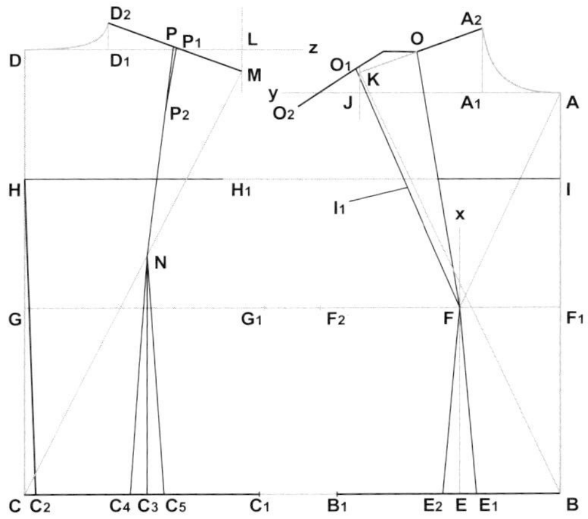

A_2O = ½ do comprimento do ombro.

OO_1 = $\frac{1}{15}$ do contorno do busto.

Trace a pence, unindo **OFO_1**.

Dobre a pence **OF** sobre **O_1F**, prolongue a reta do ombro e marque a partir de **A_2** o comprimento do ombro, achando **O_2**, e carretilhe sobre o volume da pence.

Ainda com a pence fechada, coloque a medida de entrecavas frente, marcando **II_1** com ½ da medida de entrecavas frente.

O valor de OO_1 também pode ser alterado já durante o traçado para a construção da base sob medida em função do volume do seio. (Ver no capítulo 8 como fazer as adequações sobre a base.)

PENCE DE OMOPLATA – COSTAS

D_2P = **MP_1** = ½ do comprimento do ombro. A diferença que sobrar será a pence de omoplata. Ligue **P** a **N**.

PP_2 = 6 cm sobre a reta **PN** = comprimento da pence. Trace a pence, unindo **PP_2P_1**.

HH_1 = ½ de entrecavas costas.

Nos traçados sob medida, existe a possibilidade de não existir a pence de omoplata – tudo depende do corpo da pessoa. Ao contrário, caso os valores sejam maiores – aproximadamente, 1,5 cm a 2 cm –, pode-se aumentar o comprimento da pence até acomodá-la nessa região do corpo.

LATERAIS

Meça a linha do busto **F_1F_2** e **GG_1**, descontando as pences. Esse valor deve corresponder ½ do contorno do busto. Compense igualmente a diferença entre as laterais da frente e das costas, encontrando **F_3** e **G_2**.

ALTURA DA CAVA

B_1Q = **C_1R** = altura da cava.

A partir de **B_1**, passando por **F_3**, trace uma reta com o valor da altura da cava e ache o ponto **Q**. A partir de **C_1**, passando por **G_2**, trace uma reta com o valor da altura da cava e ache o ponto **R**.

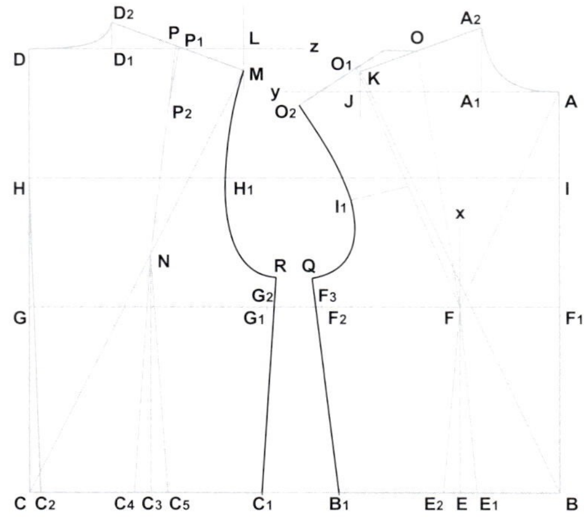

CAVAS

Trace as cavas, mantendo em **M** e **O_2** ângulo reto em relação aos ombros.

Trace **QI_1O_2** em curva, deixando de 1,5 cm a 2 cm perpendicular a **B_1Q**.

Trace **RH_1M** em curva, deixando 1 cm perpendicular a **C_1R**.

Para conferir os desenhos das cavas, junte os ombros (frente e costas) e, se necessário, redesenhe as cavas. Faça o mesmo para as laterais. Mantendo os ângulos retos solicitados nos traçados das cavas, temos um desenho contínuo das curvaturas embaixo da cava e próximo ao ombro.

Marcação do fio reto

Frente:

- considerando a base de corpo finalizada com a frente inteira e a abertura no meio das costas, espelhe o molde a partir de **AB**, meio da frente, e marque o fio reto nessa linha.

Costas:

- trace uma paralela a **DC**, meio das costas, entre **C_2** e **C_4**, e marque o fio nessa reta.

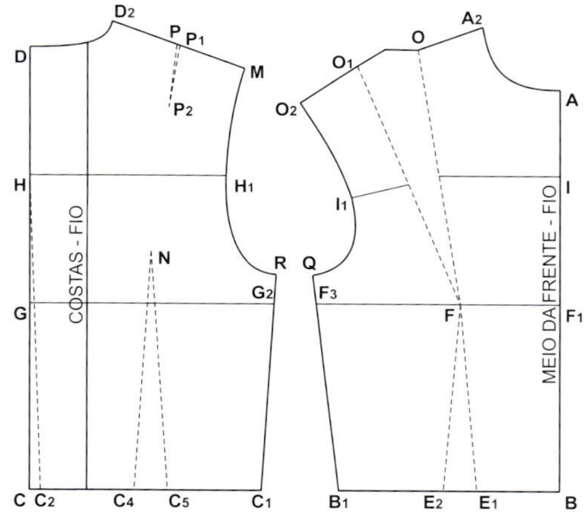

MOLDE FINALIZADO

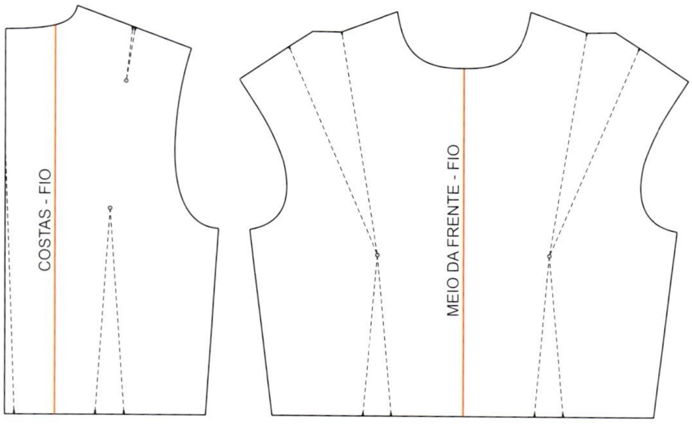

Estudos de transferências de pences sobre a base de corpo

Um dos grandes diferenciais da modelagem é a interpretação de um modelo, ou seja, a possibilidade de transformar a base (neste caso, a de corpo) em uma peça de vestuário que seja bela, diferente ou criativa e, que ainda assim, mantenha sua principal função: garantir a vestibilidade. Para isso, é importante ressaltar que o vestir bem está intimamente ligado ao respeito ao corpo e aos movimentos de quem usa a roupa.

No caso da base de corpo, as pences de busto e cintura servem para manter a forma desse corpo, mas, sendo visíveis, fazem parte da harmonia da peça.

A partir da base de corpo, conseguimos criar ou interpretar alternativas estéticas, mantendo a silhueta original. Para isso, é preciso entender que as pences podem se movimentar, de maneira isolada ou não, ao redor do mamilo. Esses movimentos geram inúmeras possibilidades de modelos: com uma ou mais pences, com pences simétricas ou assimétricas, com recortes (unindo pences), com pences distribuídas em franzidos ou pregas (caso não sejam costuradas), entre outras.

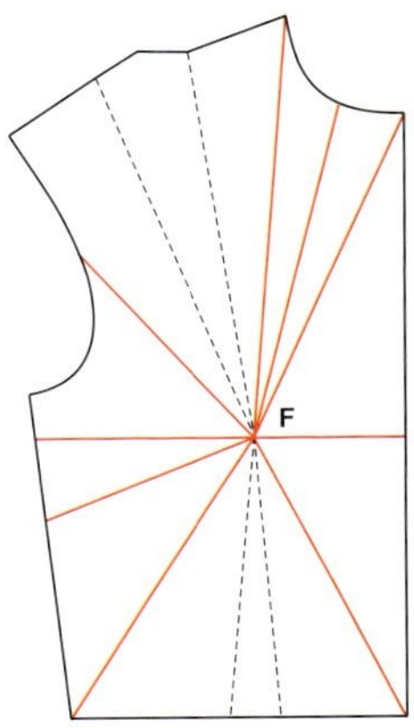

Na figura ao lado, as linhas em vermelho mostram, sobre a base da frente, algumas possibilidades de posicionamento básicos das pences.

A característica principal da técnica de transferência de pences é, como o próprio nome diz, transferir a pence existente, responsável pela criação do volume do busto, de um lugar para outro. Ou seja, nesta técnica não se eliminam o valor ou a abertura da pence; na verdade, há um deslocamento dela para outro ponto.

O passo a passo para a transferência de pences é sempre o mesmo. Assim, será explicado bem detalhadamente no primeiro estudo; nos demais, somente a sequência será indicada.

Transferência para modelos com pences

ESTUDOS SOBRE O MOLDE DA FRENTE DA BASE DE CORPO

1º ESTUDO: PENCE LATERAL

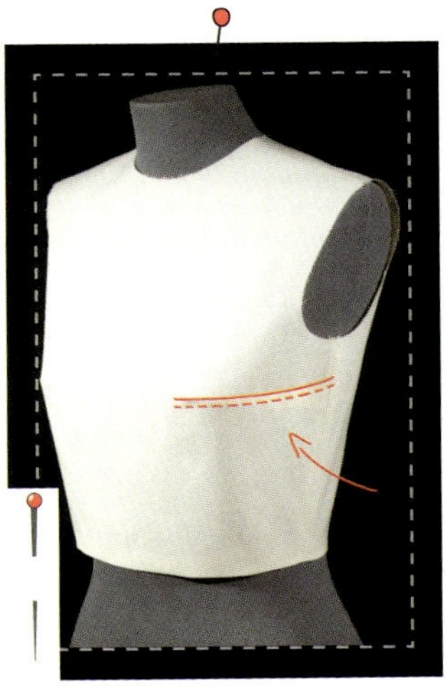

A localização desta pence quase não interfere na estética da peça. Mantém a forma da base unindo os volumes das pences de ombro e de cintura em uma pence lateral.

Faça a leitura visual da peça. Compare-a com a base de corpo e analise não só as pences que deixarão de existir como também as que permanecerão ou serão inseridas (transferidas).

Localize a pence existente na peça. Neste caso, a “nova pence” está na linha de busto. Corte na linha da nova pence até o vértice (**F3F**).

Feche a pence do ombro no molde, dobrando **O1F** sobre **OF** e deslocando seu volume para a nova pence lateral, que se formou na linha do busto.

Feche a pence da cintura no molde, dobrando **E2F** sobre **E1F** e deslocando seu volume para a nova pence lateral, que aparece com a inserção de papel no molde.

Cole papel sob a abertura da pence. Dobre a pence e retrace a lateral. Retrace a linha de cintura, suavizando em curva a “quebra” formada pelo fechamento da pence da cintura (**E2E1**).

Espelhe o molde pela linha do meio da frente (**AB**). Neste estudo, a peça é simétrica.

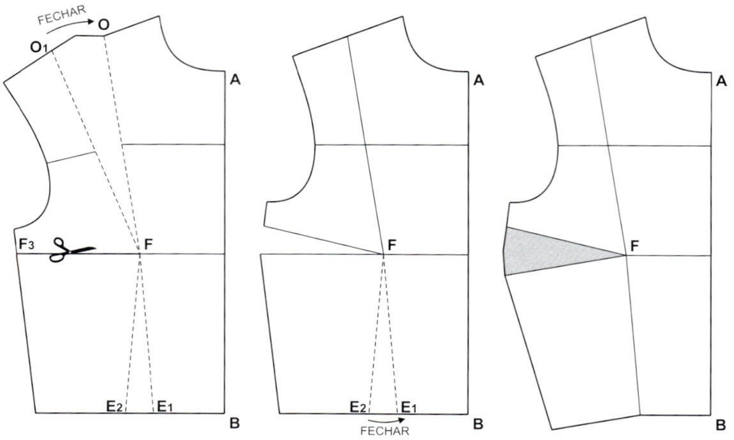

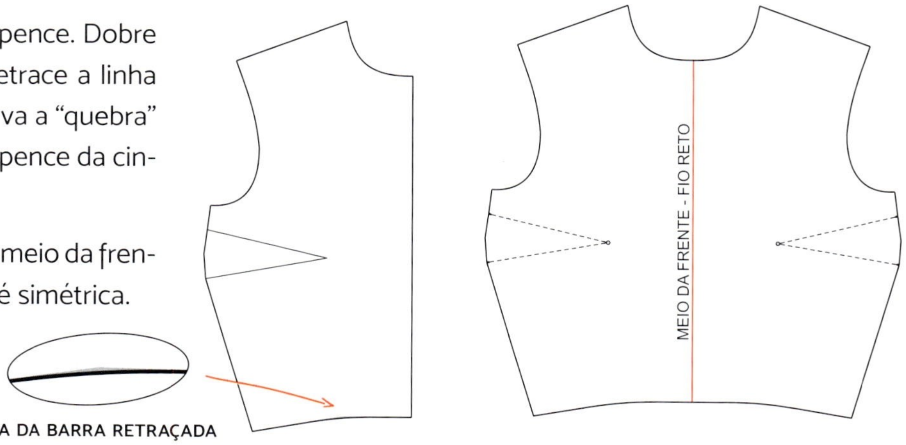

Esteticamente, esse desenho de pence é mais harmonioso quando traçado de forma inclinada em relação à linha de busto. Assim, o procedimento é o mesmo; apenas a posição da pence muda.

Não existe proporcionalidade de valores entre os volumes da nova pence e os existentes anteriormente no molde. Após a transferência, o valor da profundidade da pence se forma automaticamente em relação à localização no molde e ao volume das pences que foram deslocadas.

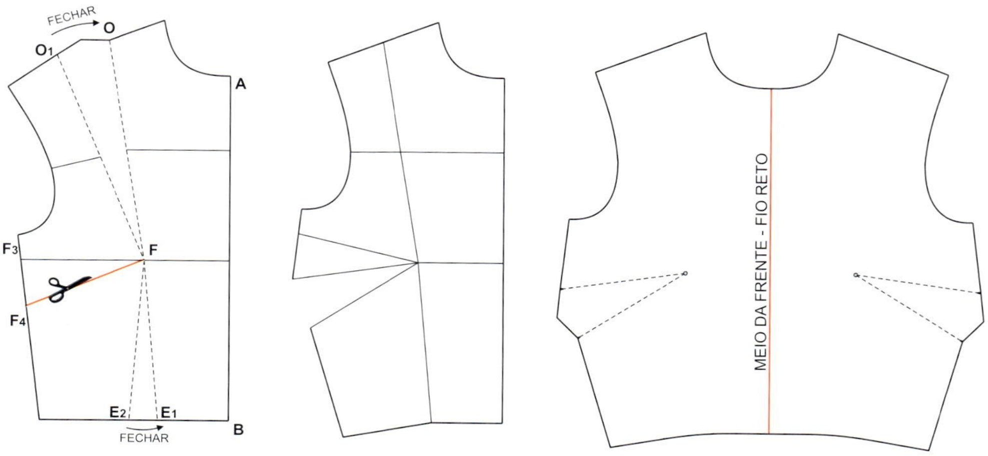

2º ESTUDO: PENCE DIAGONAL LATERAL

Está localizada a partir da junção das linhas da lateral e da cintura. O desenho é mais acentuado nesta peça, e a profundidade da pence se forma pelo volume das pences de ombro e de cintura.

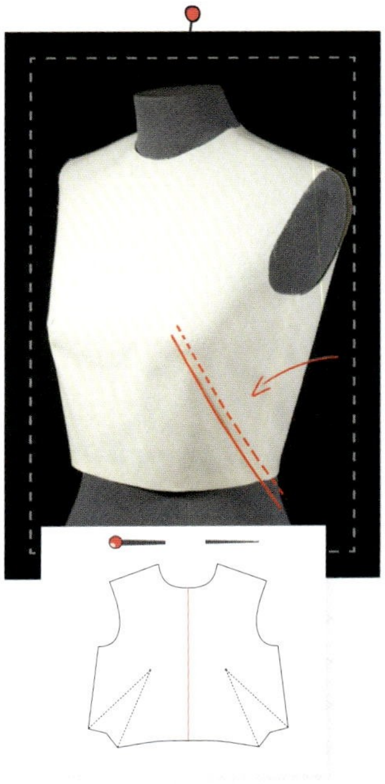

Execute os mesmos passos do estudo anterior para a transferência das pences.

Localize a pence existente na peça sobre a base de corpo.

Corte na linha da nova pence **B_1F**.

Feche as pences de ombro (**O$F$$O_1$**) e de cintura (**$E_2FE_1$**).

Dobre a pence diagonal e carretilhe.

Espelhe o molde.

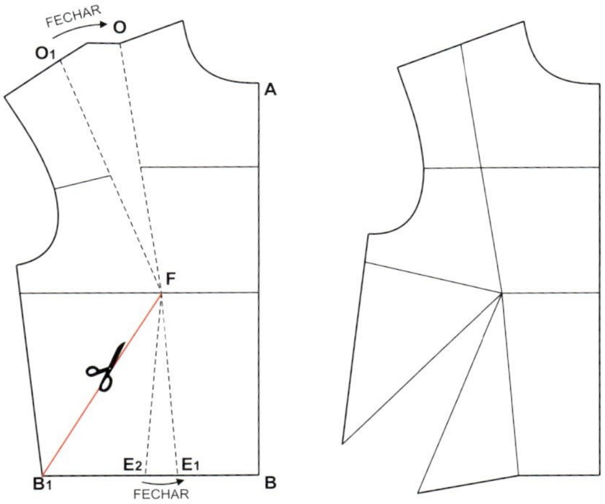

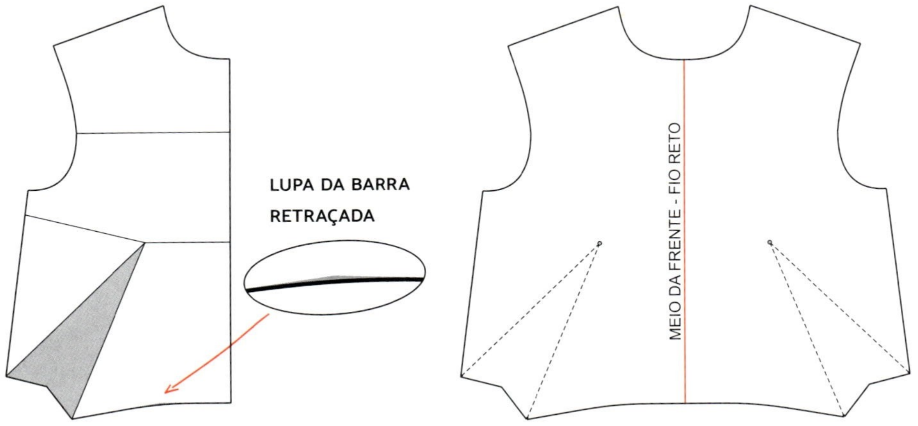

3º ESTUDO: PENCE DE CINTURA

Esta localização de pences é uma das mais utilizadas em modelos básicos. A pence do ombro é transferida para a pence de cintura, já existente no modelo, aumentando seu volume.

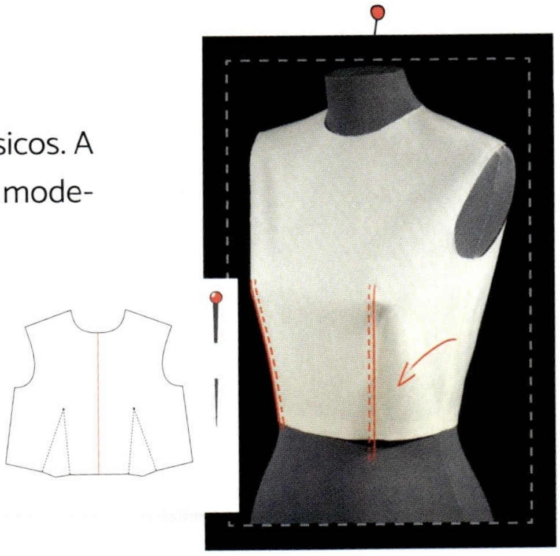

Localize a pence existente na peça sobre a base de corpo. Neste caso, ela corresponde à pence da cintura existente na base de corpo.

Corte na pence **E_1FE_2,** de forma que todo o seu fundo seja retirado.

Feche a pence de ombro (**O_1FO**).

Dobre a pence de cintura e carretilhe.

Espelhe o molde.

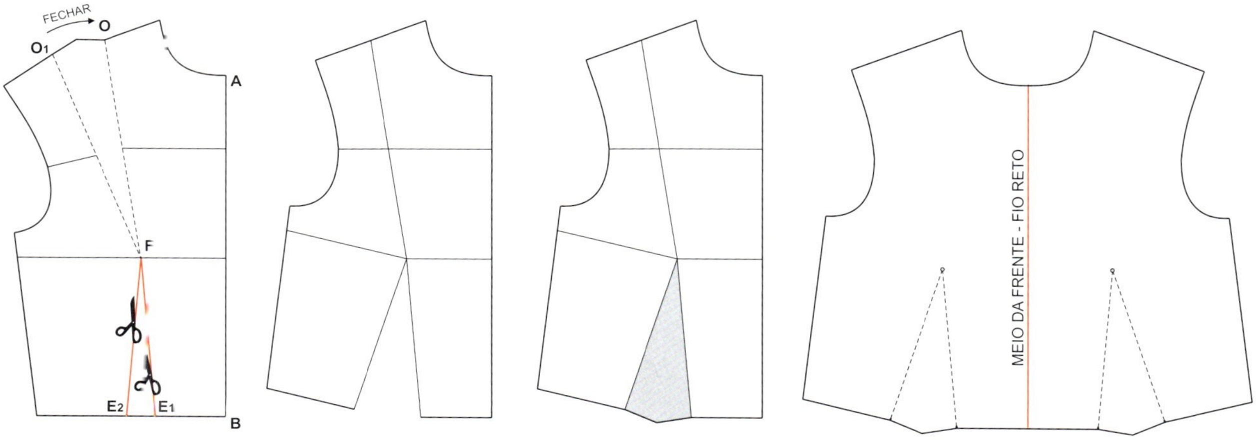

4º ESTUDO: PENCE DIAGONAL CENTRAL

Esta pence é centralizada e apoiada na linha da cintura, desenhando um "V". Sua profundidade também é resultante dos volumes das pences de ombro e de cintura da base de corpo.

Localize a pence existente na peça sobre a base de corpo.

Corte na linha da nova pence **BF**.

Feche as pences de ombro (**O_1FO**) e de cintura (**E_1FE_2**).

Dobre a pence diagonal e carretilhe na linha da cintura.

Espelhe o molde.

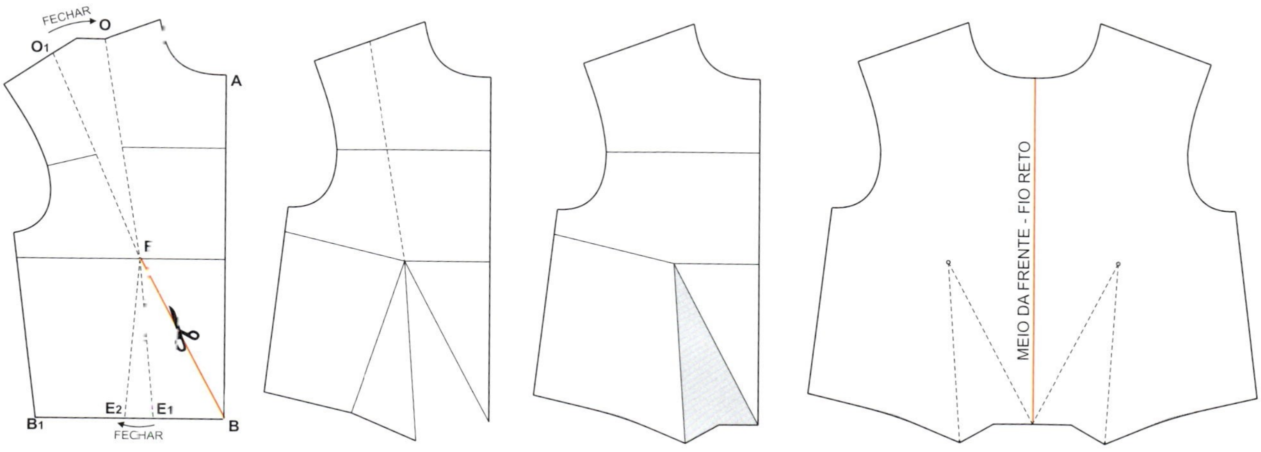

5º ESTUDO: PENCE NO BUSTO

Está localizada sobre a linha do busto em direção ao meio da frente. Neste exemplo, a costura é no meio da frente, em função do deslocamento do meio da peça quando os volumes das pences de ombro e de cintura são transferidos.

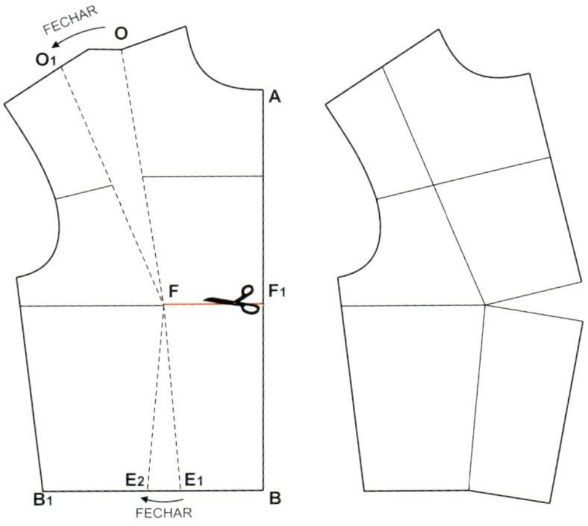

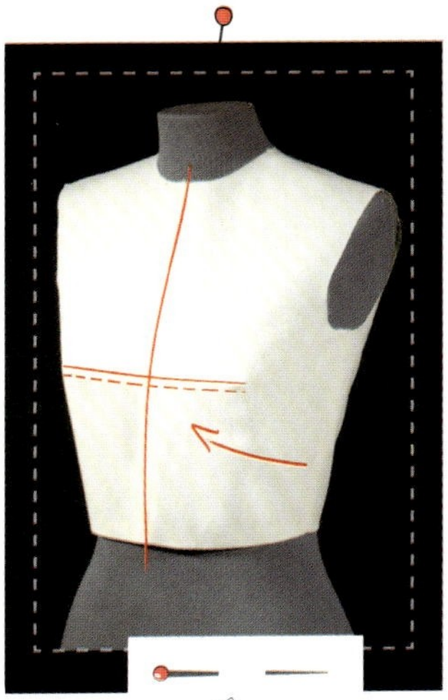

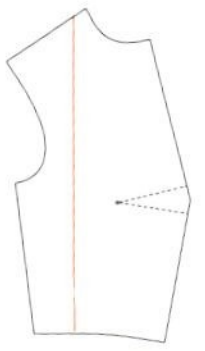

Localize a pence existente na peça sobre a base de corpo.

Corte na linha da nova pence **F₁F**.

Feche as pences de ombro (**OFO₁**) e de cintura (**E₁FE₂**).

Dobre a pence de busto e carretilhe.

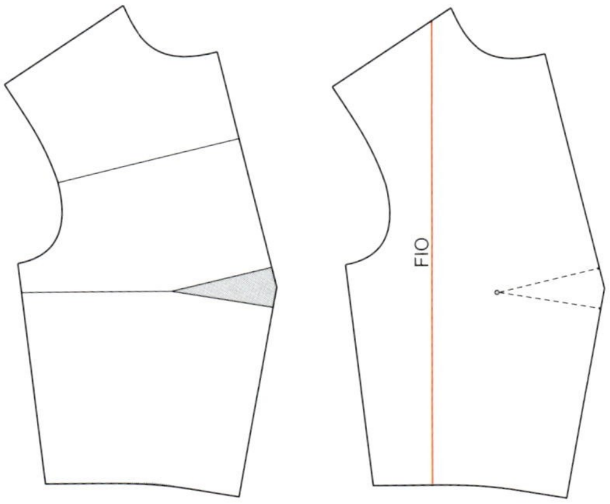

Este estudo tem costura no meio da frente, e a linha **AB** não é mais formada por uma única reta. Portanto, o fio reto deverá ser localizado no molde perpendicular às linhas de busto e de cintura em que não houve deslocamento.

Sobre o mesmo molde, este estudo pode ter uma interpretação diferente com o volume da pence: um efeito "franzido".

Para isso, faça uma marcação com piques acima e abaixo da pence, para determinar o intervalo que ficará franzido. Para manter a mesma silhueta e destacar o volume do seio, esse intervalo deve ser pequeno.

A figura abaixo mostra as alterações. Nesse exemplo, os piques foram marcados com 1 cm de distância da pence, o que significa que, quando for feito o franzido, o espaço total entre esses piques deverá ser de 2 cm. Assim, o volume da pence ficará totalmente distribuído entre os piques.

ESTETICAMENTE, AS PENCES FICAM MELHORES QUANDO AFASTADAS DO MAMILO. NO ENTANTO, NAS SILHUETAS AJUSTADAS (NA BASE DO CORPO, POR EXEMPLO), ESSE AFASTAMENTO NÃO DEVE ULTRAPASSAR 2,5 CM, PARA MANTER O VOLUME DO SEIO NO LUGAR. INICIALMENTE É FEITO O DESLOCAMENTO DAS PENCES; DEPOIS, É PRECISO RETRAÇÁ-LAS, AFASTANDO OS VÉRTICES. PARA SEIOS VOLUMOSOS, A MEDIDA DO RAIO PODE SER MAIOR. O CÍRCULO DEMARCADO NO DESENHO COM RAIO DE 2,5 CM DETERMINA O LIMITE PARA O AFASTAMENTO. LOCALIZE A LINHA DO CENTRO DA PENCE E A RETRACE A PARTIR DO CÍRCULO DEMARCADO.

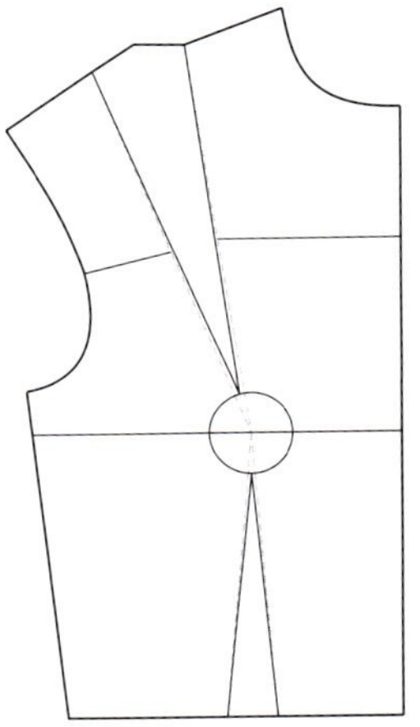

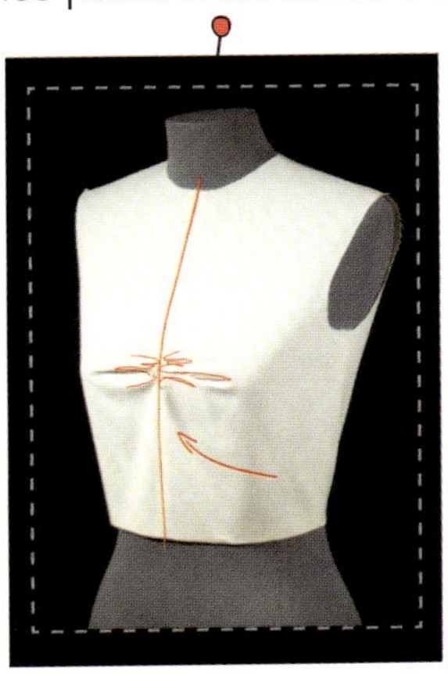

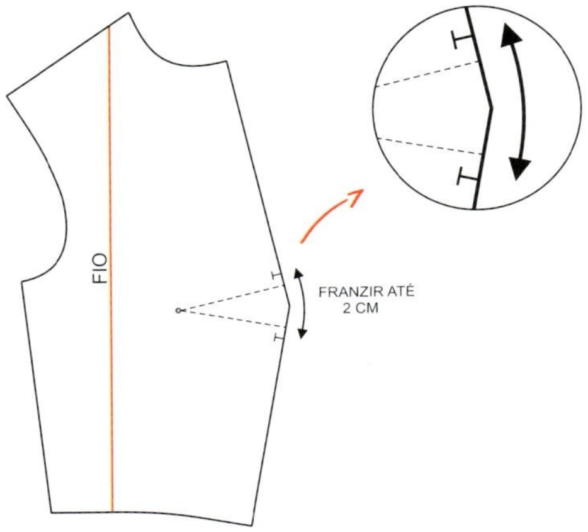

ESTUDO SOBRE O MOLDE DAS COSTAS DA BASE DE CORPO

O deslocamento das pences nas costas é mais simples. Não existe volume saliente (como o busto), e a pence no ombro (de omoplata) tem pouca profundidade.

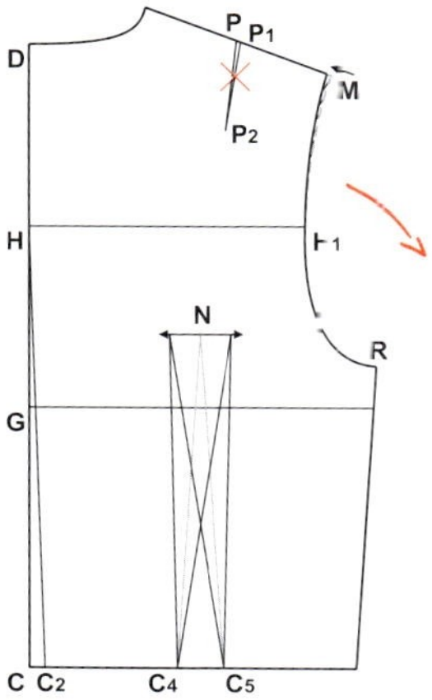

Observe, na figura ao lado, que todas as pences destacadas no molde podem ser deslocadas.

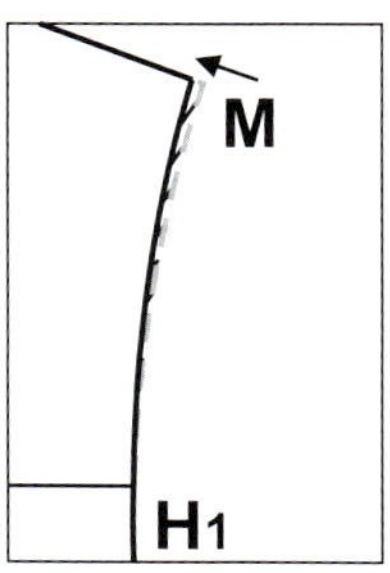

Quanto mais centralizada a pence no molde, melhores a distribuição do volume e a acomodação do tecido sobre o corpo. O vértice da pence da cintura, no ponto **N**, pode deslocar horizontalmente para os dois lados, pois não existe nenhuma saliência nessa região.

O volume da pence de omoplata (**PP_1**) é pequeno e pode ser eliminado no contorno da cava.

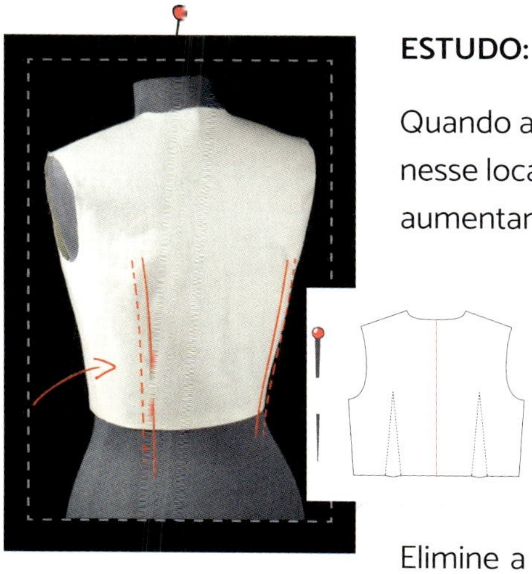

ESTUDO: PENCE DE CINTURA

Quando a peça não tem costura no meio das costas, a pence que seria feita nesse local é transferida para a pence de cintura existente na base de corpo, aumentando sua profundidade.

Faça a leitura visual da peça, comparando-a com a base de corpo e analisando as pences que deverão ser eliminadas e as que permanecerão ou serão inseridas (transferidas).

No caso das costas, as pences são isoladas, portanto quando deslocamos as pences elas são retraçadas em outro lugar.

Elimine a pence de omoplata (**PP_2P_1**), retirando seu volume na cava e entrando a partir do ponto **M**.

Retrace a cava, eliminando a pence.

Desloque a pence **CC_2** do meio das costas para a pence **C_4NC_5**. Distribua ½ do valor de **CC_2** para cada lado de **C_4C_5**, encontrando **C_6** e **C_7**.

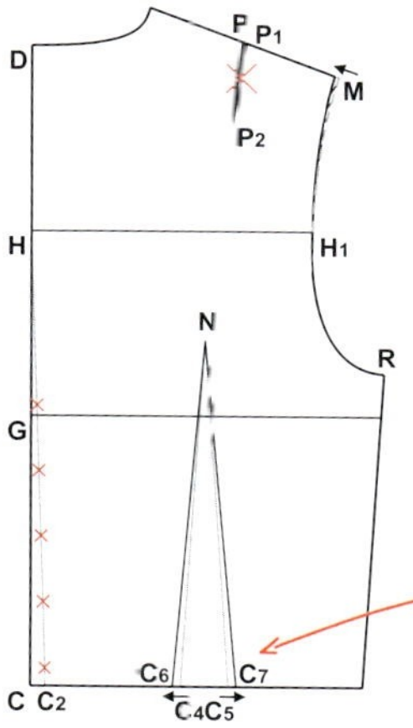

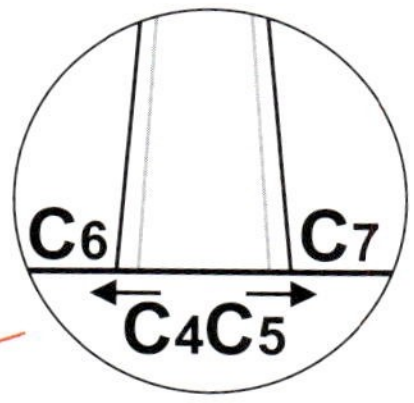

Retrace a pence de cintura. Dobre a pence e carretilhe a linha da cintura.

Espelhe o molde pelo meio das costas (**CD**).

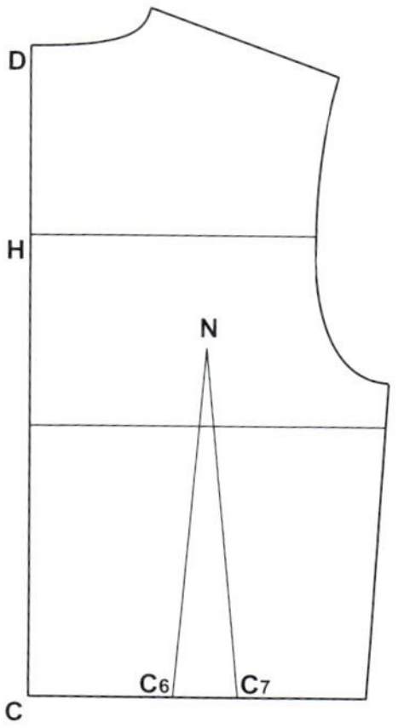

Transferência para modelos com recortes

ESTUDOS SOBRE O MOLDE DA FRENTE DA BASE DE CORPO

O recorte é representado por uma costura contínua, normalmente sobre uma parte da roupa. Pode ter finalidade estética, quando inserido para realçar um desenho com costuras, ou cumprir a função de definir uma silhueta: isso acontece quando o recorte elimina o segmento de reta que se forma em pences e passa a apresentar uma linha contínua.

No molde da frente da base, as pences são unidas pelos vértices e, quando costuradas, o resultado é uma linha contínua, que visualmente simboliza um recorte. No entanto, na modelagem essa representação é feita por uma única parte, com as pences desenhadas. Quando há um recorte, os moldes são separados e as profundidades das pences são eliminadas.

Para que as pences da frente da base sejam eliminadas por um recorte, é necessário que o desenho passe pelo ponto **F** (localização do mamilo), mantendo o volume do seio no lugar.

No primeiro estudo, o desenho da base será mantido, mas as partes do molde da frente serão separadas.

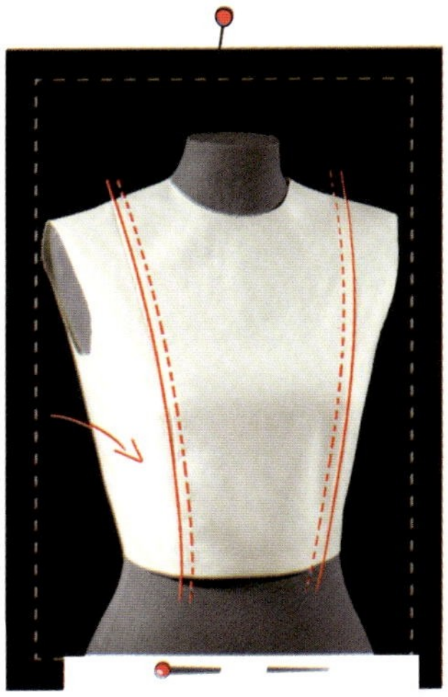

1º ESTUDO: RECORTE SUSPENSÓRIO

Este é um modelo no qual a costura passa pelo meio dos ombros, por cima dos seios, chegando até a cintura. Não há alteração no posicionamento das pences da base de corpo.

Localize o recorte da peça sobre a base de corpo. Neste caso, ele corresponde às pences de ombro e de cintura existentes na base de corpo.

Corte nas linhas **E_1FO** e **E_2FO_1**, que formam as pences **E_1FE_2** e **OFO_1** respectivamente, e separe os moldes. Suavize em curva o "bico" formado em **F** no recorte lateral.

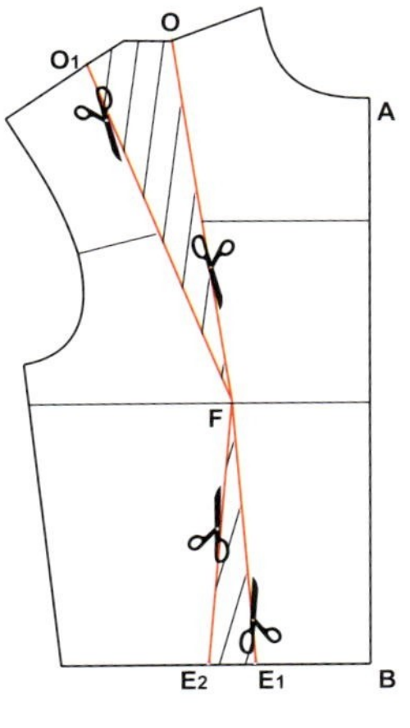

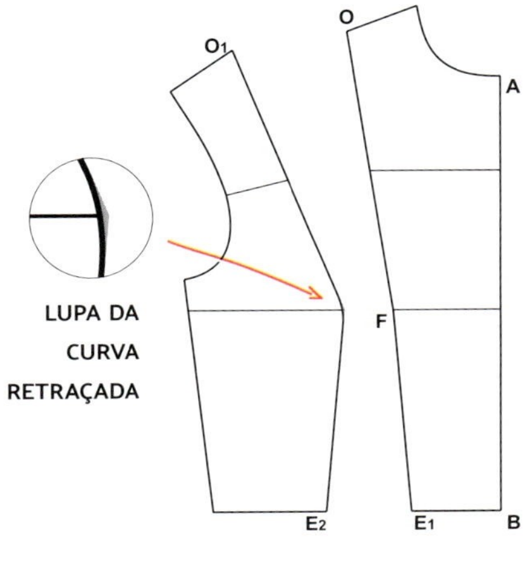

Insira no recorte lateral o fio reto perpendicular à linha da cintura. No meio da frente, espelhe o molde pela linha **AB**.

IMPORTANTE: marque o pique da linha de busto nas duas partes do molde, para que o volume do seio não se desloque na costura.

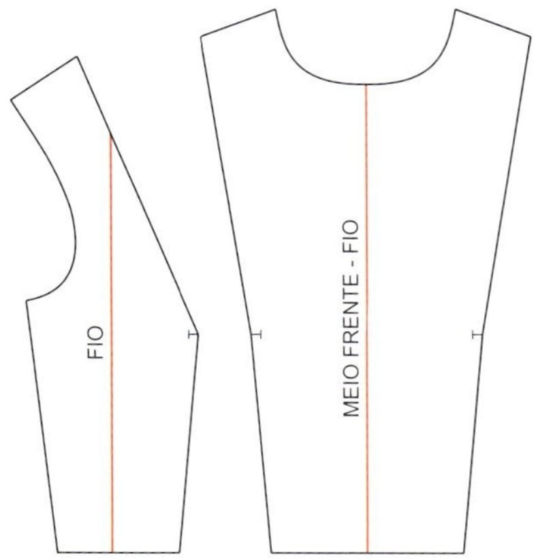

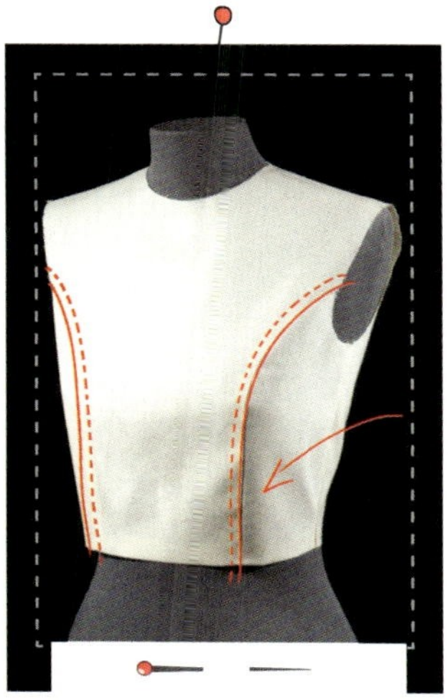

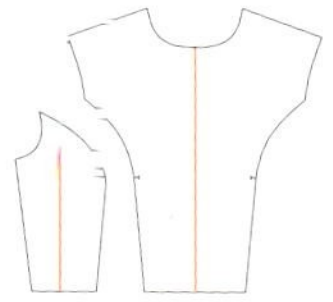

2º ESTUDO: RECORTE PRINCESA

É um dos modelos de recorte mais utilizados. O desenho começa na cava e facilita a correção nessa região em função do volume do seio. O recorte tem desenho arredondado, exemplificando que a transferência de volume não se limita aos desenhos com linhas retas, como os das pences. Neste caso, o volume da pence de ombro é deslocado para o desenho da cava até o ponto **F** (mamilo).

Desenhe o recorte da peça sobre a base de corpo (**I_1F**) em curva e a pence da cintura (**E_1FE_2**).

Corte nas linhas **I_1FE_2** e **E_1F**.

Separe os moldes.

Feche a pence de ombro (**O_1FO**) no molde do meio da frente.

Marque o fio reto no recorte lateral e espelhe o molde do meio da frente a partir da linha **AB**.

Marque o pique da linha de busto nas duas partes do molde.

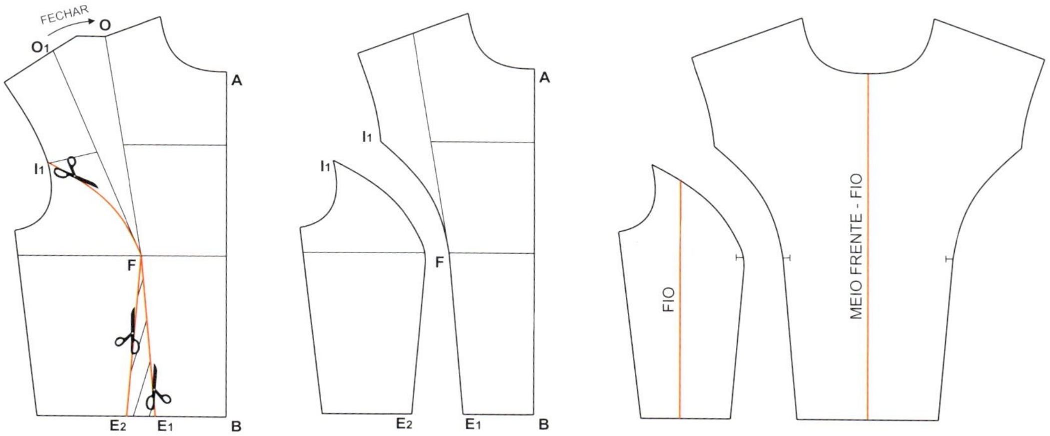

3º ESTUDO: RECORTE A PARTIR DO DECOTE

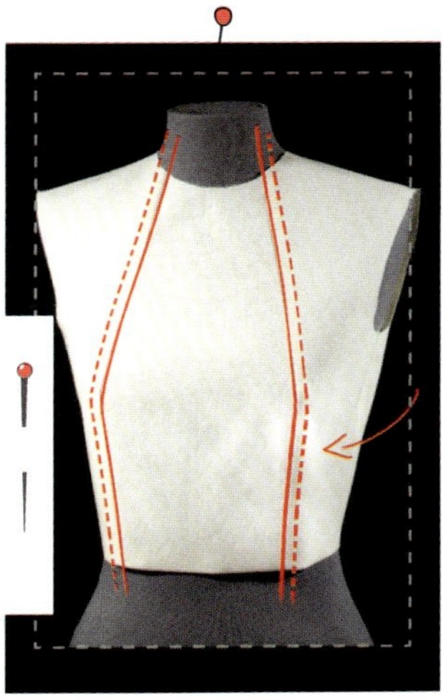

No exemplo, o desenho do recorte ocorre a partir do pescoço, mas para decotes mais profundos, próximo aos seios, este tipo de recorte facilita as correções em função do volume do busto.

Desenhe o recorte da peça sobre a base de corpo: a linha (**SF**) a partir do decote e a pence de cintura (**E_1FE_2**).

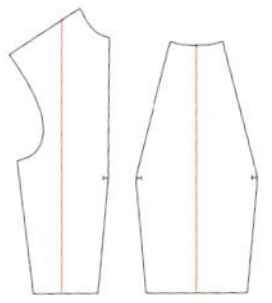

Corte nas linhas **E_1FS** e **E_2F**.

Separe os moldes e suavize em curva o "bico" formado em **F**.

Feche a pence de ombro (**OFO_1**) no molde da lateral.

Marque o fio reto no recorte lateral e espelhe o molde do meio da frente a partir da linha **AB**.

Marque o pique da linha de busto nas duas partes do molde.

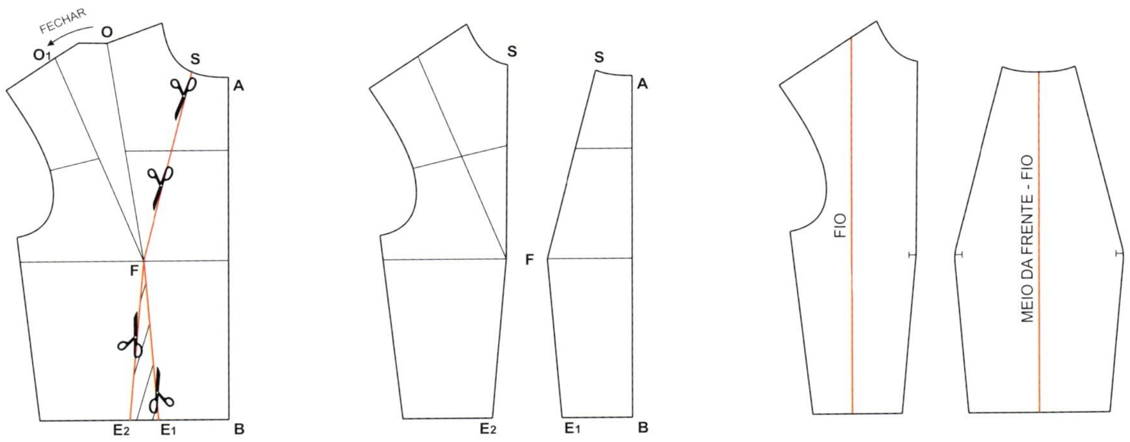

4º ESTUDO: RECORTE HORIZONTAL

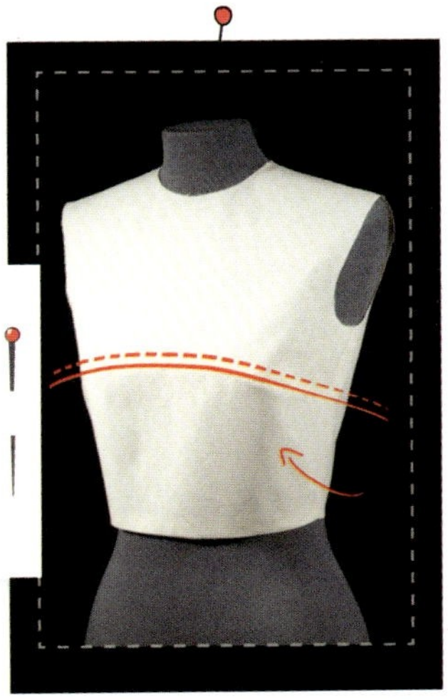

Neste exemplo, o recorte faz um desenho horizontalmente em curva sobre a base: nas laterais abaixo da linha do busto, no meio um pouco acima da linha, mas sempre passando pela referência principal do seio, o ponto **F** (no mamilo).

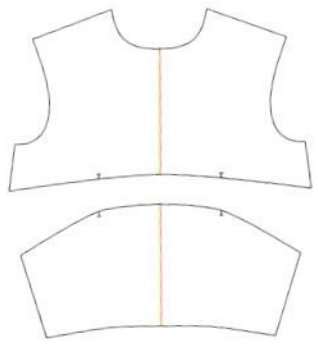

Desenhe o recorte da peça sobre a base de corpo, a linha (**UFT**), começando abaixo da linha do busto na lateral e finalizando acima da mesma linha, mantendo ângulo reto com a reta **AB** (meio da frente).

Corte na linha **UFT**. No recorte inferior, chamaremos esses pontos de **U_1FT_1**.

Separe os moldes.

Feche as pences de ombro (**O_1FO**) no recorte superior e de cintura (**E_2FE_1**) no recorte inferior.

Espelhe os meios da frente dos recortes: o superior, a partir da linha **AT**, e o inferior, da linha **T_1B**. Marque o fio reto nessas linhas.

Marque o pique do busto, ponto **F**, nas duas partes do molde.

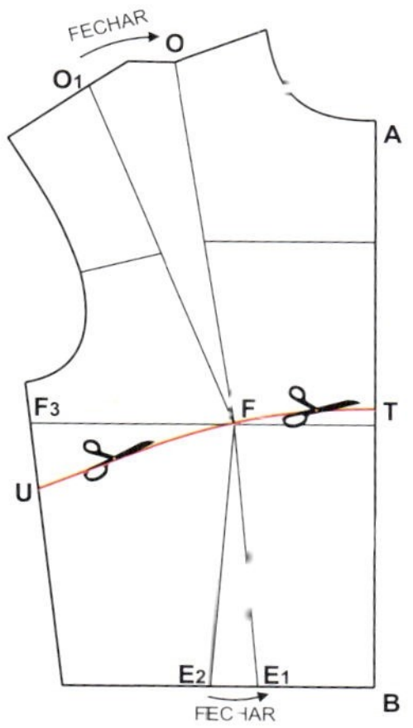

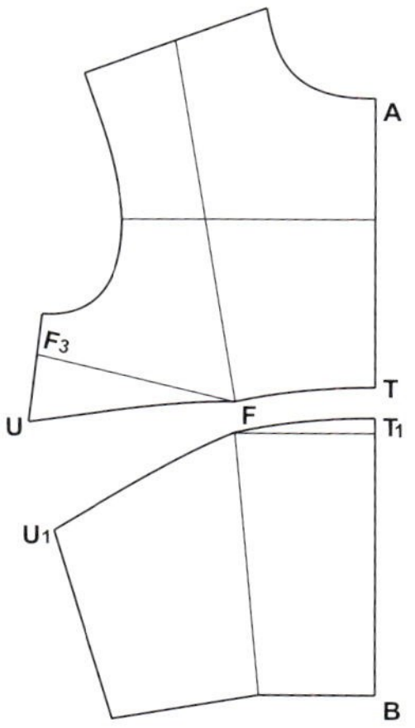

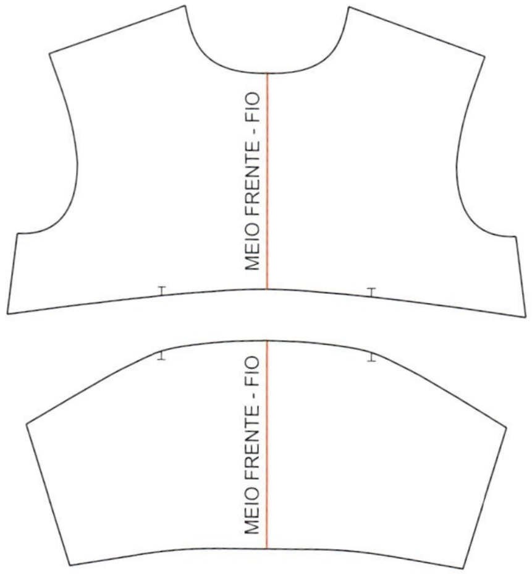

ESTUDOS SOBRE O MOLDE DAS COSTAS DA BASE DE CORPO

Para inserir recortes sobre o molde das costas da base, é importante considerar que se pode movimentar o vértice da pence de cintura, o ponto **N**, e que isso amplia as possibilidades de desenhos nos recortes, facilitando a eliminação do volume da pence de cintura. As demais pences da base, como as de omoplata e do meio das costas, permanecem ou se deslocam de acordo com o desenho proposto.

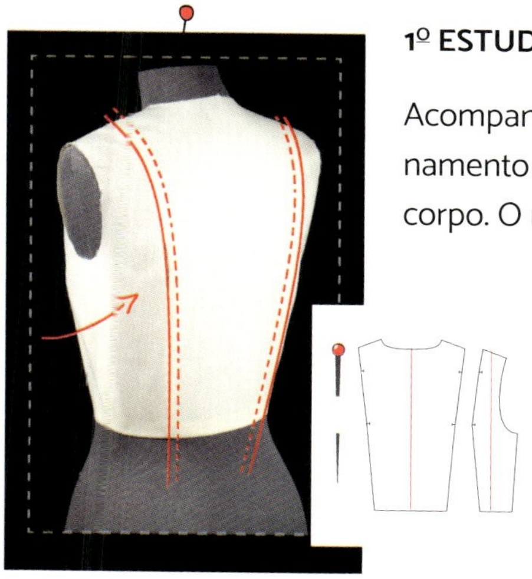

1º ESTUDO: RECORTE SUSPENSÓRIO

Acompanhando o desenho da frente para esse mesmo estudo, o posicionamento do recorte nos ombros e na cintura será o mesmo da base de corpo. O recorte fará a união entre as duas pences.

Desloque a pence **CC_2** do meio das costas para a pence **C_4NC_5**. Distribua ½ do valor de **CC_2** para cada lado de **C_4C_5**, encontrando **C_6** e **C_7**.

Corte nas linhas **C_6NP_2P** e **$C_7NP_2P_1$**.

Marque o ponto **N** com piques nas duas partes do molde.

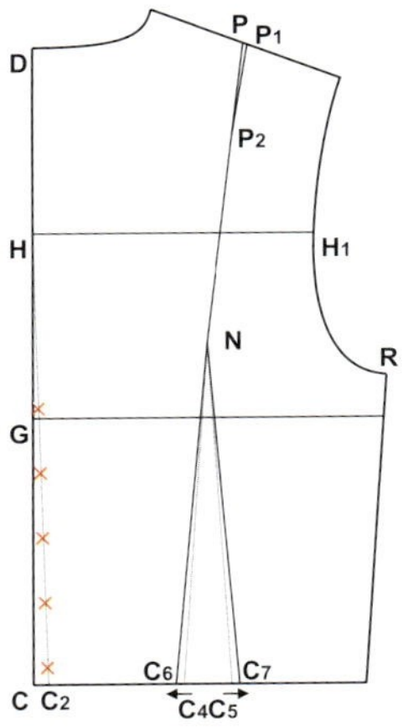

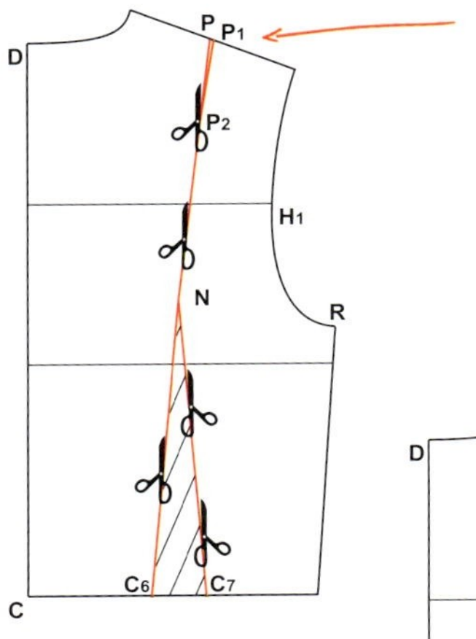

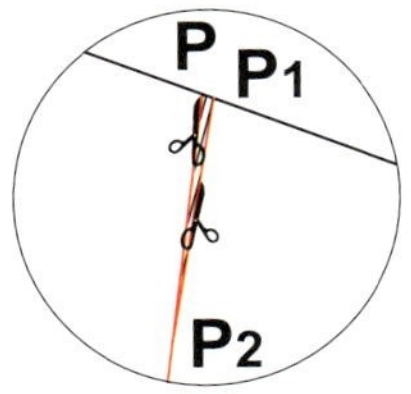

LUPA DO CORTE DA PENCE DO OMOPLATA

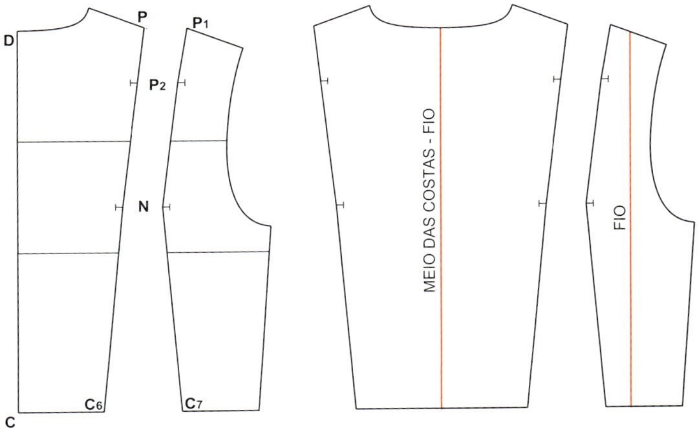

Separe os moldes.

Marque o fio reto no recorte lateral. No meio das costas, espelhe o molde pela linha **DC** (meio das costas).

2º ESTUDO: RECORTE PRINCESA

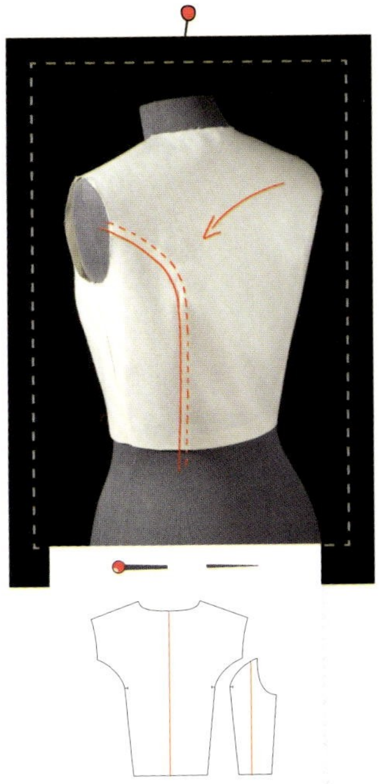

A característica deste modelo é o recorte arredondado a partir da cava até a cintura. A pence de omoplata é eliminada na cava, e a do meio das costas, deslocada para a pence da cintura, que coincide com a linha do recorte.

Elimine a pence de omoplata (**PP_2P_1**), retirando seu volume na cava, entrando a partir do ponto **M**.

Desloque a pence **CC_2** do meio das costas para a pence **C_4NC_5**. Distribua ½ do valor de **CC_2** para cada lado de **C_4C_5**, encontrando **C_6** e **C_7**.

Desenhe o recorte **NH_1** do modelo sobre a base de corpo.

Corte nas linhas **C_6NH_1** e **C_7N** e separe os moldes.

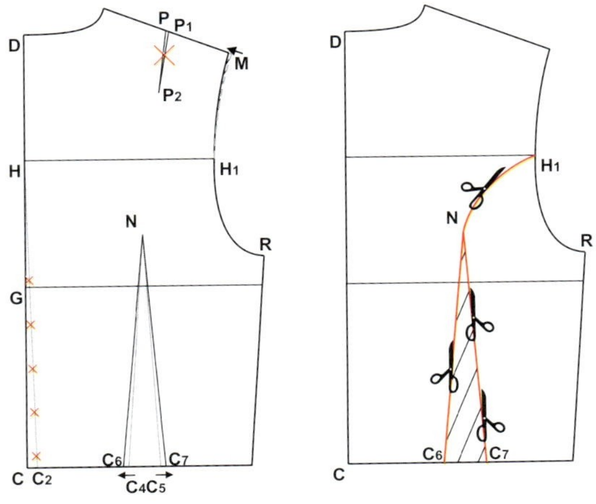

Nos exemplos de recorte princesa, a linha de entrecavas foi utilizada como referência para o desenho do recorte na curva da cava. Não existe um ponto determinado para esse desenho. Esteticamente, quanto mais baixo for o desenho na cava, mais acentuada será a curva, dificultando a costura entre os recortes, principalmente na frente, em que o deslocamento é limitado em função da localização do mamilo. Nas costas, deslocando a pence da cintura, pode-se aproximar o ponto **N** (vértice) da cava, proporcionando um desenho mais harmonioso da curva.

Marque no recorte lateral o fio reto, perpendicular à linha da cintura. No meio das costas, espelhe o molde pela linha **DC**.

Marque o pique no ponto **N** nas duas partes do molde.

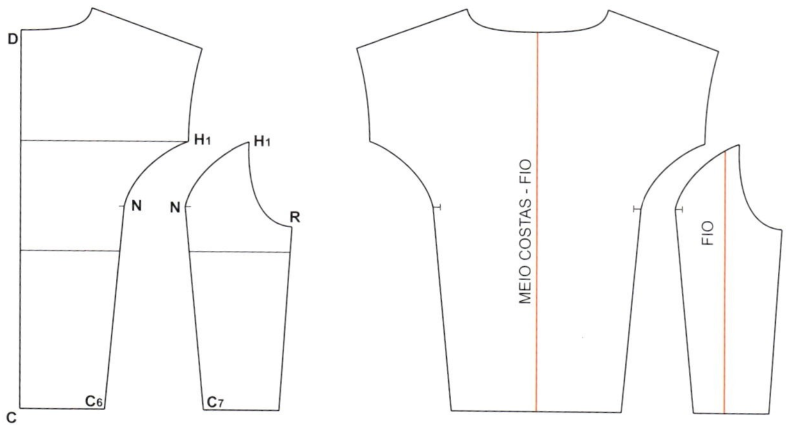

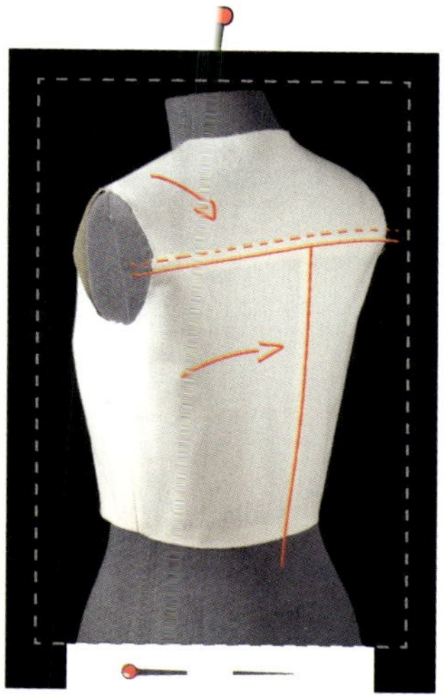

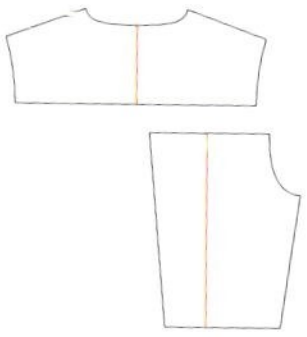

3º ESTUDO: PALA E RECORTE NO MEIO DAS COSTAS

A pala é um recorte muito utilizado, principalmente em camisas. Neste modelo, está localizada na linha de entrecavas da base. Na parte inferior, a costura no meio das costas divide com a lateral o volume da pence de cintura.

Desenhe o recorte **HH_1** sobre a linha de entrecavas.

Elimine a pence de omoplata (**PP_2P_1**), retirando seu volume na cava, entrando a partir do ponto **M**.

Desloque a pence de cintura, distribuindo o valor de **C_4C_5**, ½ para a pence **CC_2** do meio das costas, e o restante, para a lateral, entrando a partir de **C_1**. Marque **C_6** e **C_7**.

Retrace as linhas do meio das costas e da lateral.

Corte na linha **HH_1** e separe a pala do recorte inferior.

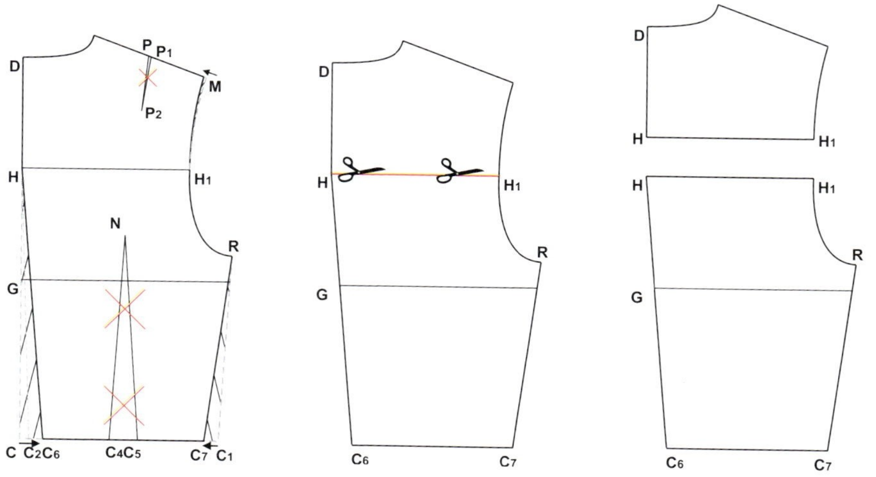

Espelhe o molde da pala a partir da linha **DH** e marque o fio reto.

No recorte inferior, marque o fio, traçando-o perpendicular à linha de cintura.

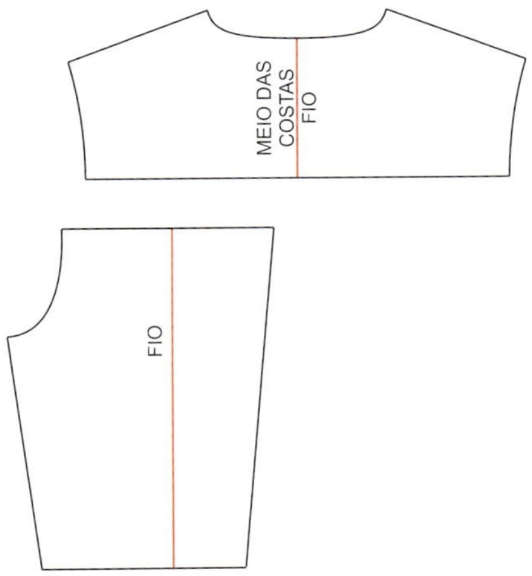

Utilize os recortes de pala para eliminar pences de omoplata mais profundas, comuns em pessoas com postura arqueada.

→ Aumente o comprimento da pence até a altura da pala.

→ Corte na linha da pala e feche a pence. Retrace o ombro e a pala, que ficará com desenho levemente arredondado.

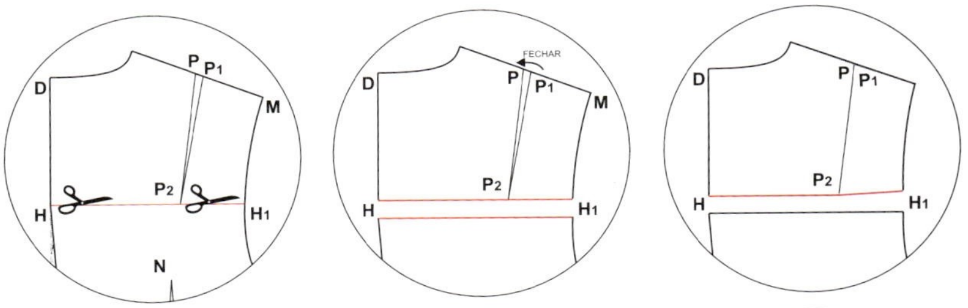

→ Para manter o desenho da pala reto, retire a diferença no recorte da parte inferior.

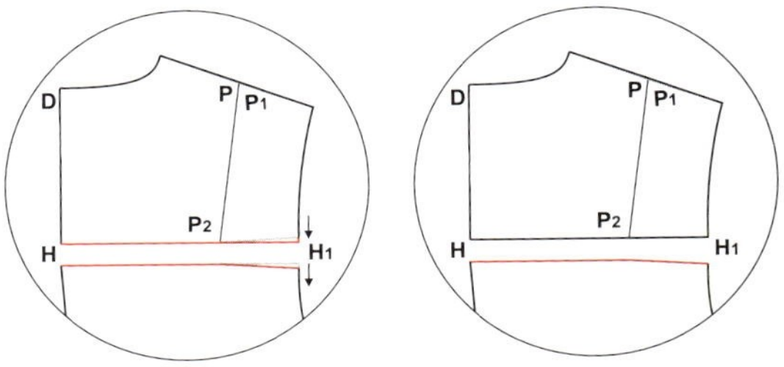

Transferência para modelos com franzidos ou pregas

Nos estudos de transferências de pences exemplificados anteriormente, as pences e os recortes mantiveram esteticamente desenhos de costuras, sempre ocultando o volume das pences e mantendo a mesma silhueta.

Esses volumes podem permanecer no molde, fazendo outros efeitos estéticos, como franzidos ou pregas.

ESTUDOS SOBRE O MOLDE DA FRENTE DA BASE DE CORPO

1º ESTUDO: FRANZIDO NO DECOTE COM GOLA

Na localização de franzidos nos modelos, é preciso ficar atento à parte que irá mantê-lo com uma costura ou um acabamento. Neste exemplo, temos uma gola que define o desenho e a medida do decote, localizando e segurando o franzido. O volume que forma o franzido é resultante das pences de ombro e de cintura.

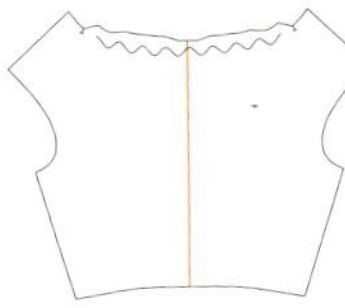

Defina o local em que haverá o franzido, procurando distribuí-lo de acordo com várias aberturas, a fim de manter o desenho do decote.

Localize as linhas ao longo do decote da base de corpo, para transferir o volume das pences.

Nesta peça, o franzido ficará concentrado mais ao centro do decote, portanto corte somente na primeira reta, em que será sinalizado o início do franzido.

Feche as pences de ombro (**OFO_1**) e de cintura (**E_2FE_1**).

A abertura resultante do fechamento das duas pences é o total de volume a ser franzido.

Corte nas retas sinalizadas no molde e distribua o volume entre elas.

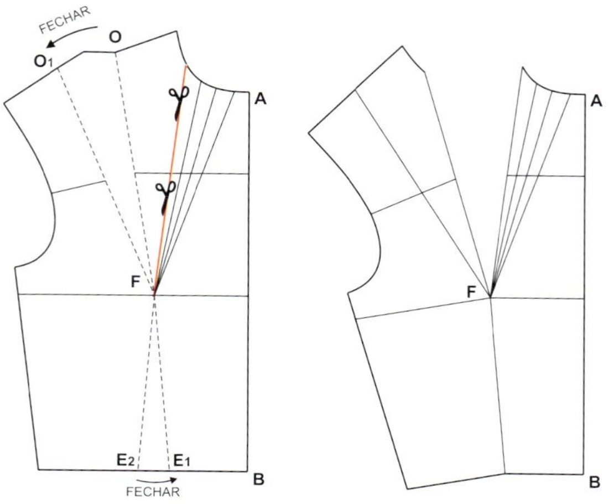

Cole papel para manter o volume e retrace o decote.

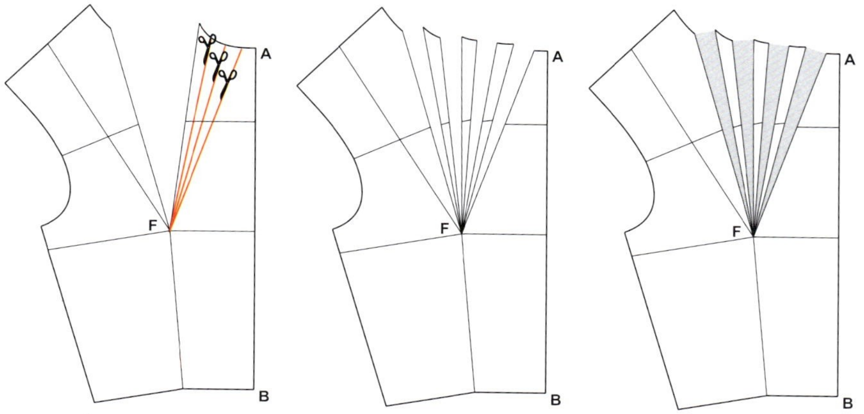

Espelhe o molde pela linha **AB** no meio da frente e marque o fio reto.

Marque com piques o intervalo do franzido. Neste exemplo, será determinado por piques no molde da gola.

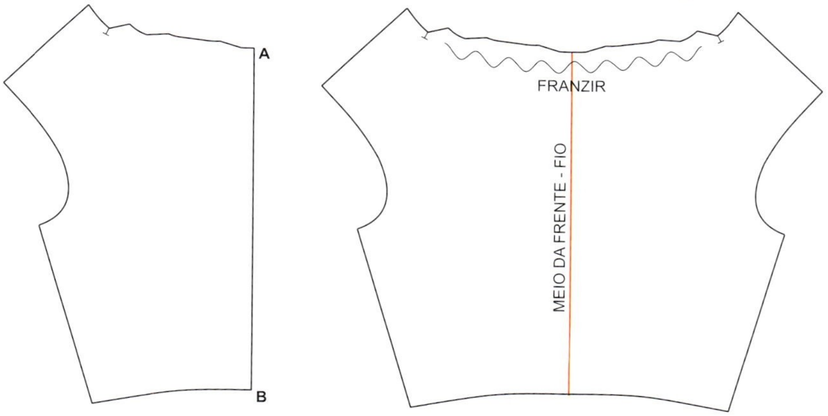

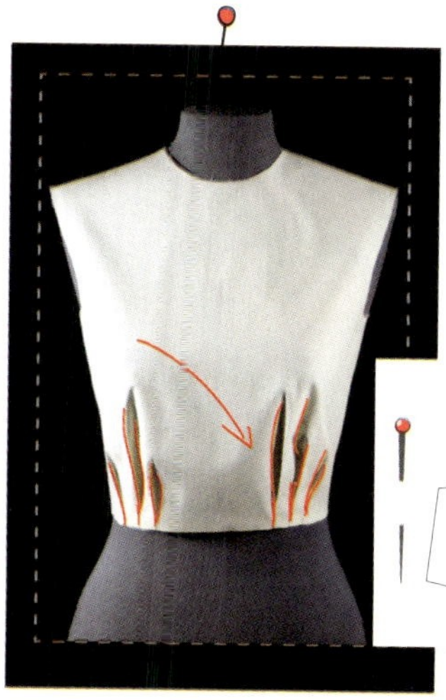

2º ESTUDO: "PREGAS" NA CINTURA

O efeito de volume de "pregas" desta peça corresponde ao volume das pences sem costurar, somente tombadas. O volume da pence de ombro é deslocado para a localização das "pregas" na pence da cintura.

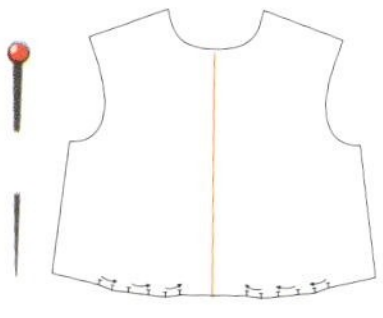

Localize no molde as três "pregas". A pence de cintura será uma delas e ficará entre as outras duas. Para que o volume dessas "pregas" fique mais espalhado, localize as linhas em que serão inseridas, perpendiculares à linha de cintura, porém direcionadas para o ponto **F** (mamilo), possibilitando o deslocamento do volume da pence de ombro. Assim, as linhas são retas até a altura em que será direcionado o volume das "pregas", seguindo depois em direção ao ponto **F**.

Corte nas linhas das "pregas" até o ponto **F**.

Feche as pences de ombro (**O_1FO**) e distribua o volume entre as duas "pregas".

Cole papel no fundo das "pregas".

Tombe as "pregas" e carretilhe a linha de cintura.

Marque o fundo com piques.

Espelhe o molde pela linha **AB** no meio da frente e marque o fio reto.

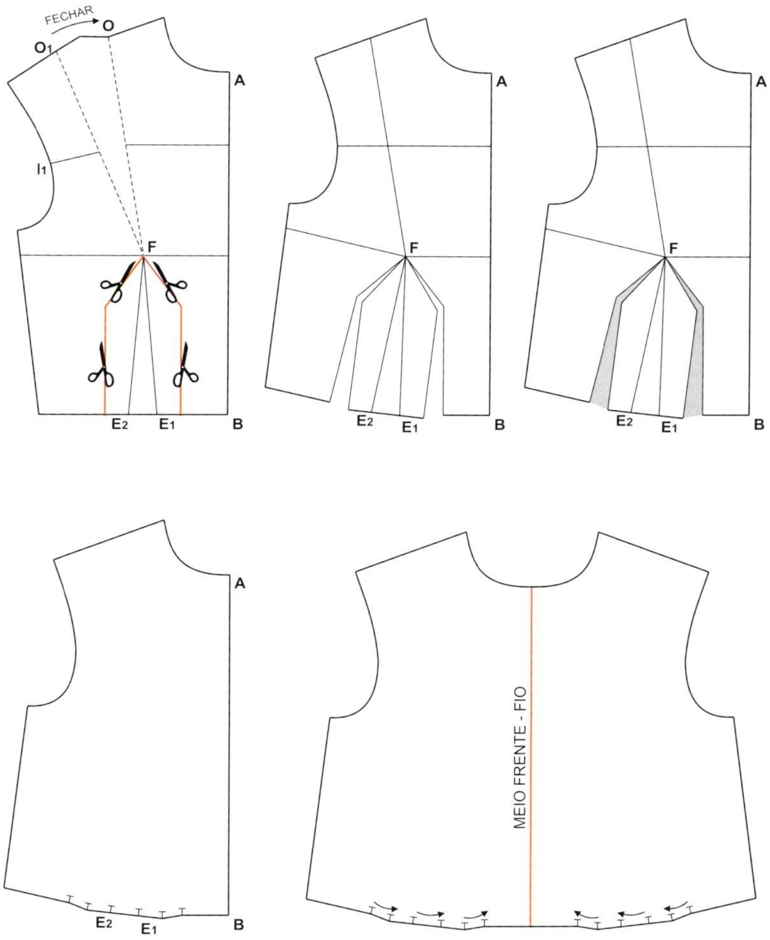

Base de corpo alongada

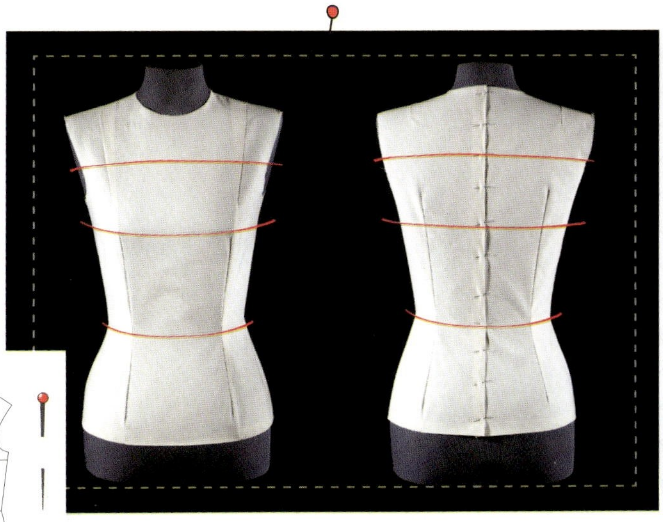

A base de corpo alongada é utilizada para modelos de blusas, camisas, vestidos e casacos. É construída a partir da base de corpo e, então, prolongada, contornando o corpo até o quadril.

Mantendo as mesmas características da base de corpo, para este traçado deve-se acrescentar 1 cm na medida do contorno do quadril, para vestibilidade.

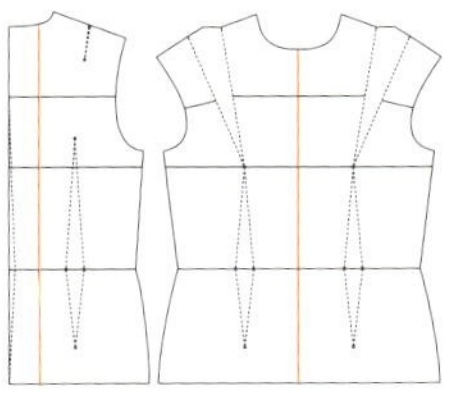

Medidas utilizadas para construção da base de corpo alongada	
Medidas do corpo	**Tamanho 38**
Contorno do quadril	93
Altura da cintura ao quadril	19

Construção do traçado

Copie a base de corpo (frente e costas) separadamente.

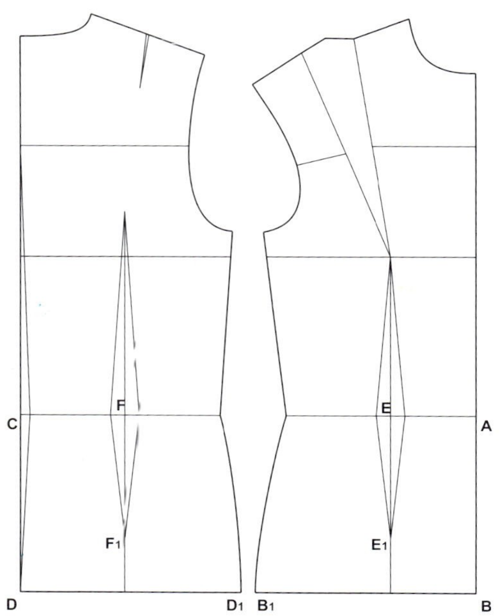

AB = **CD** = altura do quadril. Prolongue os meios da frente e das costas.

BB1 = **DD1** = ¼ do contorno do quadril.

E = linha do centro da pence da cintura na frente.

F = linha do centro da pence da cintura nas costas. Prolongue as linhas **E** e **F** até a linha **BB1** e **DD1**, respectivamente.

EE1 = **FF1** = comprimento das pences = 13 cm. Retrace as pences da cintura para baixo, finalizando nos vértices **E1** e **F1**.

Retrace a pence do meio das costas até o ponto **D**.

Retrace as laterais a partir de **B1** e **D1** em curva até a linha de cintura.

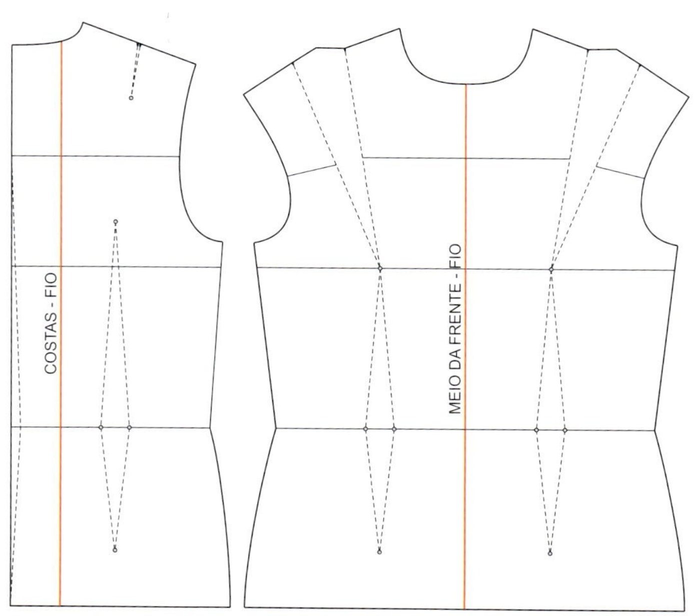

Base de corpo sem pences para modelos amplos

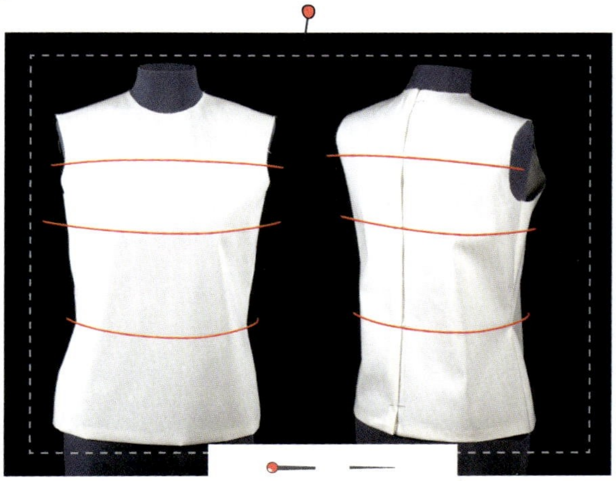

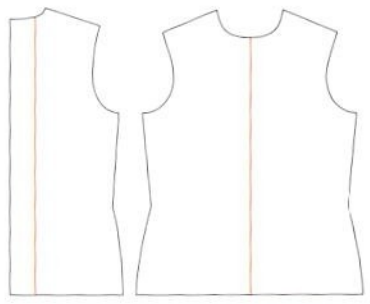

Esta base é construída a partir da base de corpo para facilitar as construções de modelos mais amplos. Não há vestibilidade na base de corpo sem o uso de pences ou recortes quando confeccionada em tecido plano. Por esse motivo, este traçado tem como característica folgas nos principais contornos do corpo (busto, cintura e quadril), sem pences nos ombros e na cintura.

Nesta construção, a pence de ombro da base de corpo da frente é transferida metade para a cava, e o restante, para a pence de cintura. Frente e costas são equilibradas, e o volume das pences permanece na base como folga. Como a medida da cava aumenta, esta base deve ser utilizada preferencialmente para modelos com mangas.

Medidas utilizadas para construção da base de corpo sem pences para modelos amplos

Medidas do corpo	Tamanho 38
Contorno do quadril	93
Altura da cintura ao quadril	19

Não esqueça que na medida do contorno do quadril foi acrescentado 1 cm. Portanto, quando o texto desta construção o mencionar, utilize a medida com esse acréscimo.

Construção do traçado

Copie a base de corpo (frente e costas).

Sobre o molde da frente:

- localize a linha **O₂F** a partir do ombro até o mamilo sobre a base de corpo e corte nessa linha;
- sobre a pence de ombro (**OFO₁**), marque a linha do centro (**O₃F**) e feche ½ da pence, ou seja, **O₁F** sobre **O₃F**;
- cole papel no fundo do volume que se formou em direção à cava, para manter a medida;

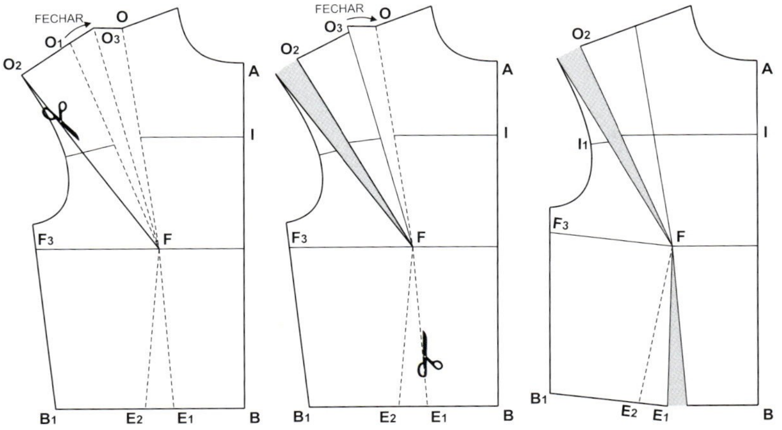

- corte **E₁F** na pence de cintura. Feche o restante da pence de ombro (**O₃FO**), desloque o volume e cole o papel sob a abertura.

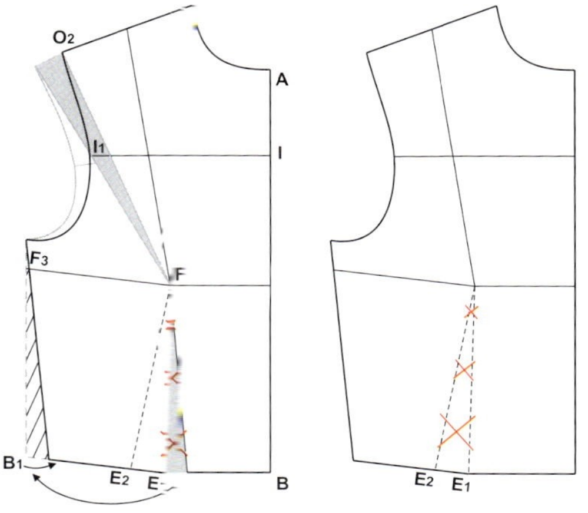

- sobre a linha de entrecavas, transfira a medida de **II_1** da base de corpo (½ da entrecavas frente) e retrace a cava a partir de **O_2**, passando por **I_1**;
- sobre a linha de cintura, a partir de **B_1**, entre o valor que aumentou na pence de cintura;
- elimine a pence **E_1E_2** (nesta base, ficará como folga).

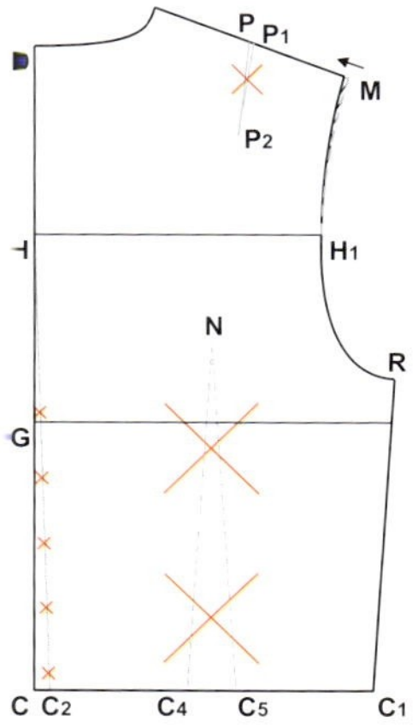

Sobre o molde das costas:

- elimine a pence de omoplata (**PP_2P_1**), retirando seu volume na cava, entrando a partir do ponto **M**;
- retrace a cava, eliminando a pence;
- elimine as pences **CC_2** e **C_4C_5**.

Equilibre a medida da lateral entre os moldes da frente e das costas:

- reesquadre as linhas de cintura e de busto, na frente. Marque **B_2** na linha de cintura;
- meça as laterais: na frente, de **B_2** até o ponto **Q**; nas costas, de **C_1** até o ponto **R**;
- divida a diferença sobre as laterais entre os dois moldes, diminuindo na frente a partir do ponto **Q** e aumentando nas costas a partir do ponto **R**;
- desloque a linha de ombro para a frente, compensando o aumento da cava: fixe no pescoço e desça 0,5 cm na frente a partir de **O_2**; nas costas, suba 0,5 cm a partir de **M**;
- retrace as cavas.

LUPA DO EQUILÍBRIO DA LATERAL

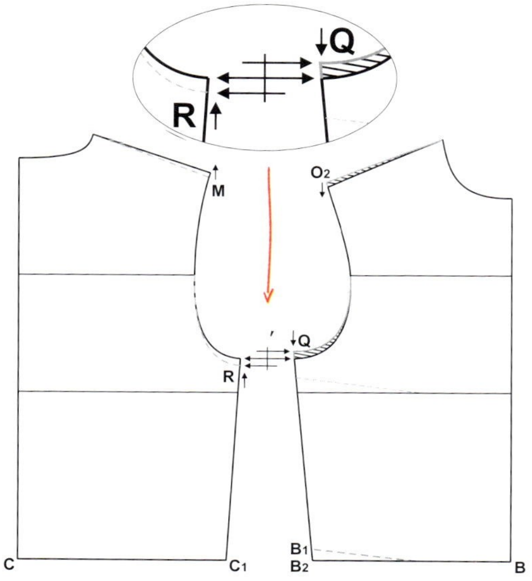

Alongue a base até a altura do quadril:

- **BB_3** = **CC_6** = altura do quadril. Prolongue os meios da frente e das costas;
- **B_3B_4** = **C_6C_7** = ¼ do contorno do quadril;
- retrace as laterais a partir de **B_4** e **C_7** em curva até a linha de cintura.

Acrescente nas laterais folga de 1 cm a partir da cava e das linhas de cintura e de quadril e, então, retrace as laterais.

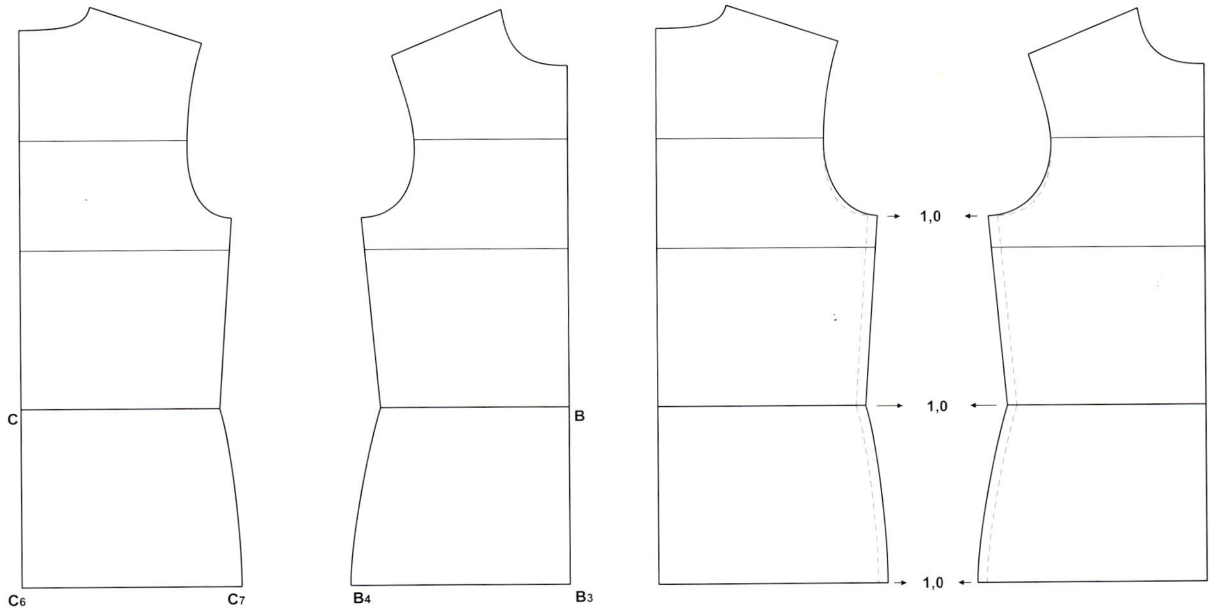

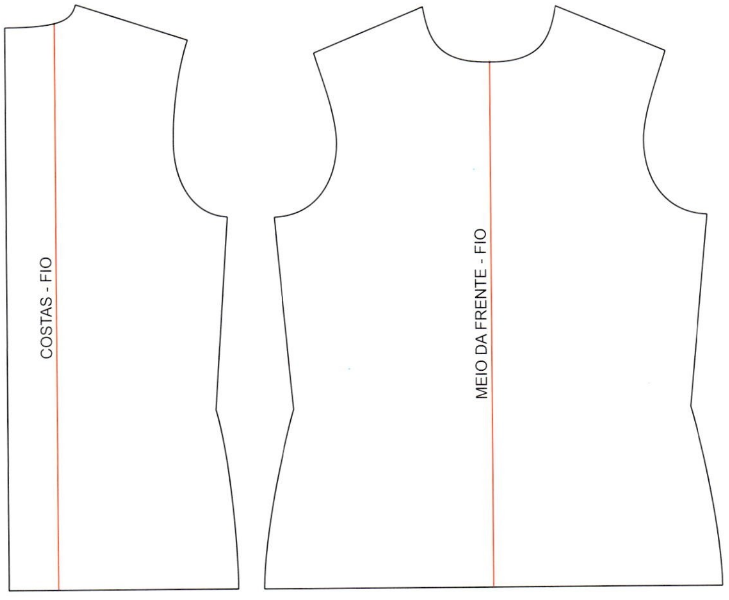

CAPÍTULO 5

Vestidos: estudos de volumes*

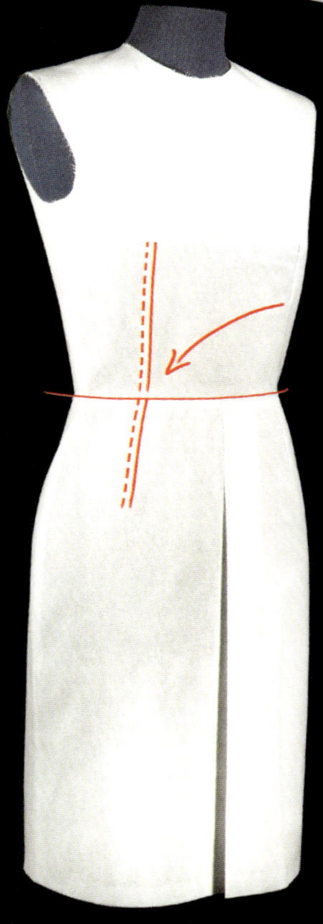

* Conforme informado anteriormente, os moldes do livro foram feitos no manequim 38. Neste capítulo, correspondem a 12,5% do tamanho real. (N. E.)

Neste capítulo serão apresentados os traçados dos principais volumes de vestidos. Os estudos foram nomeados em função das alterações de silhuetas, e seu desenvolvimento se deu em moldes únicos para frente e costas e por meio de recortes horizontais ou verticais.

As construções têm referências nas trasferências de pences x inserção de volumes, corpo x saias, ou seja, estudos ilustrando algumas maneiras de chegar a determinadas silhuetas, sempre contemplando frente e costas do modelo para demonstrar como equilibrar os volumes entre as duas partes da roupa.

Preparação da base alongada

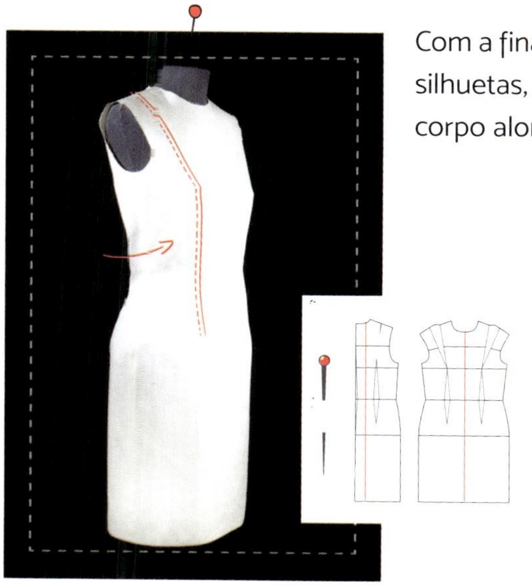

Com a finalidade de obtermos um estudo comparativo entre as novas silhuetas, todos os estudos serão representados a partir da base de corpo alongada, com comprimento até os joelhos.

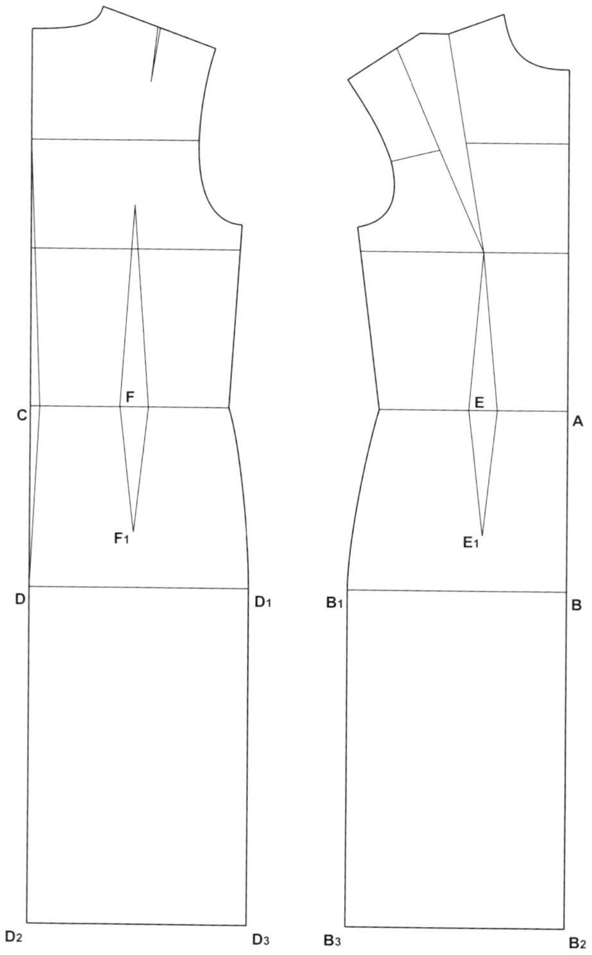

Prolongue o comprimento até a linha dos joelhos, mantendo a mesma largura da linha do quadril até a barra:

- copie a base de corpo alongada e prolongue a linha do meio da frente de forma que **AB_2** = **CD_2** = altura da cintura ao joelho;
- **EB_2** = **B_1B_3** = **DD_2** = **D_1D_3**.

Pelo fato de o vestido ser uma peça inteira que envolve o tronco e os membros inferiores, ele pode limitar a movimentação do corpo nas silhuetas ajustadas construídas a partir das bases que possuem somente a folga de vestibilidade. Portanto, é preciso acrescentar as folgas. Para isso, saia lateralmente 0,25 cm na cintura e 0,5 cm do quadril até a barra (altura dos joelhos) e retrace as laterais.

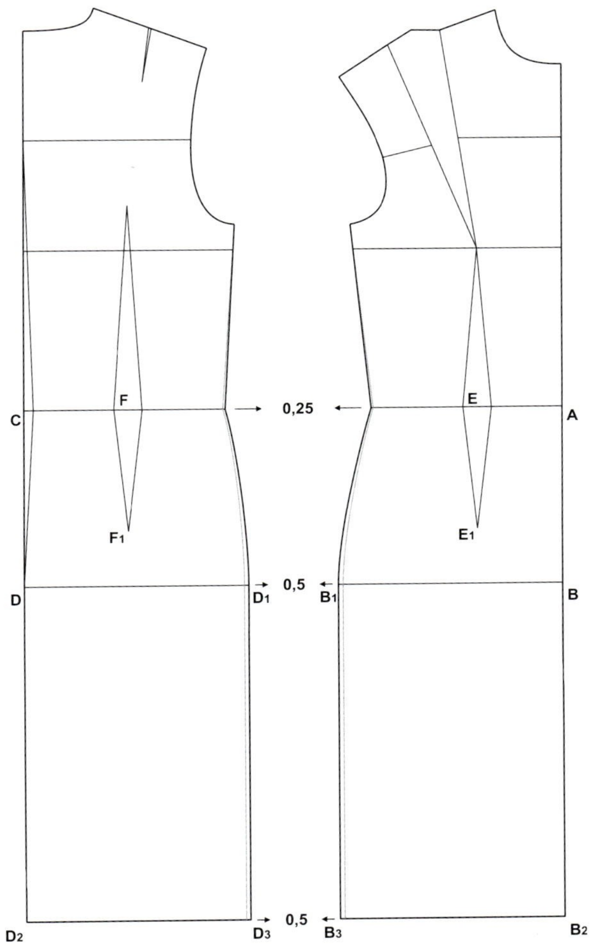

Considere que em todos os estudos exemplificados nesta obra a montagem das peças se deu em tela de algodão, portanto as folgas foram propostas em função do comportamento desse tecido. Para tecidos com elastano, pode-se trabalhar somente com a folga de vestibilidade da base alongada.

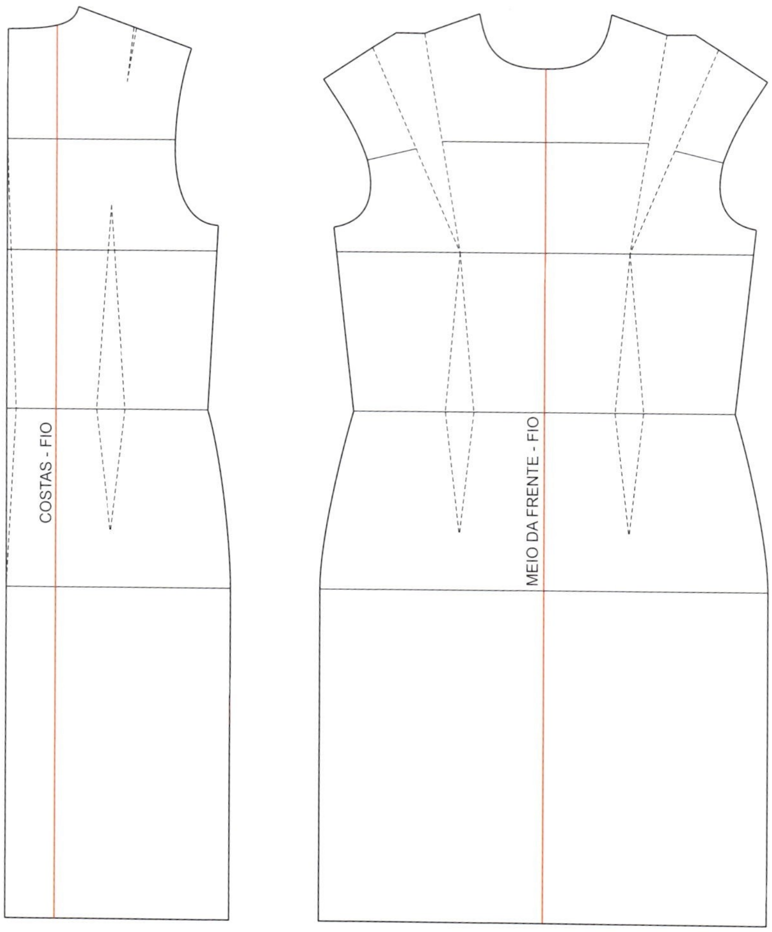

Silhuetas com moldes inteiros

Vestido reto acinturado

Um dos volumes mais clássicos do guarda-roupa feminino e conhecido como "tubinho". A própria base de corpo alongada até os joelhos já é um modelo dentro dessa proposta.

Manter a mesma silhueta da base, reta e acinturada, sem introduzir recortes verticais e horizontais é um processo mais complexo. Quando se inserem folgas na base, a possibilidade de manter a silhueta deixando menos pences na peça é maior.

A fim de ilustrar esse vestido sem movimentar o molde da cintura para baixo, a pence de ombro será deslocada para a lateral na linha de busto.

Para o traçado, execute a sequência apresentada a seguir.

Copie a base de corpo alongada com folgas até o comprimento dos joelhos.

Sobre o molde da frente:

- corte na linha do busto (**F_3F**) até o mamilo;
- feche a pence de ombro (**O_1FO**) e desloque o volume para a linha do busto;
- afaste as pences do mamilo (ponto **F**): desenhe os eixos centrais das pences e afaste 2,5 cm do vértice. Retrace as pences a partir desses pontos. Feche a pence e carretilhe a lateral sobre o volume da pence.

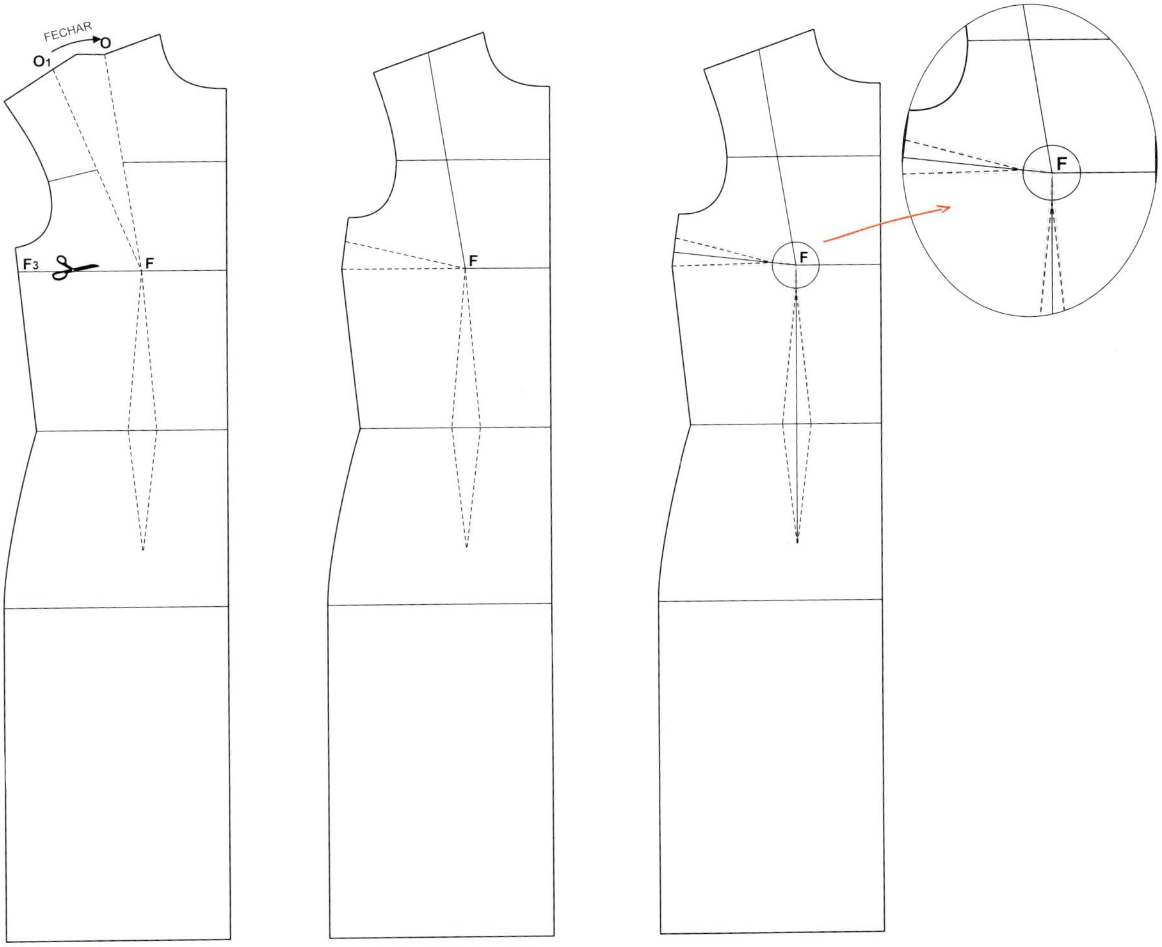

Espelhe o meio da frente e marque o fio reto.

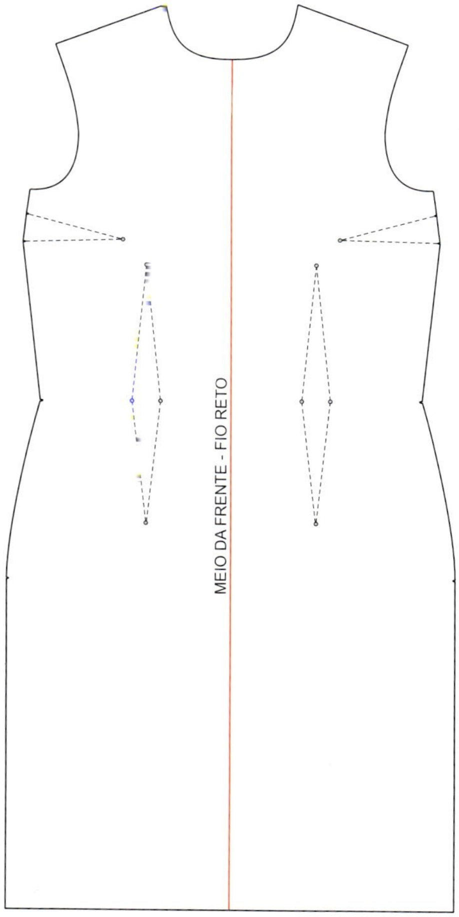

Sobre o molde das costas:

- elimine o volume da pence de omoplata (**PP_2P_1**), na cava;
- trace uma reta paralela ao meio das costas e marque o fio reto.

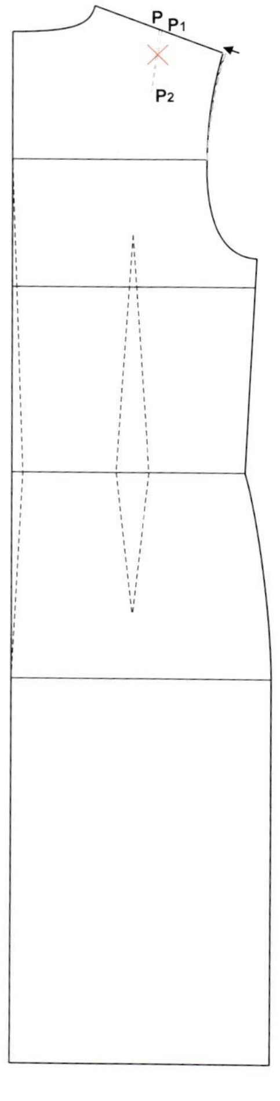

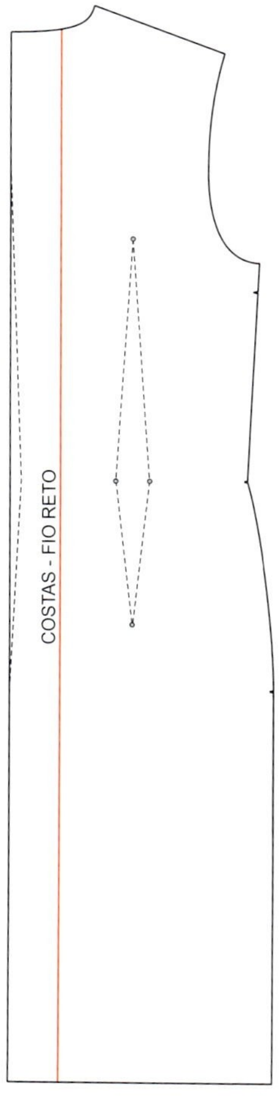

Vestido evasê acinturado

Para garantir um bom caimento neste modelo mantendo o fio reto no meio da frente com a cintura ajustada, é necessário equilibrar volumes e medidas das laterais. Assim como o corpo possui volumes e saliências distintos na frente e nas costas, os moldes das bases acompanham essas diferenças, por isso o volume maior da pence de ombro na frente dificulta a distribuição de forma equilibrada.

Por ser um molde inteiro, o volume de evasê fica limitado, pois a maior parte do volume deve ser distribuída dentro do molde.

Os dois estudos a seguir têm volumes próximos e pouco evasê na saia, mas apresentam soluções diferentes na transferência de volume, resultando em desenhos distintos, ambos sem recortes.

1º ESTUDO: VESTIDO EVASÊ ACINTURADO COM PENCES NA LATERAL (BUSTO) E NA CINTURA, NA FRENTE E NAS COSTAS

Para o traçado, execute a sequência detalhada a seguir.

Copie a base de corpo alongada até o comprimento dos joelhos.

Sobre o molde da frente:

- corte na linha do busto (**F3F**) até o mamilo;
- feche a pence de ombro (**O1FO**) e desloque o volume para a linha do busto;

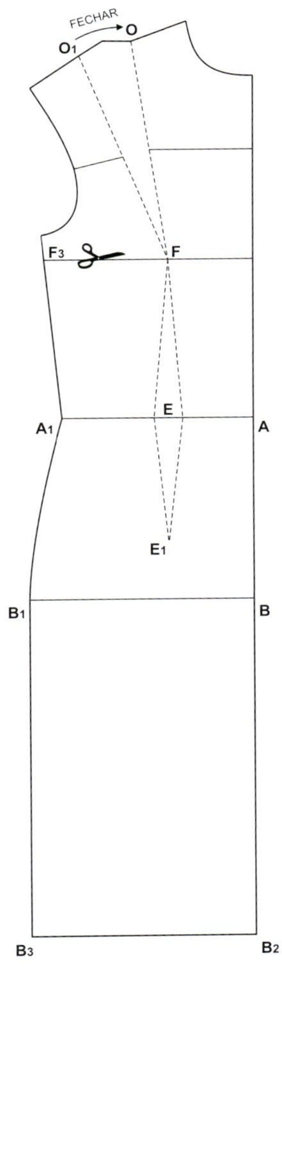

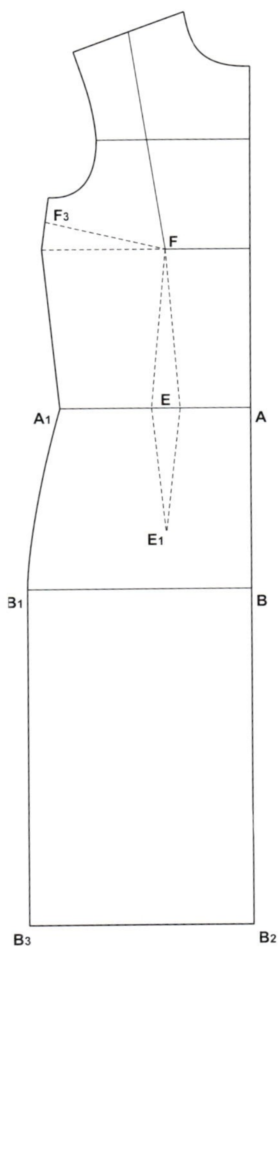

- trace a linha do eixo central da pence de cintura (paralela ao meio da frente com a medida da abertura do busto), de **E** até **E2**, na barra;
- corte o molde de **E2** até **E1** e de **A1** até **E4**;
- feche a pence da parte inferior (**E3E1**) sobre **E4E1**.

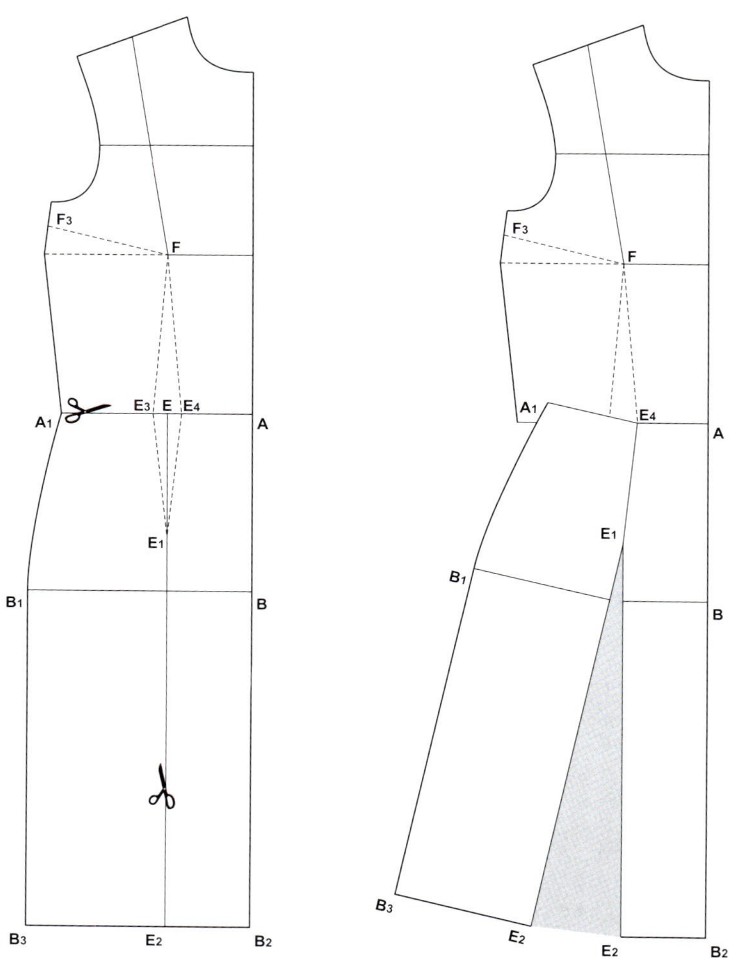

Sobre o molde das costas:

- elimine a pence de omoplata (**PP_2P_1**), retirando seu volume na cava;
- para equilibrar o volume de evasê com a frente do molde, iguale o comprimento e a profundidade das pences de cintura. Neste caso, como os valores são coincidentes, corte de **F_2** até **F_1**, na linha do eixo central da pence de cintura, e de **C_1** até **C_2**;
- feche a pence da parte inferior do molde (**C_3F_1**) sobre **C_2F_1**.

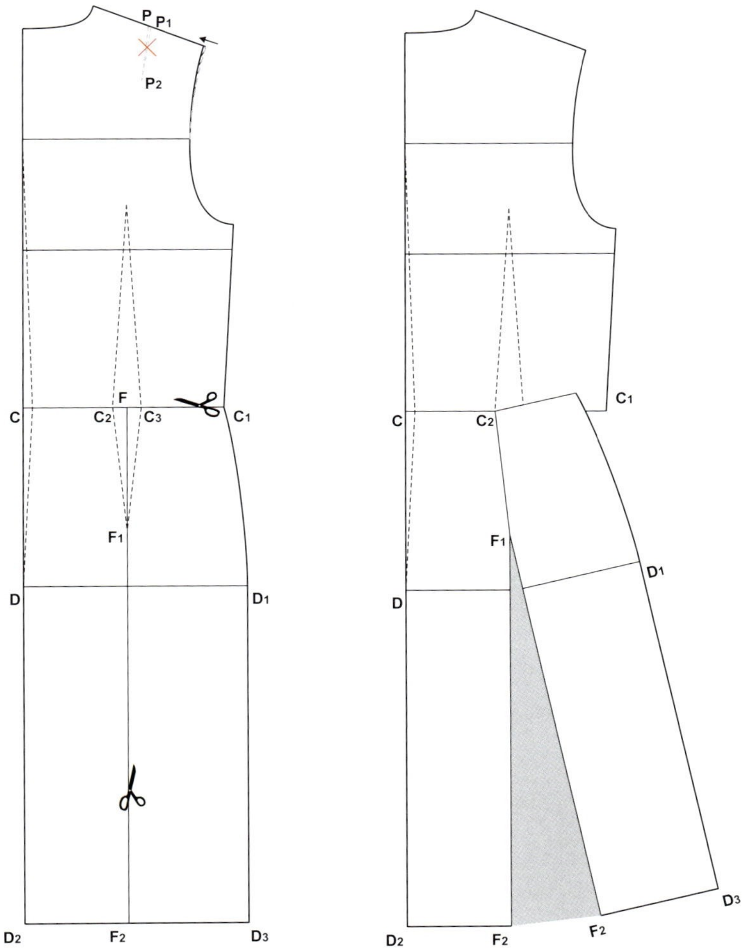

Faça a adequação na linha de cintura para manter a silhueta acinturada:

- mantenha a profundidade das pences na linha da cintura nas duas partes do molde;
- na frente, retrace a pence até **E_1** e ligue **A_1** a **B_1** em curva. Nas costas, retrace a pence até **F_1** e ligue **D_1** a **C_1** em curva.

Faça a adequação do volume evasê na barra:

- **B_3B_4** = saia ¼ a medida do volume aberto, em **E_2**;
- **D_3D_4** = saia ¼ da medida do volume aberto, em **F_2**.

Retrace as laterais, a partir de **B_4** na frente e de **D_4** nas costas em reta até aproximadamente a altura do quadril:

- **B_4B_5** = corresponde ao valor da sobreposição na cintura entre a parte superior e a inferior do vestido na frente;
- **D_4D_5** = corresponde ao valor da sobreposição na linha de cintura nas costas.

Compense as diferenças nas barras, prolongando as laterais com as medidas **B_4B_5** e **D_4D_5**, frente e costas respectivamente.

Retrace as barras:

- apoie o esquadro entre a lateral e a barra da base;
- trace a partir do ângulo reto, seguindo em curva suave, e finalize tangente à barra.

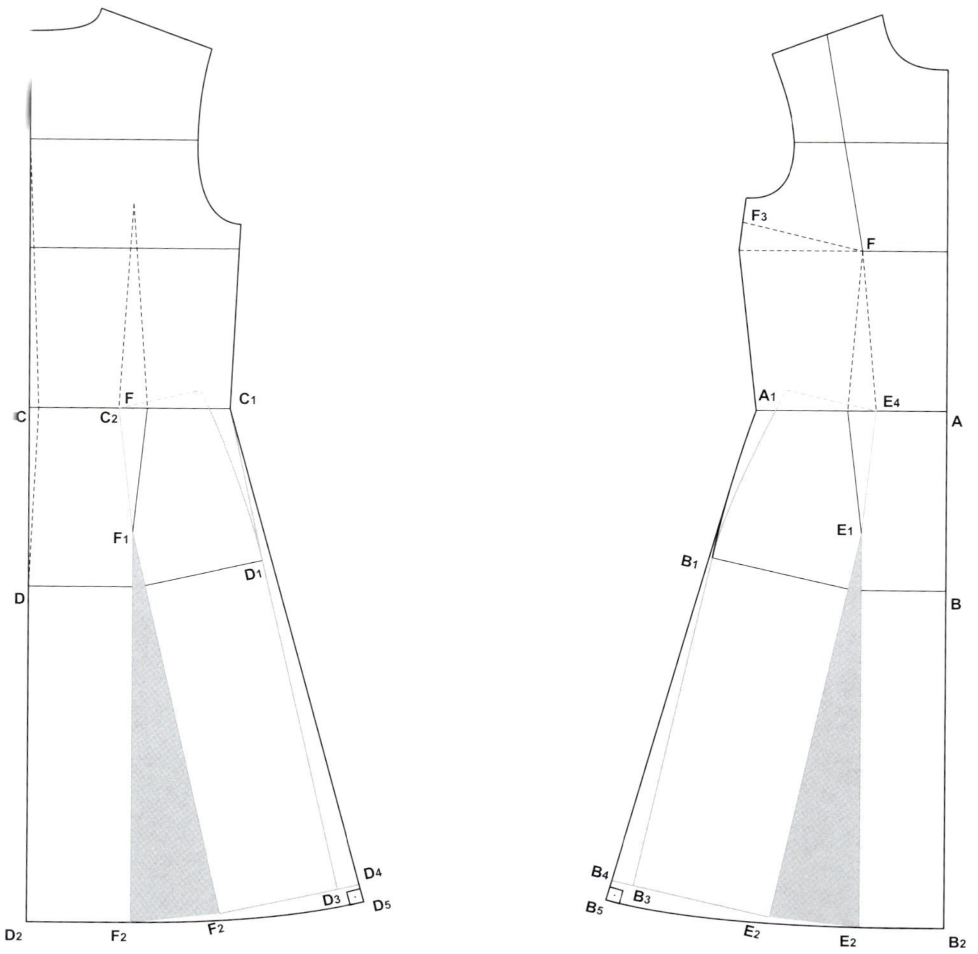

Retrace as pences de busto, na frente, afastando do ponto **F** (mamilo).

Trace uma reta paralela ao meio das costas e marque o fio reto.

Espelhe o meio da frente e marque o fio reto.

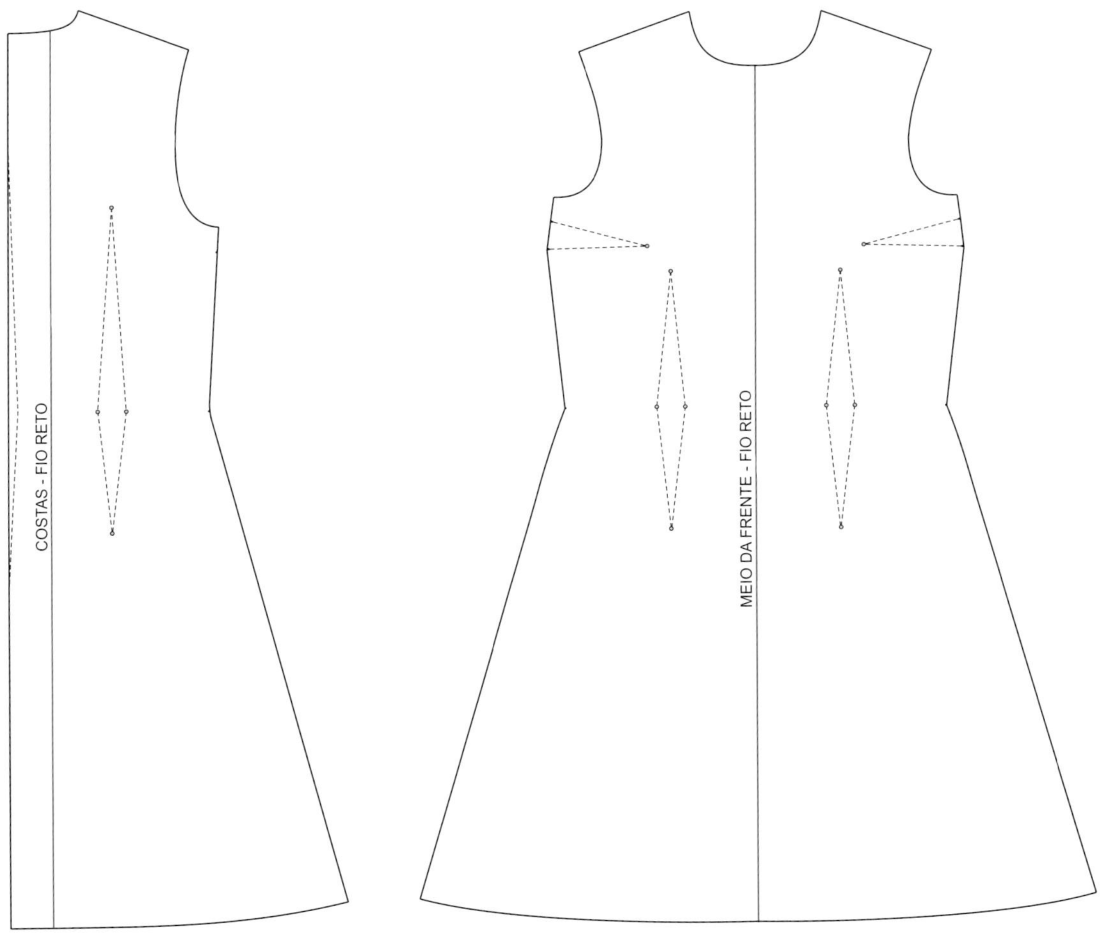

2º ESTUDO: VESTIDO EVASÊ ACINTURADO COM PREGAS NA CINTURA

Neste exemplo, o volume de evasê é maior e a cintura aparece como se estivesse marcada por um cinto. O volume se espalha em direção ao busto e à saia.

Para o traçado, execute os passos descritos a seguir.

Copie a base de corpo alongada até o comprimento dos joelhos. Para este estudo, pode-se utilizar a base sem folgas, pois o volume da saia propõe folgas em relação ao corpo.

Sobre o molde da frente:

- cortar o molde na linha **E2F** da barra até o mamilo;
- feche toda a pence de ombro e desloque o volume para a linha cortada;
- cole papel sob essa abertura para manter a medida;

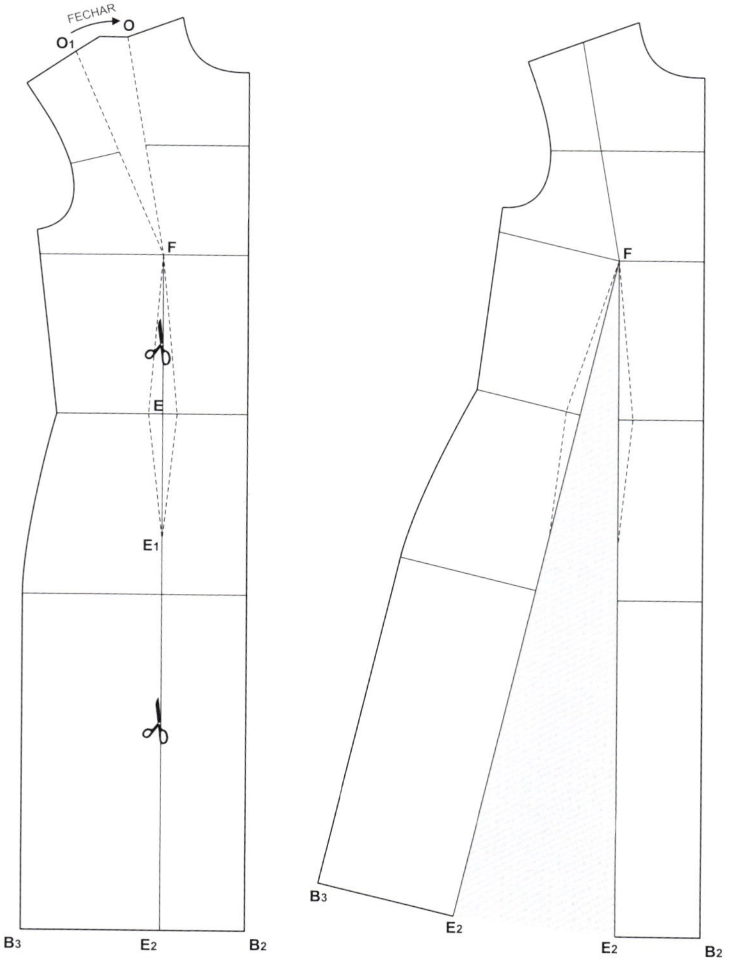

- B_3B_4 = saia ¼ da medida do volume formado em E_2 e retrace a lateral em reta a partir de B_4 até encostar no molde, aproximadamente na altura do quadril;
- retrace a barra, apoiando o esquadro entre a lateral e a barra da base. Então, trace a partir do ângulo reto, seguindo em curva suave, e finalize tangente à barra (detalhe em lupa no desenho).

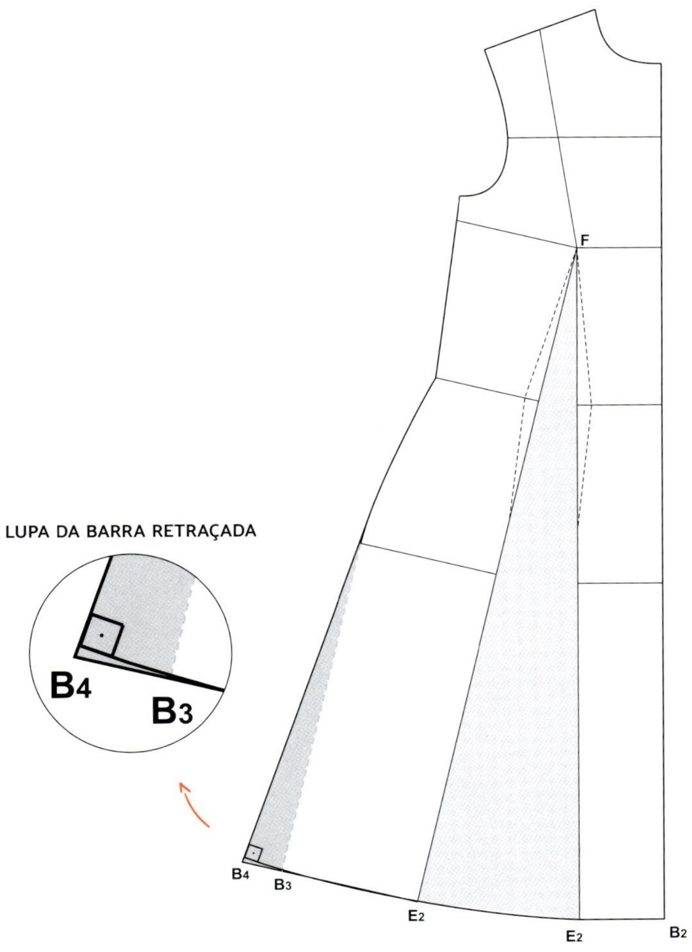

Sobre o molde das costas:

- elimine a pence de omoplata (**PP_2P_1**), retirando seu volume na cava;
- corte o molde na linha do eixo central da pence de cintura, de **F_2** (na barra) até **N_1** (na linha do busto), e siga nessa linha até a lateral;
- abra em **F_2** o mesmo volume formado em **E_2** da base da frente. Para fazer o deslocamento, haverá uma sobreposição do papel sobre a linha do busto, mas esse valor será compensado;
- cole papel sob essa abertura para manter a medida;

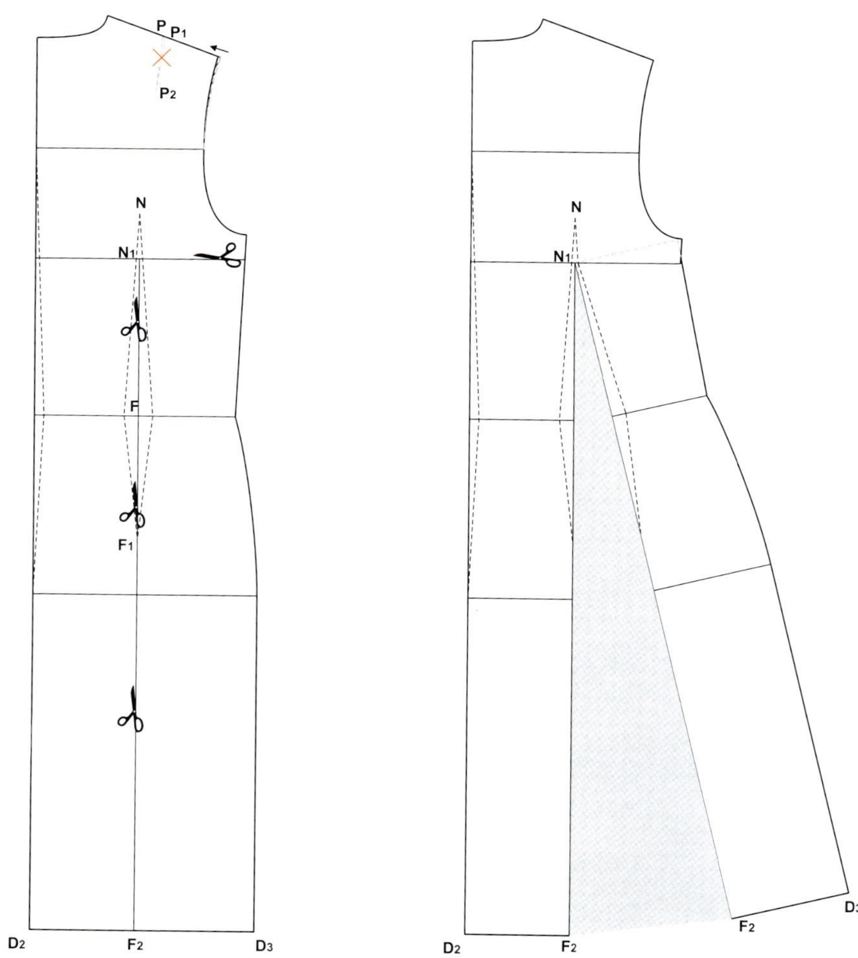

- **D_3D_4** = saia ¼ da medida do volume aberto em **F_2** e retrace a lateral em reta a partir de **D_4** até encostar no molde, aproximadamente na altura do quadril;
- retrace a barra, apoiando o esquadro entre a lateral e a barra da base. Trace a partir do ângulo reto, seguindo em curva suave, e finalize tangente à barra.

Faça a adequação da lateral:

- meça nas laterais do corpo da cintura até a cava;
- compare a diferença entre frente e costas. O valor resultante será distribuído ½ nas costas, subindo a cava, e ½ na frente, descendo a cava. Como este exemplo é acinturado, faça a correção neste intervalo, ou seja, não a compense na barra;
- retrace as cavas a partir dos pontos encontrados;
- suavize a cintura em curva na lateral.

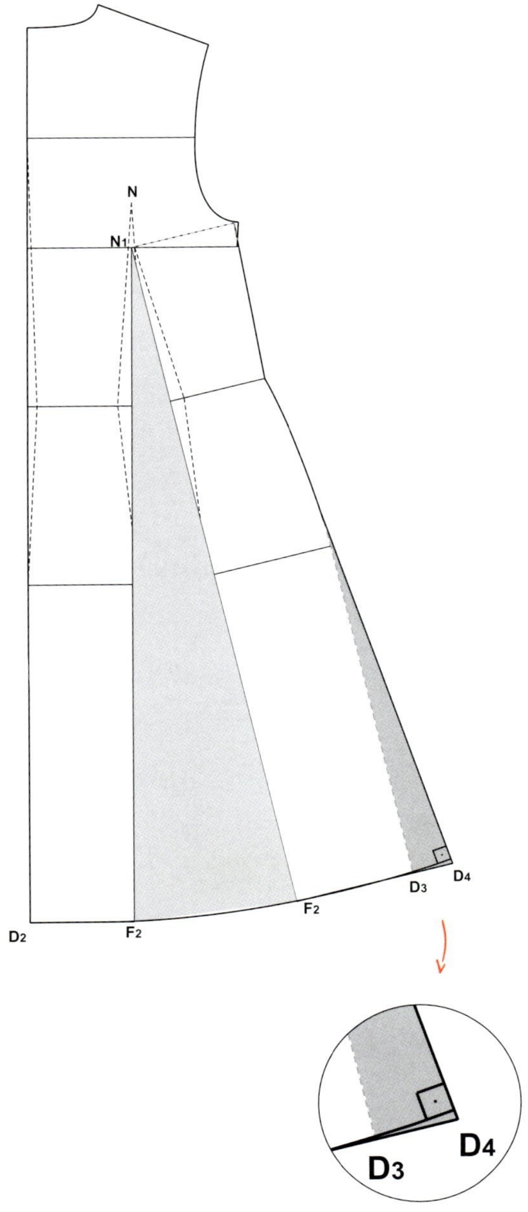

LUPA DA BARRA RETRAÇADA

LUPA DO EQUILÍBRIO DA LATERAL

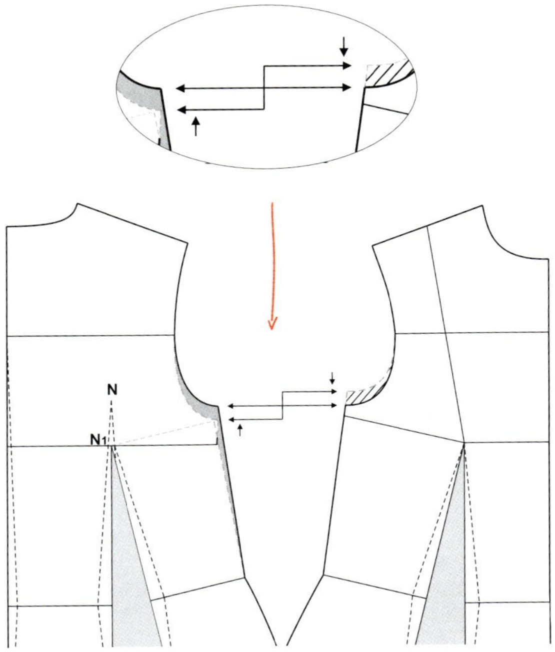

Faça a localização das pregas na linha de cintura:

- para manter a silhueta acinturada, na linha de cintura divida a soma da pence (original do molde) com o abertura do evasê pelo número de pregas (neste exemplo, são três). O resultado será a medida de cada prega. Nesse molde, o valor das pences da frente e das costas são iguais, portanto a medida das pregas será a mesma nas duas partes. Para fixar as pences, costure cada uma delas em um intervalo de 2 cm de altura;
- retrace a linha de cintura passando sobre a abertura do evasê, em seguida trace uma paralela acima dessa linha com 2 cm (medida do intervalo de costura);
- centralize a primeira prega no meio da abertura do evasê, e as demais, a partir dos lados de cada pence para fora;
- marque as pregas, traçando uma pequena reta com a altura determinada, perpendicular à linha de cintura;
- sinalize, com setas, a direção para a qual a prega deverá ser tombada;

PRESTE ATENÇÃO AO MARCAR A PARTE DAS PREGAS QUE DEVERÁ SER COSTURADA COM RETAS PARALELAS, POIS SOBRE UMA BASE JUSTA A ALTURA DEVE SER PEQUENA, PARA NÃO APERTAR NEM ACIMA, NEM ABAIXO DA LINHA DE CINTURA. NESTE EXEMPLO, A ALTURA É PEQUENA (2 CM) E NÃO ALTERA A MEDIDA DO CONTORNO DA CINTURA. PARA VALORES MAIORES, INSIRA FOLGA NA LATERAL, PARA COMPENSAR A MEDIDA DA CINTURA.

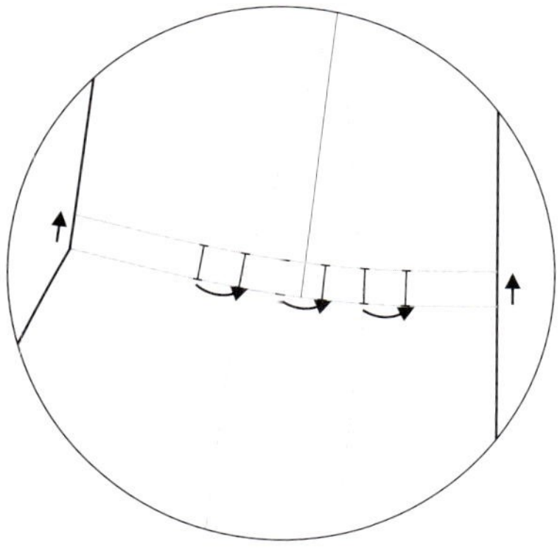

LUPA DA MARCAÇÃO DAS PREGAS

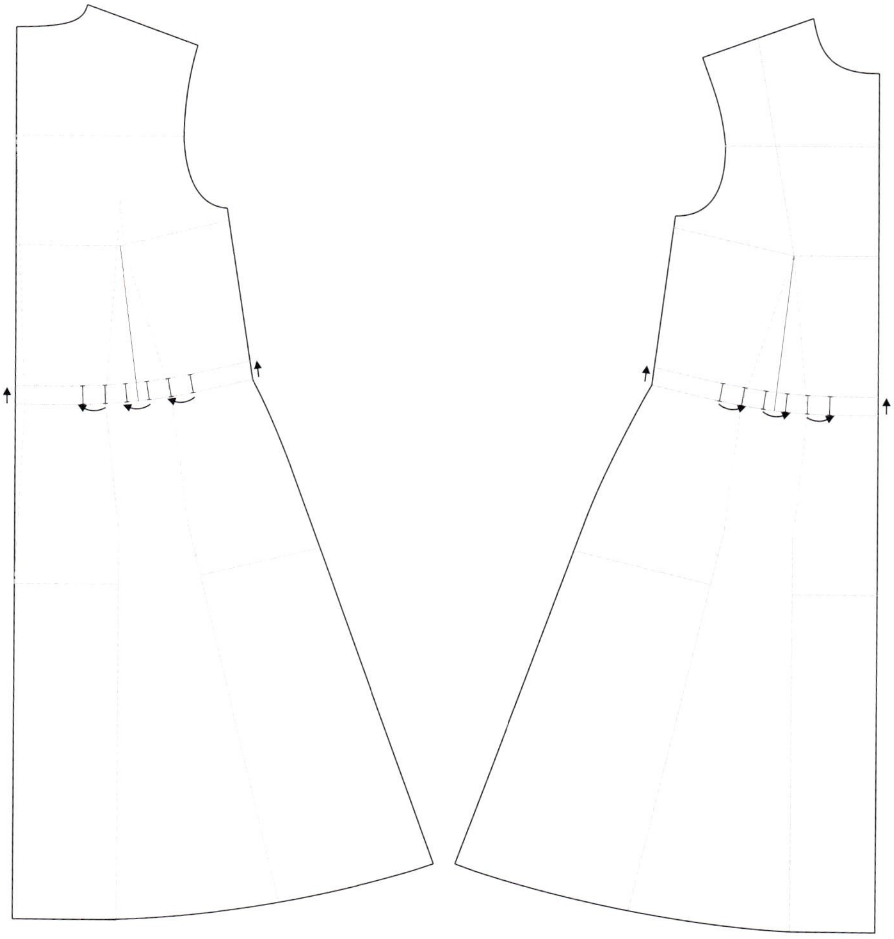

→ finalize o molde, traçando uma reta paralela ao meio das costas e marcando o fio reto;

→ espelhe o meio da frente e marque o fio reto.

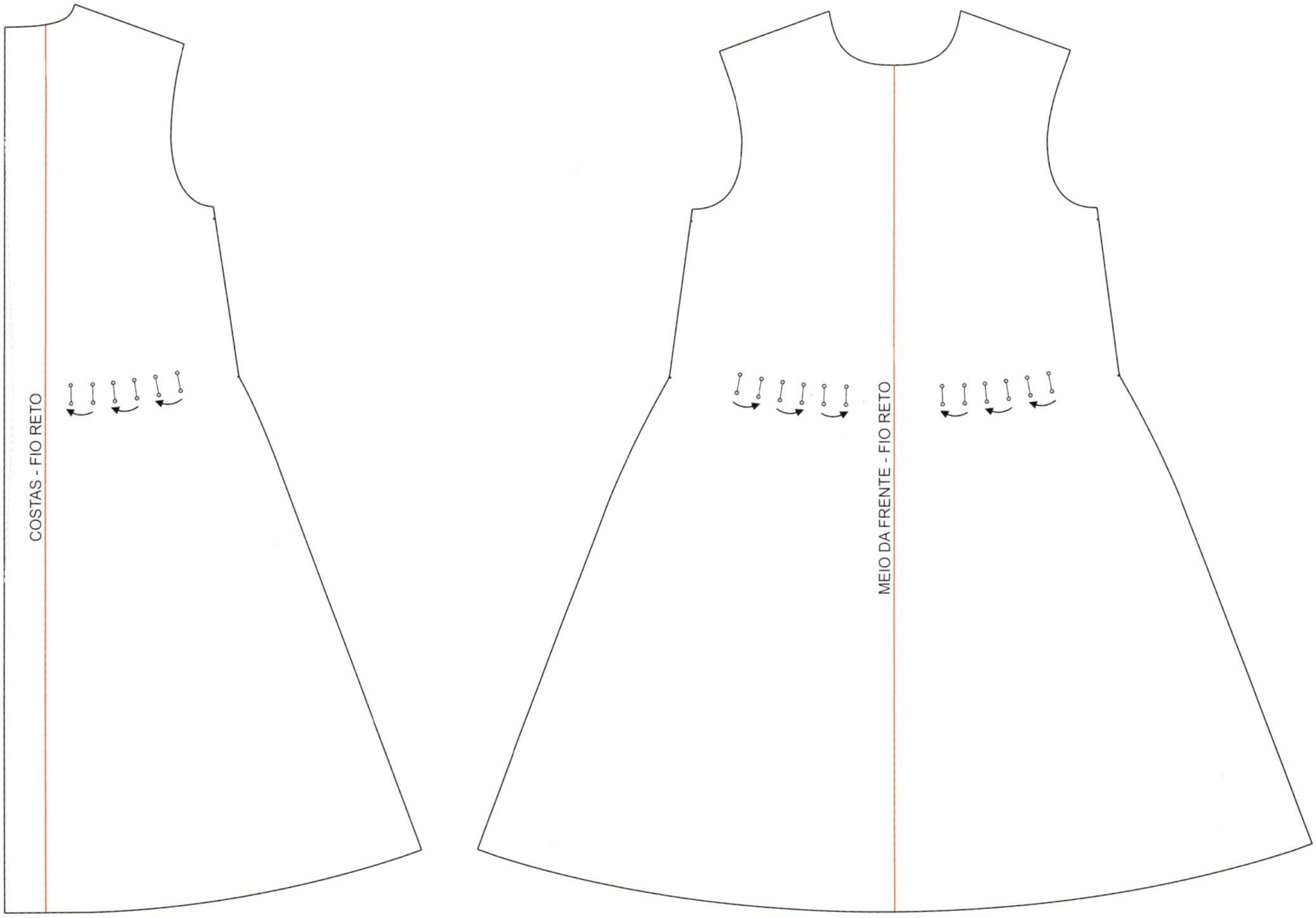

Na comparação entre os dois estudos, apesar de um ter aproximadamente o dobro de evasê em relação ao outro, observe como, na forma de inserir volume e acinturar a peça, visualmente a distribuição aparece de maneiras distintas. No primeiro, a concentração é maior lateralmente, pois a pence mantém a cintura na medida (embora o volume de evasê se espalhe no molde). No segundo, ao mesmo tempo que as pregas permitem ajustar a cintura, elas sustentam o volume dentro da peça.

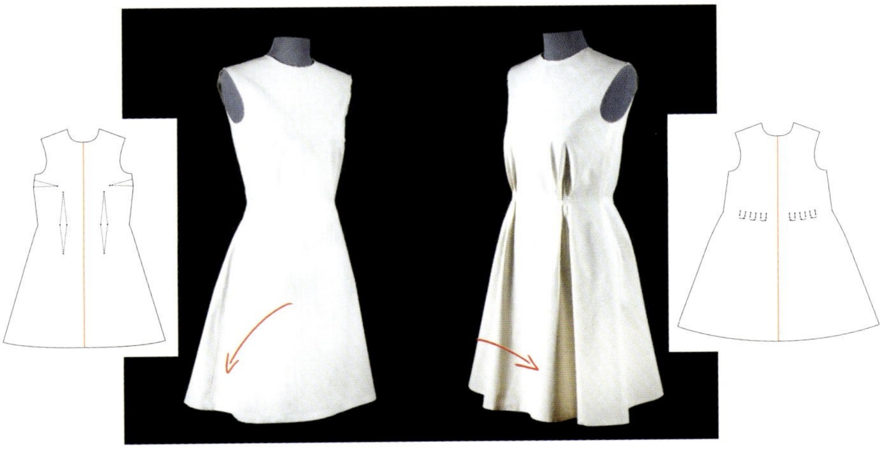

Vestido trapézio

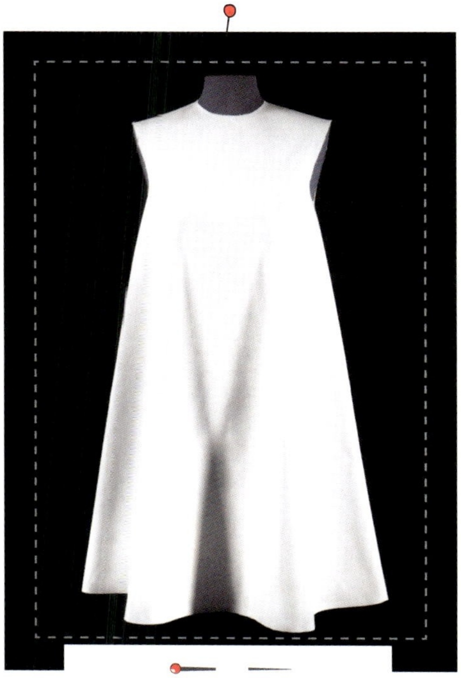

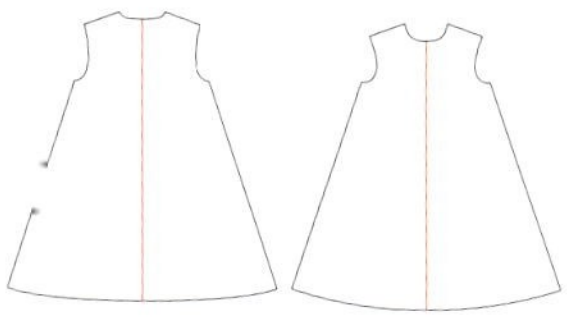

O molde deste vestido correponde ao volume da forma geométrica de um trapézio.

Neste exemplo, apresentaremos um vestido inteiro em que o volume da pence de ombro é transferido para a pence de cintura, e seu volume é prolongado até a barra do vestido.

Para o traçado, execute a sequência apresentada abaixo.

Copie a base de corpo alongada até o comprimento dos joelhos.

Sobre o molde da frente:

- corte o molde na linha do eixo central da pence de cintura (paralela ao meio da frente com a medida da abertura do busto) até o mamilo;

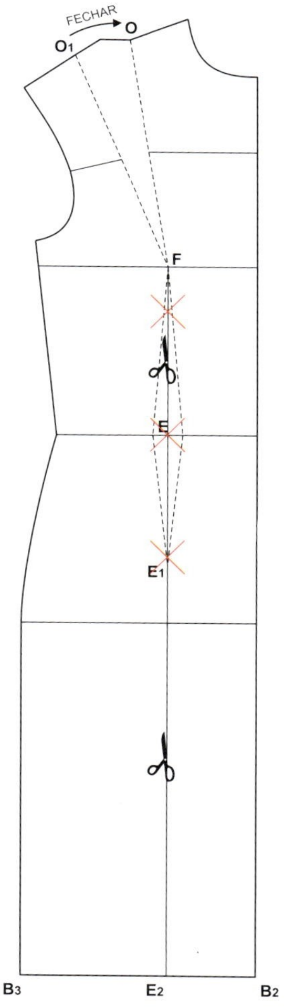

- feche toda a pence de ombro (**O_1FO**) e desloque o volume para a linha cortada (**E_2F**). O volume deslocado em **E_2** é similar a um volume evasê formado a partir da linha do busto;
- **B_3B_4** = saia ¼ da medida do volume formado em **E_2** e retrace a lateral em reta a partir de **B_4** até a cava;
- retrace a barra, apoiando o esquadro entre a lateral e a barra da base. Trace a partir do ângulo reto, seguindo em curva suave, e finalize tangente à barra (detalhe em lupa no desenho).

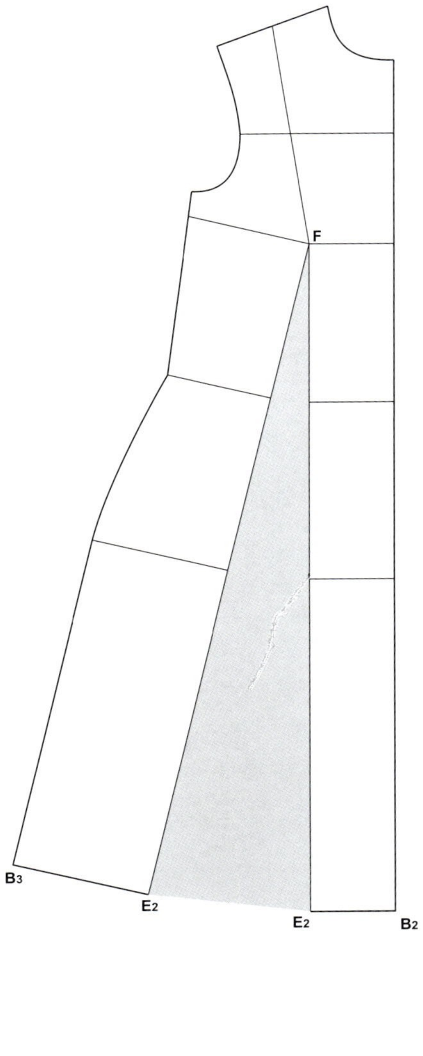

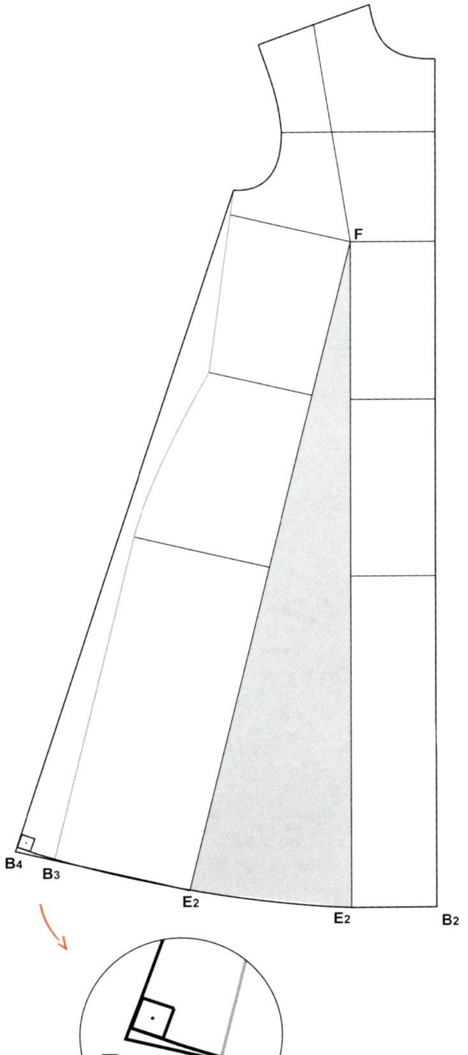

LUPA DA BARRA RETRAÇADA

Sobre o molde das costas:

- elimine a pence de omoplata (**PP_2P_1**), retirando seu volume na cava;
- elimine a pence do meio das costas;
- corte o molde na linha **F_2N_1** e siga na linha de busto até a lateral. Para o equilíbrio entre frente e costas, é necessário inserir o mesmo volume a partir da mesma altura;
- abra em **F_2** o mesmo volume formado em **E_2** da base da frente. Para fazer o deslocamento, haverá uma sobreposição sobre a linha do busto, mas esse valor será reposto na barra;

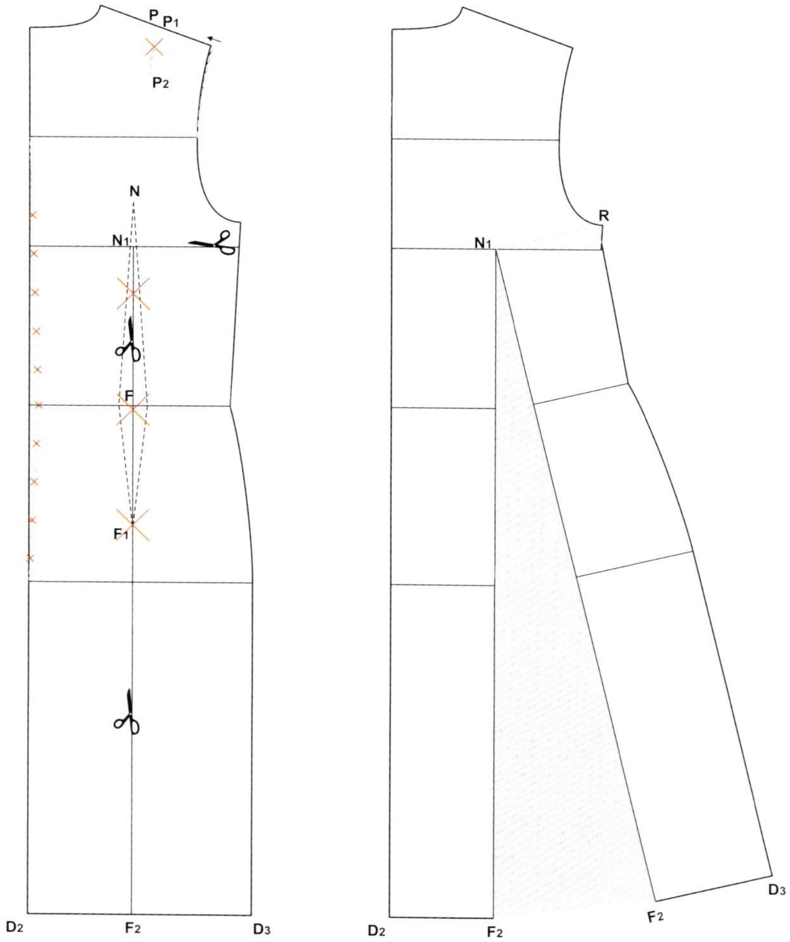

- D_3D_4 = saia ¼ da medida do volume aberto em F_2 e retrace a lateral em reta a partir de D_4 até a cava;
- meça a lateral da frente e repasse esse valor para a lateral das costas a partir da cava;
- retrace a barra, apoiando o esquadro entre a lateral e a barra da base. Trace a partir do ângulo reto, seguindo em curva suave, e finalize tangente à barra;

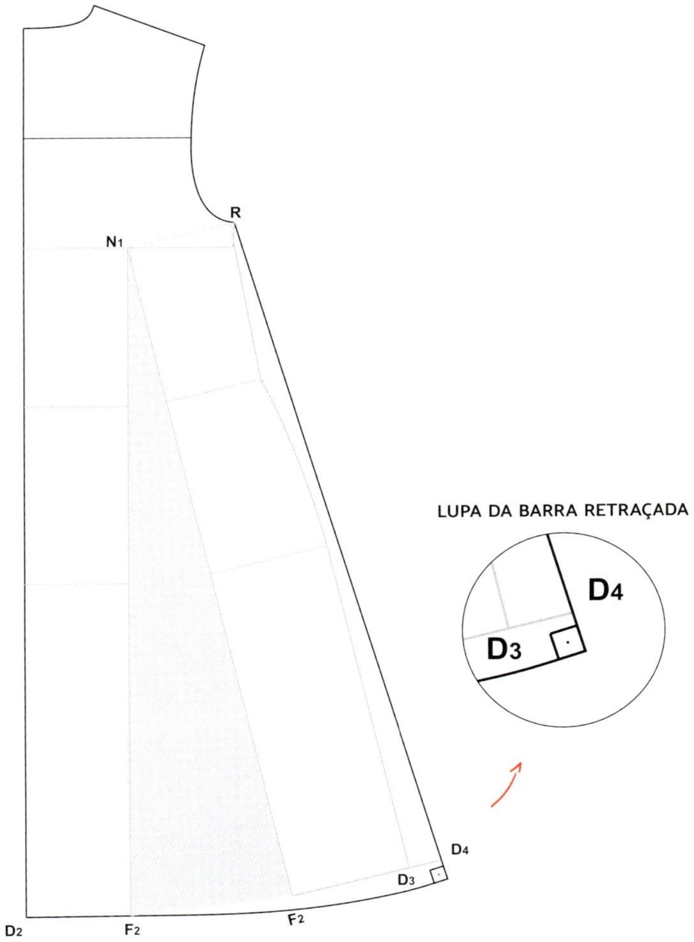

→ Espelhe os moldes pelas linhas dos meios (frente e costas) e marque o fio reto.

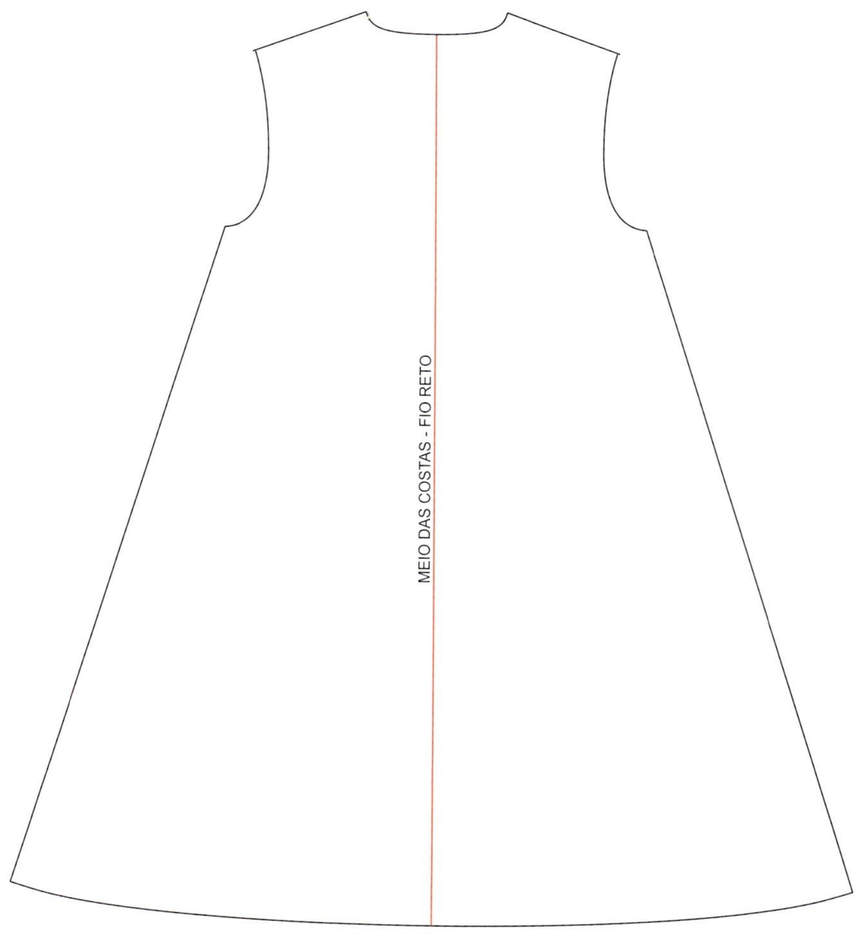

Silhuetas com recortes

As possibilidades são inúmeras, se considerarmos as combinações de blusas e saias. Podemos ter modelos com desenhos diferenciados pelas transferências de pences com ou sem volumes, tanto na parte superior como na inferior.

Com o uso de um simples recorte horizontal, na linha de cintura, podem-se trabalhar as modelagens das partes independentemente. Mas, para que blusa e saia possam se juntar por uma costura, é necessário igualar as medidas da cintura entre as duas partes.

Nos recortes verticais, é possível inserir livremente volumes localizados ao longo do corpo – isso facilita quando, por exemplo, a cintura é estreita e o evasê, muito acentuado.

Vestidos com recortes horizontais

Para demonstrar essa ampla gama de possibilidades, serão utilizados alguns moldes da base de corpo já com transferência de pences e moldes da base de saia com volumes distintos.

Os exemplos serão demonstrados apenas com os moldes da frente. (Os moldes das costas seguem o mesmo princípio.)

1º ESTUDO: BASE DE CORPO COM PENCE SOMENTE NA CINTURA E BASE DE SAIA RETA COM PENCES E PREGA BATIDA NO MEIO DA FRENTE

Neste estudo, como blusa e saia têm pences na cintura, por uma questão estética é aconselhável deixá-las alinhadas. Se esse molde fosse construído a partir da base de corpo alongada, tal procedimento não seria necessário.

No molde da frente da blusa, o volume da pence de ombro foi deslocado para a pence de cintura.

No molde da frente da saia, foi inserida uma prega batida.

As pences serão alinhadas: o deslocamento será distribuído entre a blusa e a saia. Para isso, execute os passos a seguir.

Meça a distância entre as pences na blusa e na saia.

Na blusa, as pences estão mais próximas, portanto ½ da diferença será deslocada para as laterais, sem deslocamento dos vértices (localização do mamilo).

Na saia, as pences serão deslocadas para o centro. Caso a diferença seja pequena (até 1 cm), não é necessário deslocar os vértices: o resultado é melhor com as pences esteticamente inclinadas.

Feche as novas pences e carretilhe a cintura das duas partes do molde.

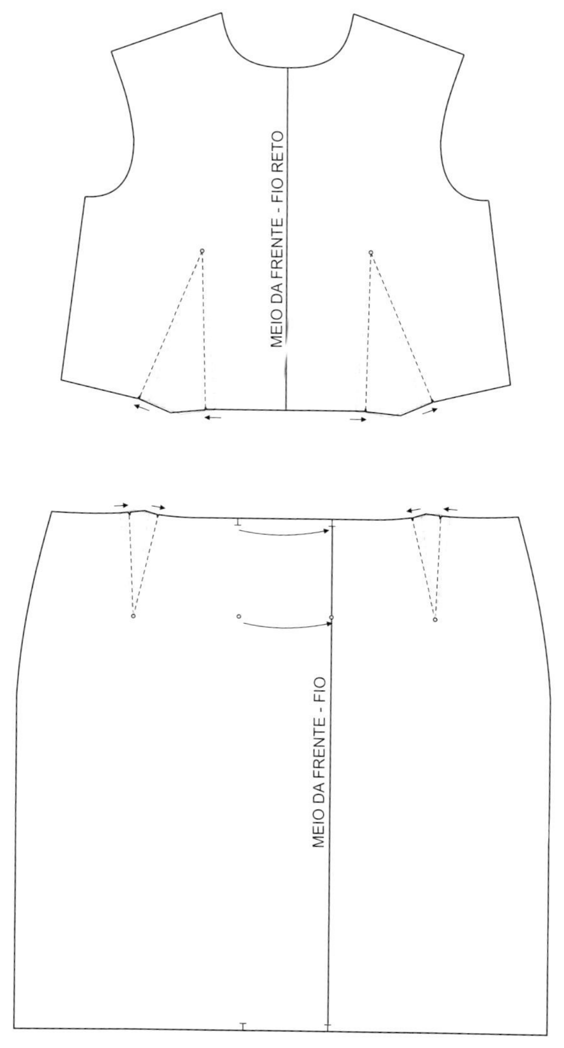

2º ESTUDO: BASE DE CORPO COM PENCE NA DIAGONAL E BASE DE SAIA EVASÊ

Neste estudo, as pences de ombro e de cintura da base de corpo foram deslocadas para a pence na diagonal, e na saia evasê as pences foram eliminadas, formando o evasê total. Portanto, para a junção dos moldes da blusa e da saia, a medida de cintura deverá ser comparada. Talvez seja necessário também adequar as diferenças entre as laterais.

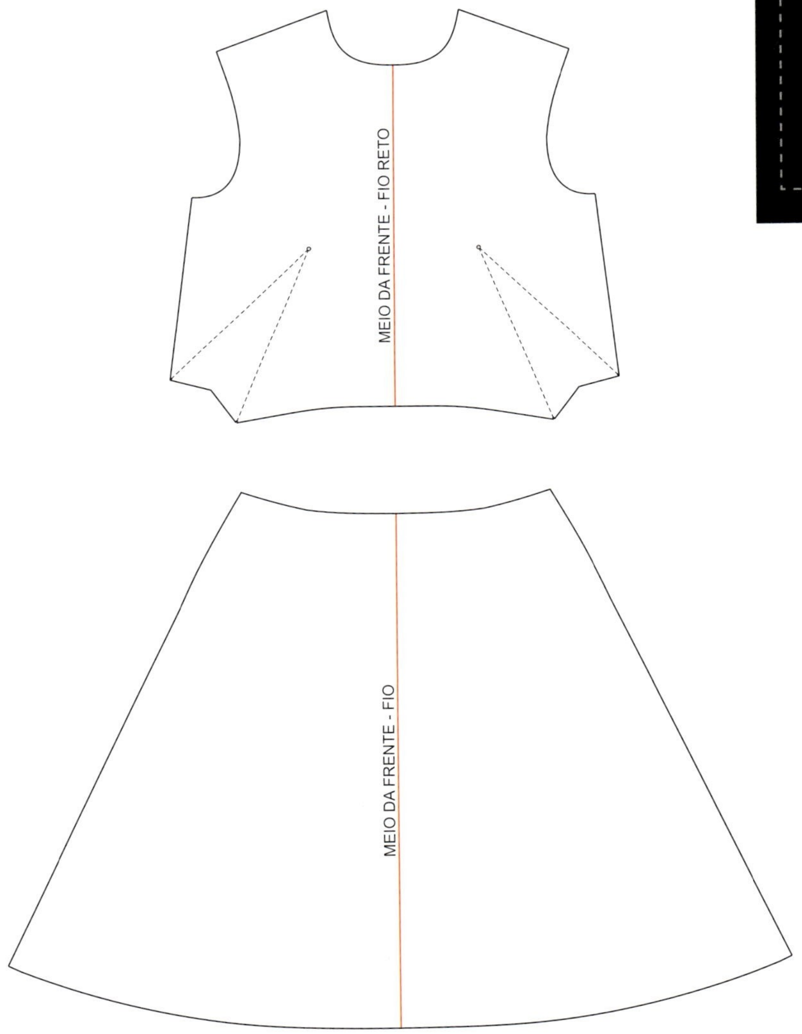

3º ESTUDO: BASE DE CORPO COM PENCE NA DIAGONAL E SAIA ¼ DE GODÊ

No molde da blusa, as pences da cintura e do ombro da base de corpo foram deslocadas para a cintura no meio da frente.

Nos godês, o ideal é construir outro molde com a medida da cintura da blusa.

Para adequar a medida de cintura sobre um molde já pronto, é necessário abaixar ou subir paralelamente – neste caso, ¼ de cicunferência do molde, ou seja, diminuir ou aumentar a medida do raio.

Observando a imagem com os dois moldes, é importante lembrar que na saia, como o molde é inteiro (frente e costas juntos), a medida que corresponde à cintura da frente da blusa é a que está centralizada entre os piques.

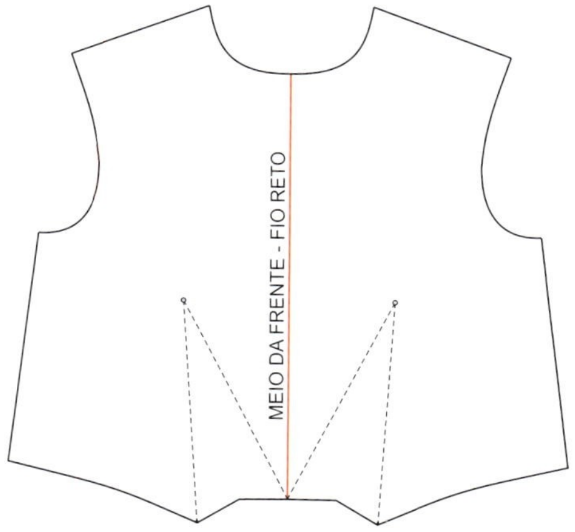

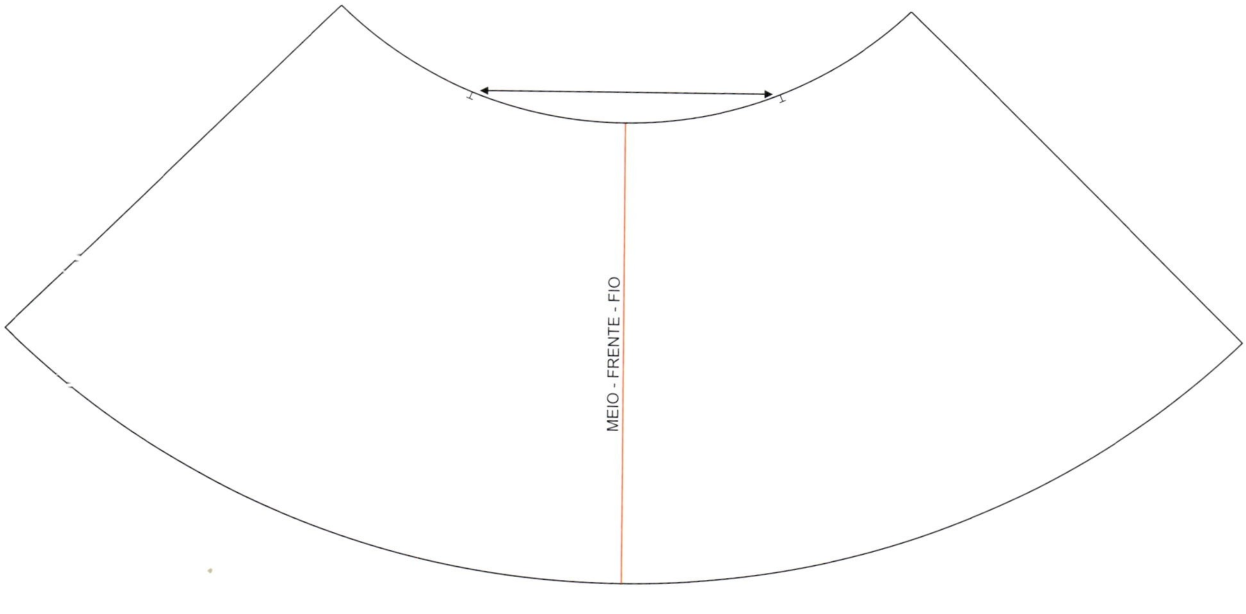

Vestido com recortes verticais

Diferentemente dos modelos nos recortes horizontais, neste caso os moldes não são de blusas e saias; eles são formados a partir de uma base de corpo alongada até o comprimento desejado do vestido.

Considerando que o volume pode ser inserido em qualquer ponto, o exemplo demonstrado será um vestido com recorte princesa, acinturado e com evasê a partir do final das pences de cintura da base, abaixo do pequeno quadril.

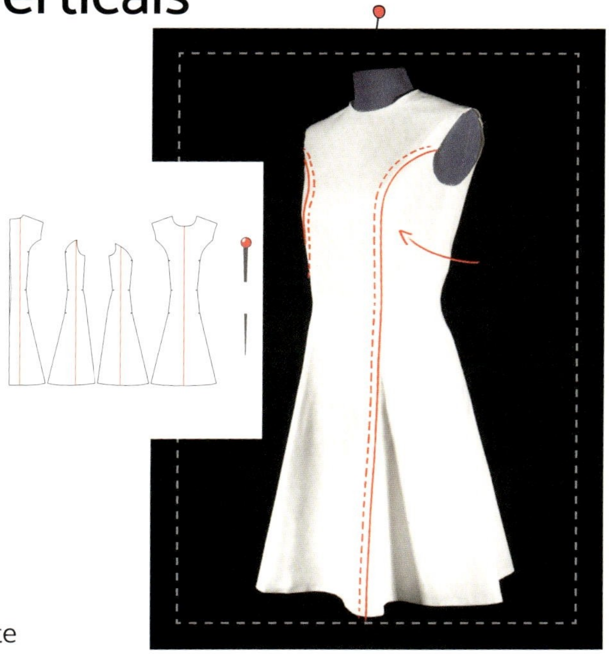

Sobre a base da frente:

- desenhe o recorte princesa na cava (**I_1F**) e corte nessa linha;
- feche a pence de ombro (**O_1FO**) e desloque o volume para a curva do recorte na cava;

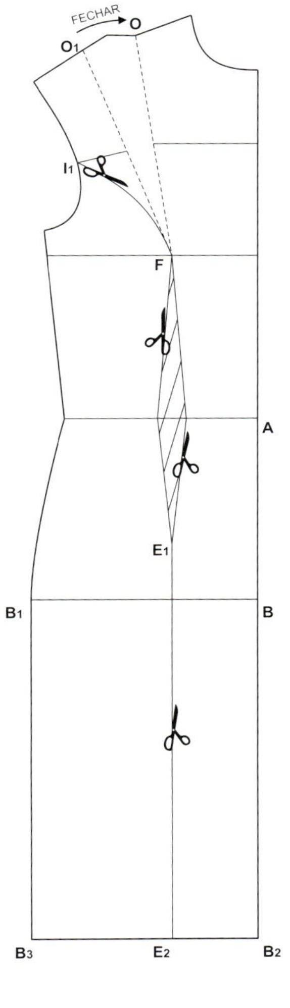

- separe as partes dos moldes da frente, cortanto de **F** até **E_2**, na barra;
- retire o volume da pence.

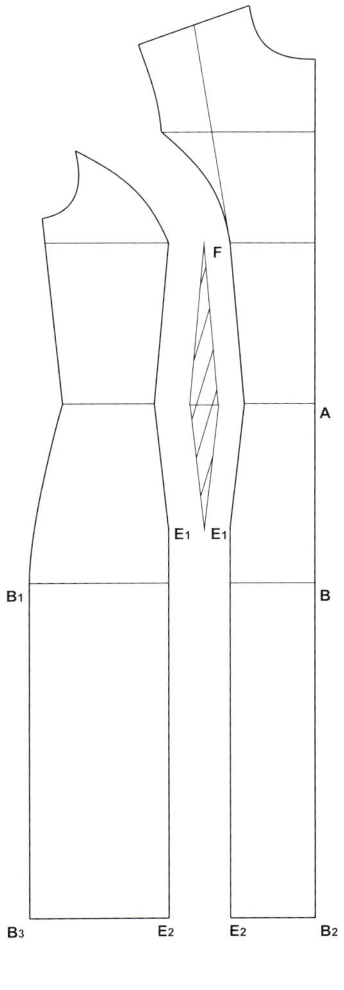

Sobre o recorte do meio:

- **E_2E_3** = medida do evasê de acordo com o modelo. Para este exemplo, 10 cm. Marque no prolongamento da linha da barra. A partir de **E_3**, trace uma reta até o ponto **E_1**.

Sobre o recorte lateral:

- faça o mesmo procedimento no lado correspondente, ou seja, o que será costurado com o recorte do meio. **E_2E_3** = 10 cm. Trace uma reta até a marcação do **E_1** nesse lado. É importante que o valor inserido entre os recortes seja o mesmo e a partir da mesma altura;
- na lateral, **B_3B_4** = ½ de **E_2E_3**, que corresponde a ¼ do volume total inserido na frente, entre os dois recortes. Essa distribuição é necessária para manter o volume da saia equilibrado. A partir de **B_4**, trace uma reta até encostar no molde, próximo à altura do quadril;
- na barra, sobre as duas partes do molde, meça **E_1E_2** e passe a medida sobre a reta **E_1E_3** a partir de **E_1**. Posicione o esquadro nessa nova marcação, mantendo o ângulo reto, e trace a barra em leve curva até tangenciar a parte plana;
- na lateral do recorte lateral, posicione o esquadro na nova reta e faça o mesmo procedimento.

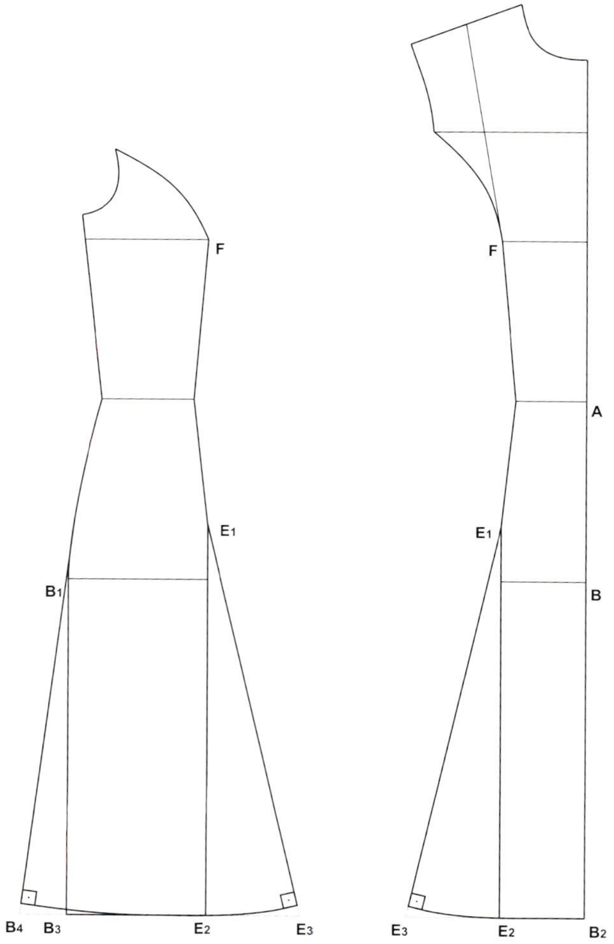

Sobre a base das costas:

- elimine a pence de omoplata (**PP_2P_1**) na cava;
- desenhe o recorte princesa na cava (**H_1N**);
- separe as partes dos moldes das costas no desenho do recorte de **H_1** até **F_2**. Retire o volume da pence.

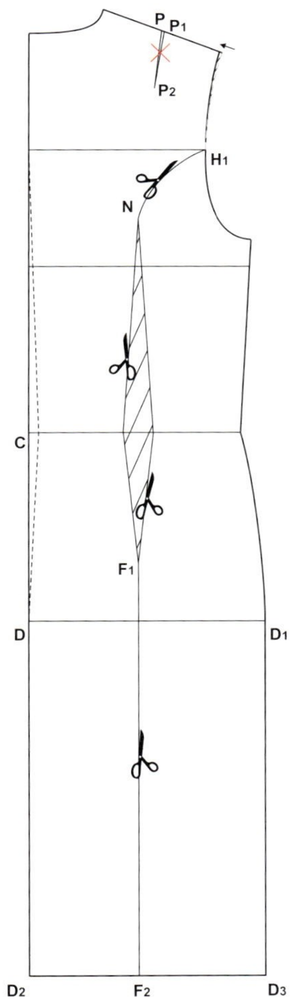

Sobre o recorte do meio:

- **F_2F_3** = medida do evasê de acordo com o modelo. Para este exemplo, 10 cm. Marque no prolongamento da linha da barra. A partir de **F_3**, trace uma reta até o ponto **F_1**.

Sobre o recorte lateral:

- **F_2F_3** = 10 cm. Trace uma reta até a marcação do **F_1** nesse lado;
- na lateral, **D_3D_4** = ½ de **F_2F_3** (a mesma proporção utilizada na frente). A partir de **D_4**, trace uma reta até encostar no molde, próximo à altura do quadril;
- na barra, sobre as duas partes do molde, meça **F_1F_2** e passe a medida sobre a reta **F_1F_3** a partir de **F_1**. Para traçar a barra, siga o mesmo procedimento da frente, mantendo ângulo reto entre os recortes e na lateral.

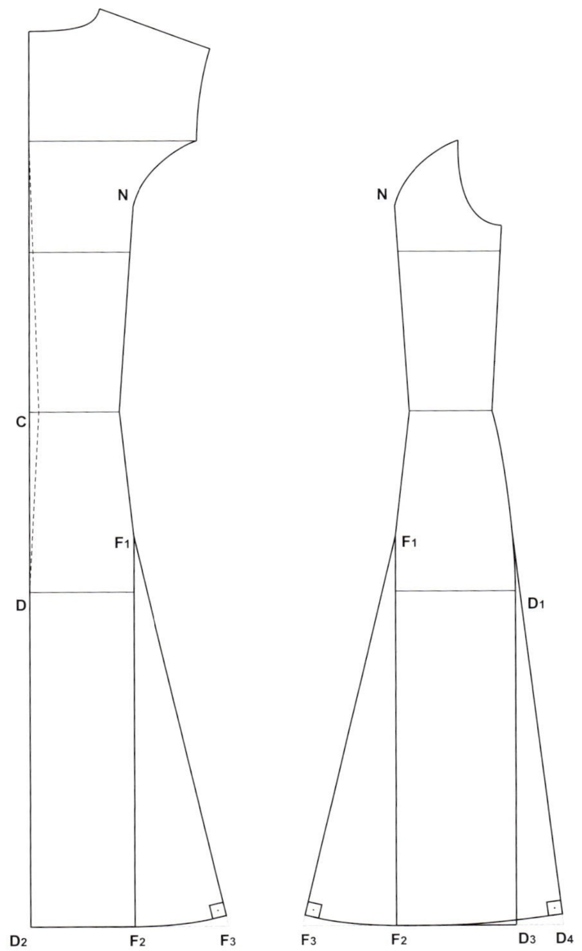

Marque o fio reto sobre os recortes do meio das costas e das laterais das duas partes.

Marque os piques, para facilitar a montagem da peça.

Sobre o molde do meio da frente, espelhe a partir da linha do meio e marque o fio reto nessa linha.

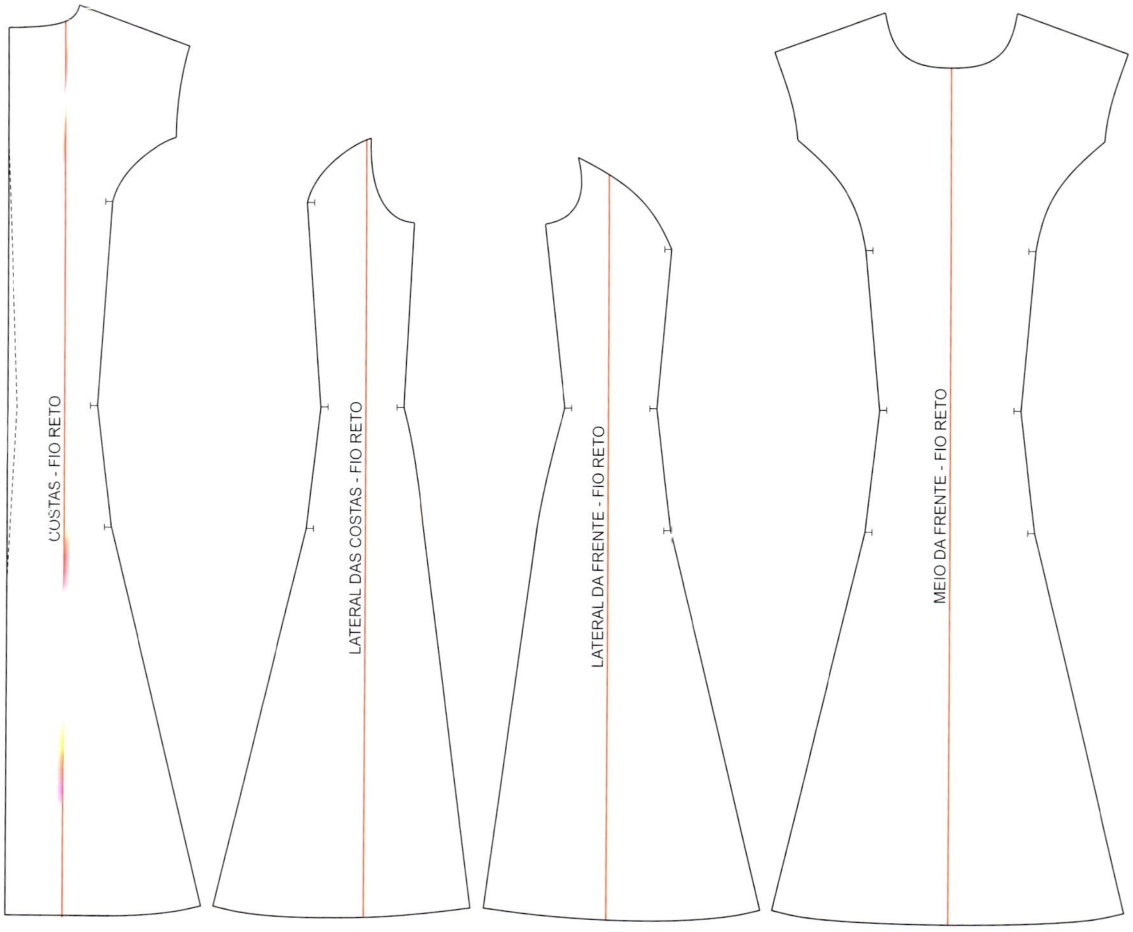

CAPÍTULO 6

Elementos que compõem a roupa: mangas e golas*

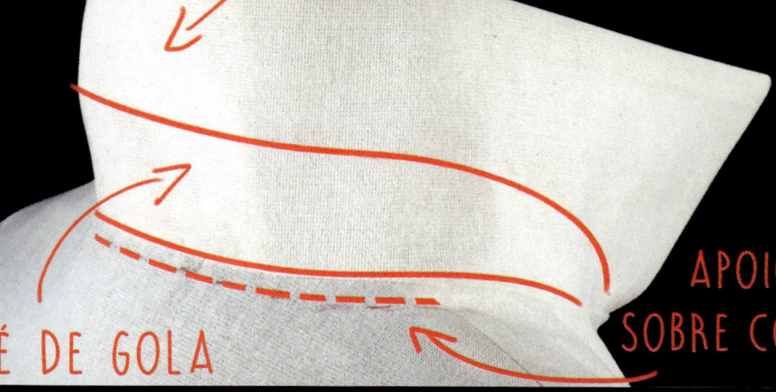

* Conforme informado anteriormente, os moldes do livro foram feitos no manequim 38. Neste capítulo, os moldes referentes às mangas correspondem a 15% do tamanho real, e os das golas, a 22,5% do tamanho real. (N. E.)

Elementos que estão diretamente relacionados com a movimentação de partes do corpo, as mangas cobrem os braços e as golas, o pescoço. Ambas se juntam ao corpo da roupa pelas articulações das partes correspondentes.

As principais medidas necessárias aos traçados de mangas e de golas são tomadas nos moldes após a inserção de folgas adequadas ao modelo proposto e ao tipo de tecido com que será confeccionada a peça.

No caso das mangas, essas folgas estão localizadas nos prolongamentos do ombro e das entrecavas (frente e costas) e nas laterais. Uma vez aplicadas essas folgas, uma nova cava é retraçada, e a partir da medida desse novo contorno se constrói a manga.

No caso das golas, as folgas se localizam no afastamento do pescoço na base do meio das costas, nas laterais na linha de ombro e na base do meio da frente. O decote é retraçado, e a partir dessa medida se constrói a gola.

Para a obtenção das cavas e dos decotes necessários para a construção de mangas e golas, serão apresentados alargamentos das bases antes dos traçados.

Alargamentos sobre a base de corpo para uso de mangas

Para o caimento ideal da roupa sobre o corpo, mesmo que a peça tenha uma silhueta ajustada, é importante que o tecido se movimente sobre ele, e para que isso ocorra é necessário inserir folgas lateralmente sobre as bases – de saia, de corpo ou de volume.

Os valores das folgas são calculados de acordo com o modelo de referência, mas especificamente no caso de peças com mangas existem pontos de atenção, pois a inserção das folgas para o desenho da cava de forma inadequada pode causar limitação na movimentação dos braços.

As mangas são traçadas conforme o deslocamento do ombro e as folgas do modelo. Nesta metodologia serão trabalhados dois tipos de mangas: a básica (ou de cabeça alta), para modelos mais próximos do corpo, e de cabeça baixa, para os modelos mais folgados, em que a cava é mais afastada do corpo. Também será apresentada uma possibilidade de adequação de manga – a manga intermediária.

As folgas devem ser proporcionais entre os ombros, nas linhas de entrecavas e nas laterais. Devem também permitir um desenho harmonioso da nova cava.

OMBROS: nos ombros, os alargamentos são chamados de deslocamentos. Insira o mesmo valor de folga no prolongamento do ombro na frente e nas costas.

ENTRECAVAS: insira a folga, prolongando as linhas de entrecavas. Mas considere que as folgas podem ser iguais para a frente e para as costas ou menor na frente.

LATERAIS: sobre a linha lateral da base, insira os valores horizontalmente e verticalmente, descendo a partir do início da cava da base e afastando a cava do ponto de articulação da axila.

A FOLGA NA LINHA DE ENTRECAVAS PARA UMA PEÇA COM MANGAS PODE GERAR ALGUNS PROBLEMAS DE MOVIMENTAÇÃO DO BRAÇO. POR EXEMPLO, NO CASO DE UMA CAVA PRÓXIMA AO CORPO, MUITA FOLGA NA LINHA DA FRENTE E/OU POUCA FOLGA NA LINHA DAS COSTAS LIMITAM O MOVIMENTO DO BRAÇO PARA A FRENTE. ASSIM, É NECESSÁRIO INSERIR MAIS TECIDO NAS COSTAS, ONDE O CORPO MAIS SE ALONGA, E MENOS NA FRENTE.

Exemplos de valores de alargamento (a partir da base de corpo alongada) para modelos com pouco deslocamento do ombro

Para modelos de camisas, blusas, vestidos e outras peças mais próximas do corpo.

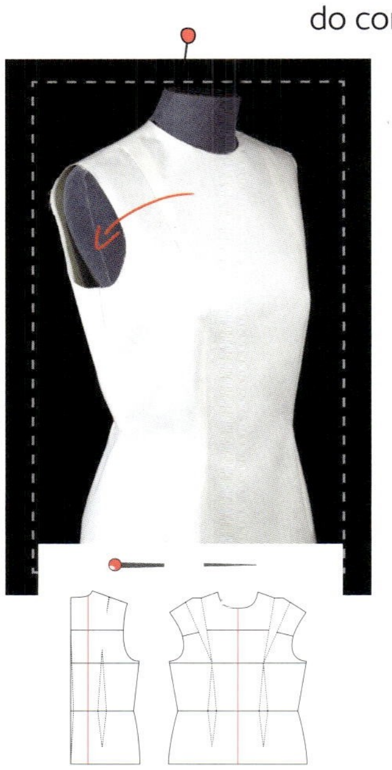

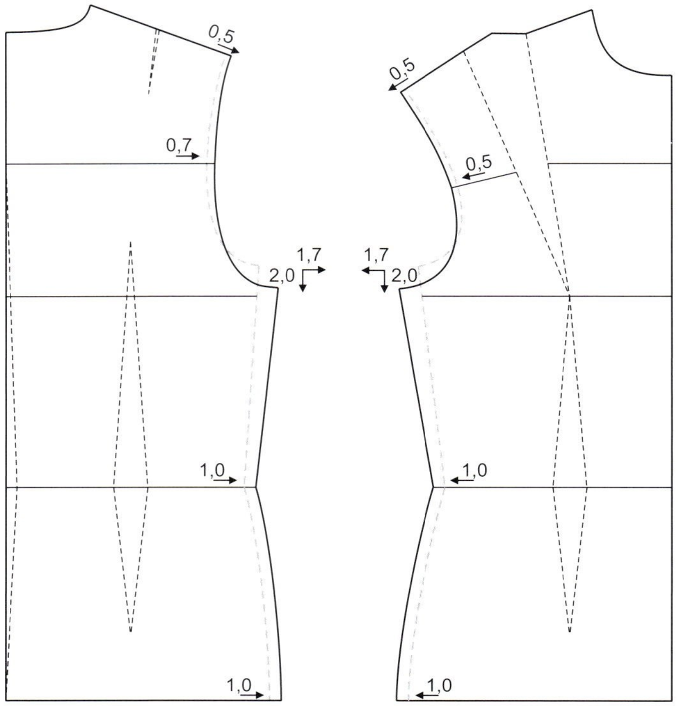

PARA TRAÇAR A CAVA, APÓS A LOCALIZAÇÃO DOS NOVOS PONTOS, MANTENHA ÂNGULO RETO A PARTIR DOS OMBROS E DAS LATERAIS, CONTROLANDO O DESENHO PELA FOLGA NA LINHA DE ENTRECAVAS. CASO TRACE UMA PERPENDICULAR NA LINHA DE ENTRECAVAS A PARTIR DA FOLGA, GARANTA QUE O DESENHO DA CAVA NÃO ULTRAPASSE ESSA LINHA PARA DENTRO DO MOLDE.

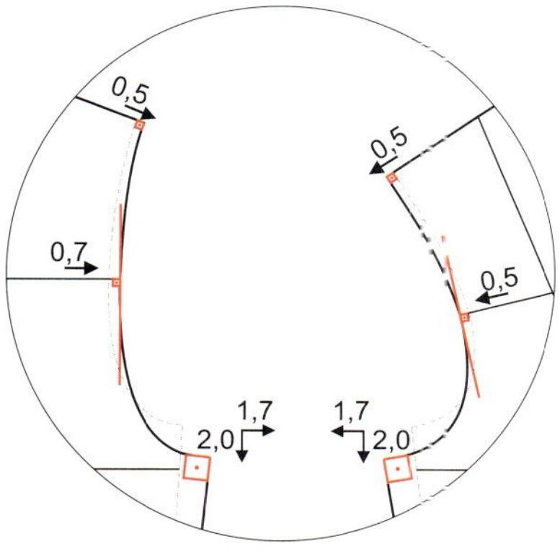

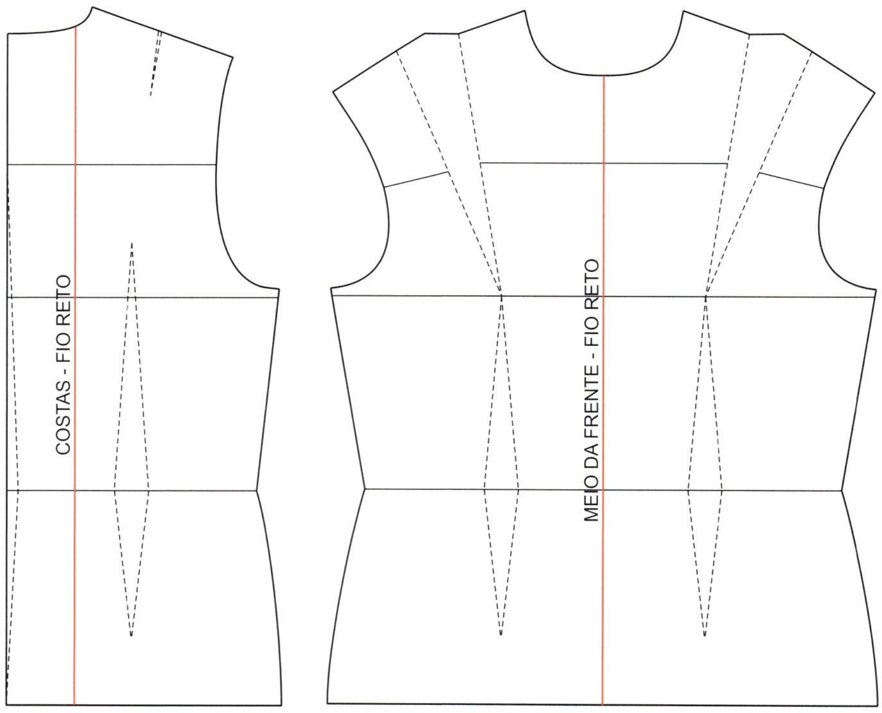

Para modelos de blusas, jaquetas e peças mais folgadas, ainda com pouco deslocamento do ombro.

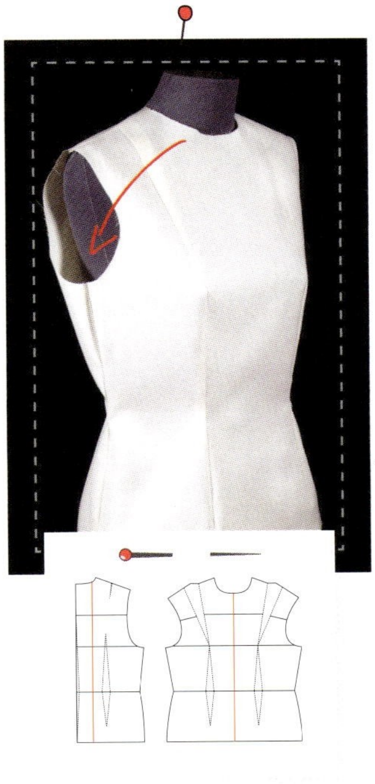

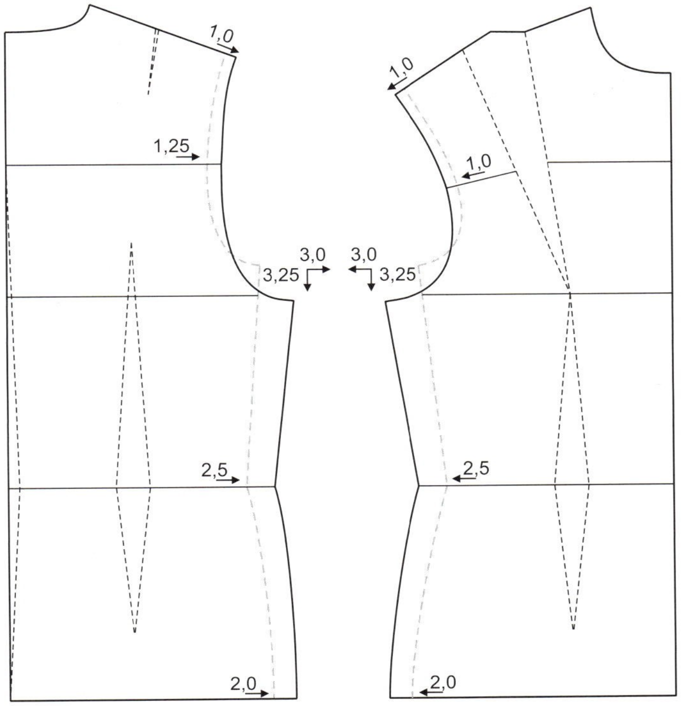

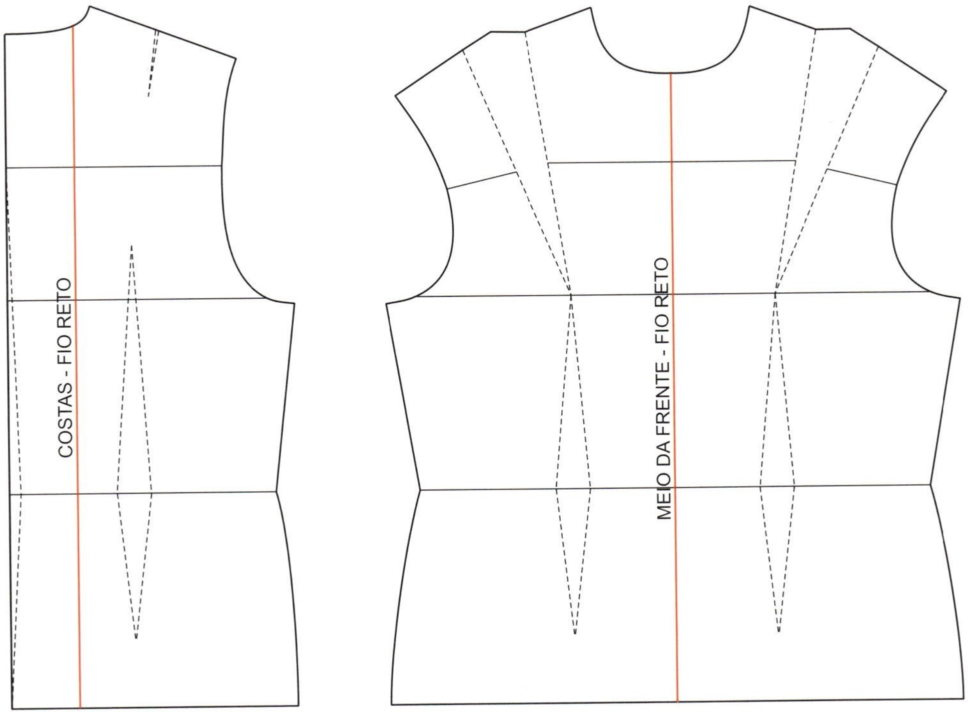

Cuidado ao inserir folgas na lateral da base. A diferença entre os valores inseridos para a folga a partir das axilas, afastando e descendo, deve ser pequena. Quando for necessário aumentar a cava, insira valores nos dois sentidos, pois descer demais impede que o braço se movimente para cima.

Exemplos de folgas (a partir da base de corpo sem pences para modelos amplos), com deslocamento de ombro a partir de 4 cm

Para modelos de blusas, camisas e jaquetas mais amplos.

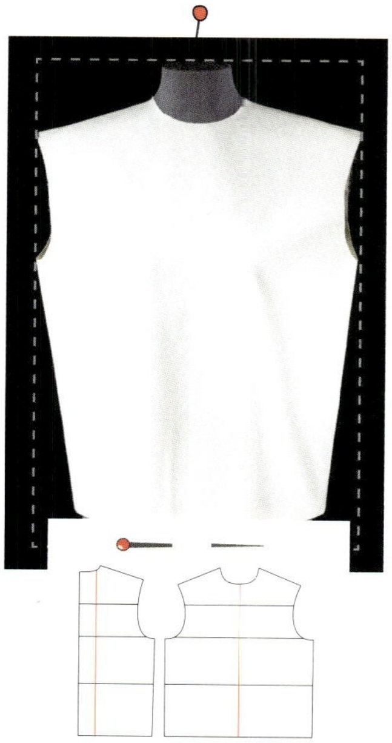

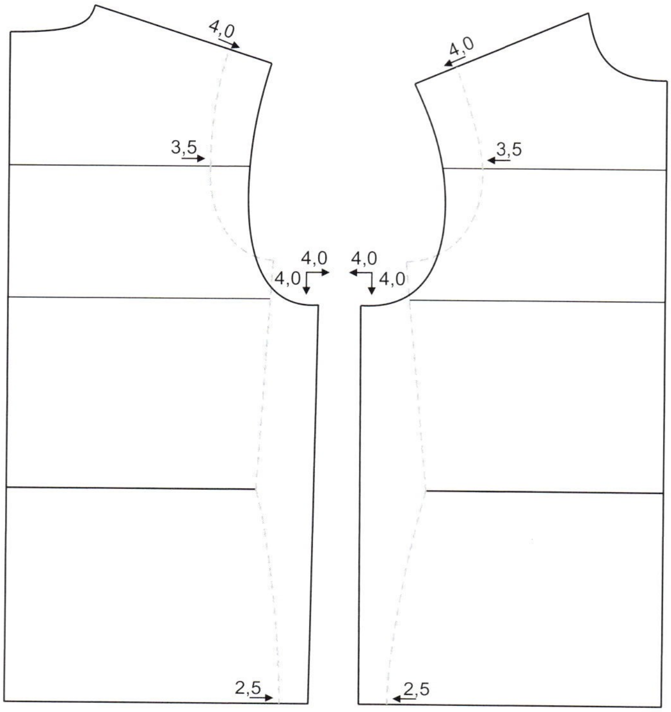

Na interpretação de modelos traçados a partir da base de corpo sem pences, é importante lembrar dos valores de folga que a base já possui e considerá-los ao acrescentar mais folga, pois isso pode alterar o resultado final da peça.

Para modelos amplos com comprimento abaixo do quadril, o valor de folga inserido nas laterais deve ser menor na altura da barra, pois no caimento natural da roupa sobre o corpo é comum a peça empinar na frente e nas costas. Esse comportamento é mais visível nas peças confeccionadas com tecidos mais secos.

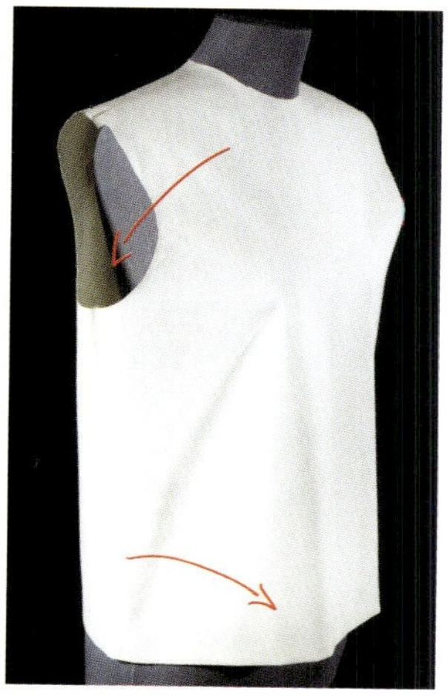

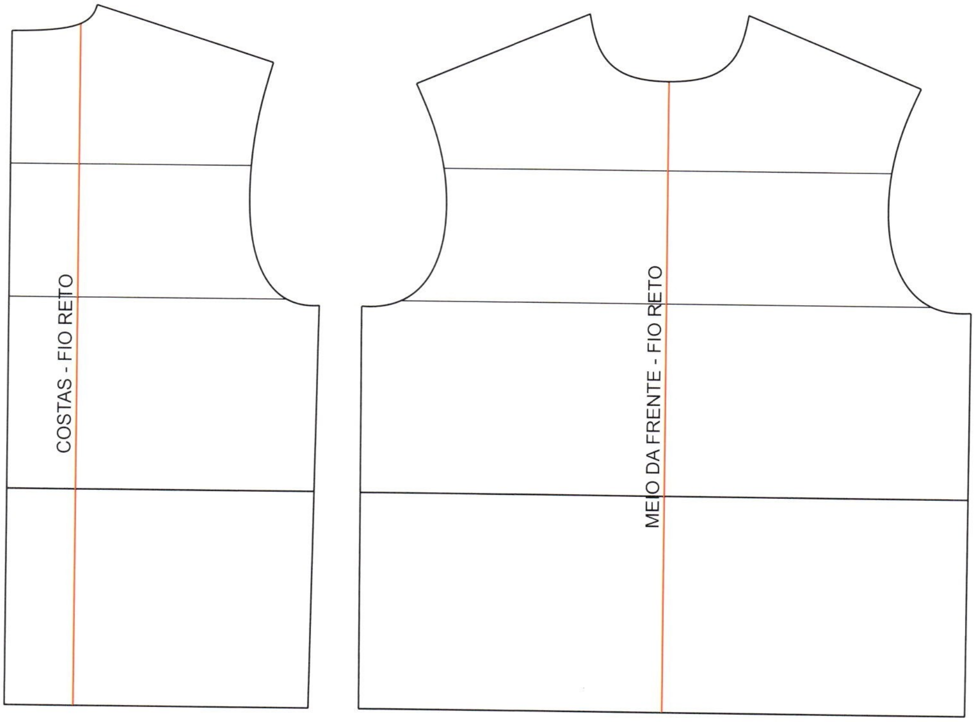

Mangas

As mangas são traçadas a partir da medida de cava do modelo, mas, para determinar qual manga será mais adequada, o posicionamento da cava é essencial: devem-se considerar o afastamento do ombro e as folgas em relação ao corpo.

As duas mangas apresentadas nesta metodologia são fundamentadas a partir da localização da cava.

Manga básica ou de cabeça alta

Este tipo de manga é utilizado para modelos em que o deslocamento do ombro no desenho da cava chega a 2 cm. É comum em peças mais próximas do corpo, porém, se a confecção for feita em tecido plano sem elasticidade, a movimentação do braço ficará limitada.

Para exemplificar este traçado, a medida de cava é resultante do alargamento para peças mais próximas ao corpo. As demais medidas necessárias para construção da manga estão no quadro abaixo.

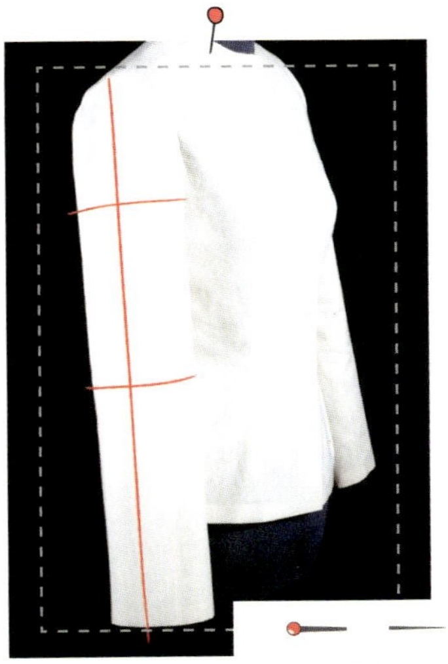

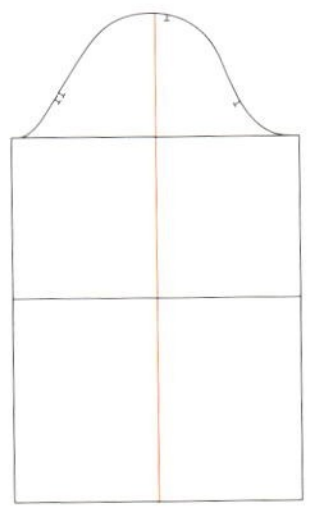

Medidas utilizadas para construção de mangas

Medidas do corpo	Tamanho 38
Comprimento do braço	60
Altura do cotovelo	35
Contorno do braço	27
Contorno do pulso[1]	15
Contorno da cava	Medir no molde

[1] Utilize essa medida somente quando determinar na construção da base a largura da manga na altura do pulso..

PARA MEDIR LINHAS EM CURVA – COMO, POR EXEMPLO, O CONTORNO DA CAVA –, UTILIZE A FITA MÉTRICA E POSICIONE-A EM PÉ SOBRE O CONTORNO.

CONSTRUÇÃO DO TRAÇADO

AB = comprimento da manga = comprimento do braço menos o deslocamento do ombro.

BC = largura da manga = ¾ do contorno da cava. Trace perpendicular a **AB**. Na base, esta linha se localiza no pulso.

DC = **AB**. Trace paralela a **AB**.

AD = **BC**. Trace paralela a **BC**.

Divida **AD** e **BC** em quatro partes e marque:

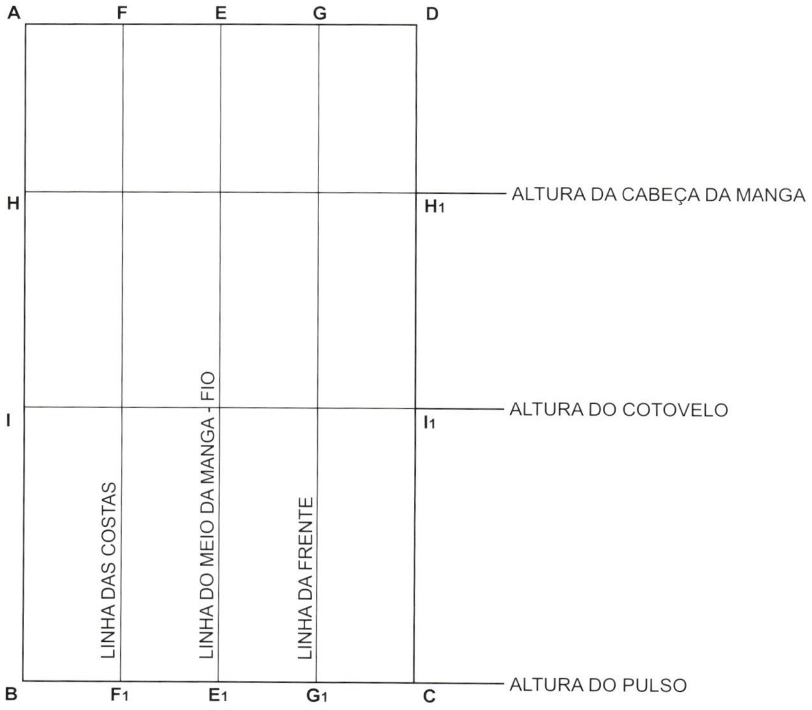

- **AE** = **BE1** = ½ de **AD**. **EE1** = linha do meio da manga em que será marcado o fio reto;
- **AF** = **BF1** = ¼ de **AD**. **FF1** = linha das costas, que passa na direção do cotovelo;
- **DG** = **CG1**. **GG1** = linha da frente;
- **AH** = **DH1** = ⅓ do contorno da cava. Corresponde à altura da cabeça da manga. Ligue **HH1** por uma reta;
- **AI** = **DI1** = altura do cotovelo menos o prolongamento do ombro. Ligue **II1** por uma reta.

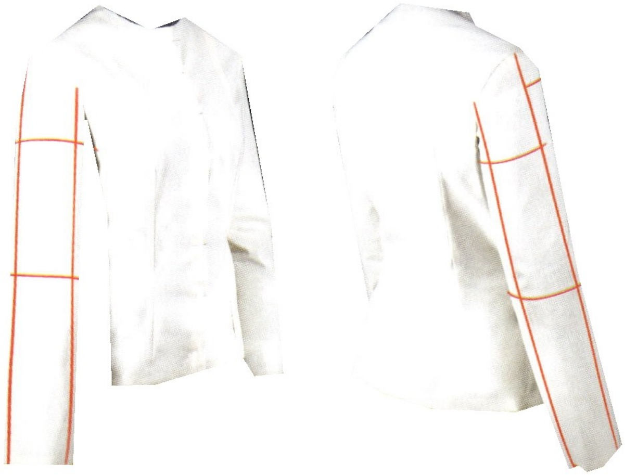

CABEÇA DA MANGA

FF_2 = **EE_2** = **GG_2** = marque esses pontos no cruzamento dessas retas com a linha **HH_1**, a altura da cabeça da manga.

FF_3 = ⅓ de **FF_2**.

F_2J = ⅔ de **F_2H** mais 0,5 cm. Ligue **JF_3** por uma reta e prolongue até a reta **AD**, encontrando o ponto **K**.

GG_3 = ½ de **GG_2**.

G_2L = ⅓ de **G_2H_1**. Ligue **LG_3** por uma reta e prolongue até a reta **AD**, encontrando o ponto **M**.

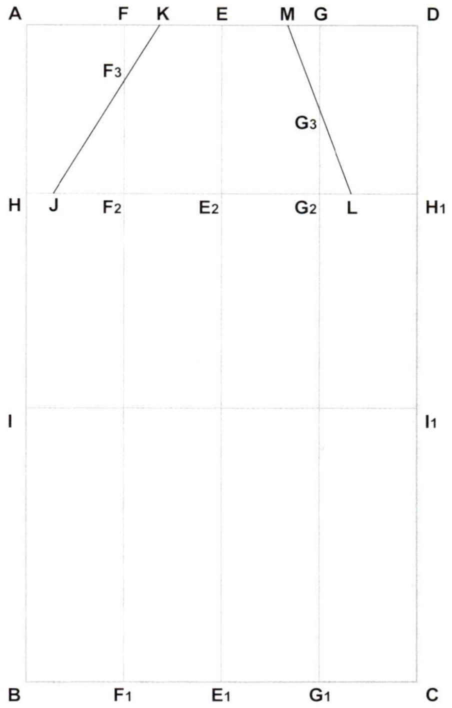

Contorno da cabeça da manga

As retas **JK** e **LM** servem como apoio e limite para o traçado das curvas da cabeça da manga. A partir dessas retas, do lado externo trace as curvas correspondentes à parte de baixo da cabeça da manga:

- nas costas, a partir de **H** mantenha 1 cm apoiado sobre a reta **HH_1** e siga em curva, tangenciando a reta **JK**;
- na frente, a partir de **H_1** mantenha 2 cm apoiados sobre a reta **HH_1** e siga em curva, tangenciando a reta **LM**.

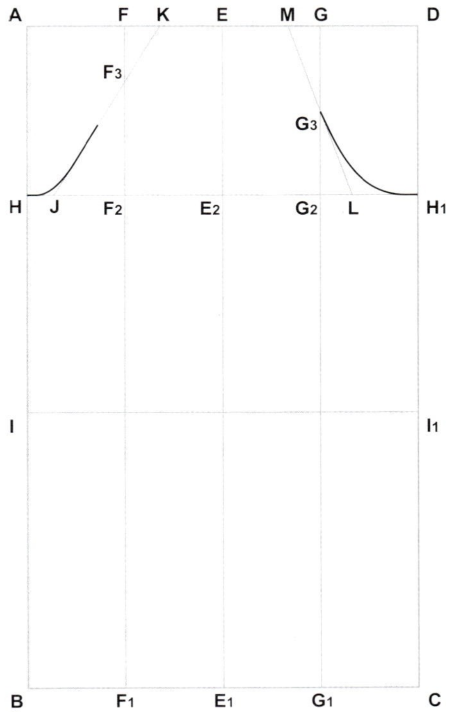

Entre as retas JK e **LM**, trace a curva que corresponde à parte de cima da cabeça da manga.

A partir do ponto **F**$_3$, siga em curva, tangenciando a reta **JK** até o ponto **E**. Prossiga em curva até encostar na reta **ML**. Mantenha a curva no ponto **E**, tangenciando a reta **AD**.

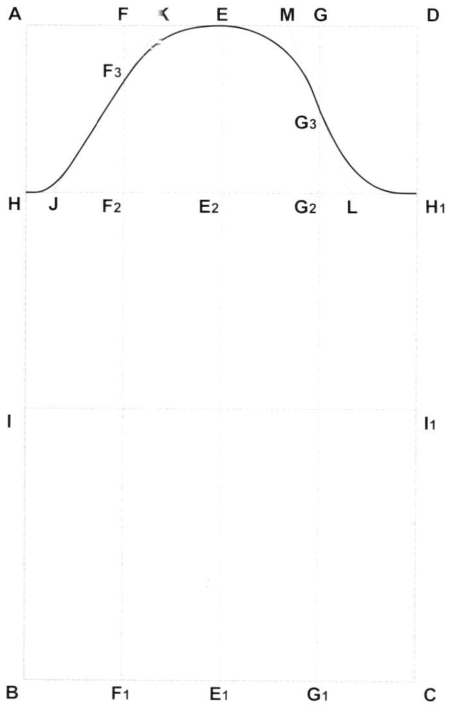

FINALIZAÇÃO DA MANGA

Como base definem-se o contorno da cabeça da manga e o comprimento. A medida no punho somente será determinada a partir da interpretação do modelo, distribuindo na linha do pulso metade para cada lado do fio reto do valor desejado e retraçando as retas até a linha da altura da cabeça da manga.

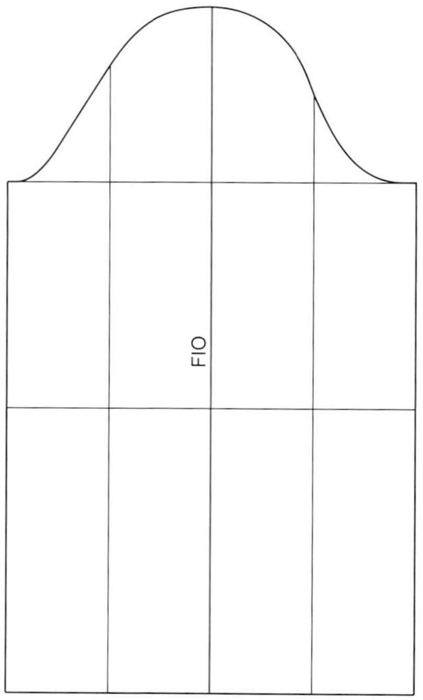

MARCAÇÃO DE PIQUES NA MANGA

Uma das características deste tipo de manga é o fato de a medida do contorno da cabeça da manga ser maior que a do contorno da cava. Essa diferença de medidas chega a atingir de 3 cm a 4 cm e é "embebida",* conformando a manga na forma arredondada da articulação do braço com o corpo. Para localizar essa folga na cabeça da manga, são inseridas marcações de piques entre ela e a cava.

* Em modelagem, usamos a expressão "embeber" quando queremos nos referir à distribuição da folga por um franzido.

O tecido utilizado e o tipo de acabamento na costura também devem ser considerados em relação aos valores para embeber a manga:

* para os tecidos mais rígidos e com armações mais fechadas, os valores devem ser menores (de preferência, até 2 cm). Também podemos considerar, neste caso, os acabamentos de costuras embutidas e/ou pespontadas;
* para os tecidos mais maleáveis e com tramas mais abertas, os valores podem ser maiores. No entanto, para facilitar a costura, é desejável que não ultrapassem 4 cm.

Como exemplo, será utilizada a tela de algodão, tecido mais firme e rígido, porém será mantido o valor de folga entre a manga e a cava que propõe o traçado sem alterações.

Os piques são marcados entre as cavas e a manga, proporcionalmente entre a parte da frente e das costas:

→ uma parte da folga é distribuída na região da "curva" da manga que se relaciona com a parte inferior da cava;

→ **AA_1** = 9 cm. Meça sobre o contorno da cava na frente e marque o pique. Na manga, **AA_1** = 9,5 cm. Meça na parte da frente da manga e marque o pique;

→ para facilitar a montagem, nas costas serão inseridos dois piques na cava e na manga: **BB_1** = 7 cm e **BB_2** = 8 cm. Meça sobre o contorno da cava das costas e marque os piques. Na manga, **BB_1** = 7,5 cm e **BB_2** = 8,5 cm. Meça na parte traseira da manga e marque os piques.

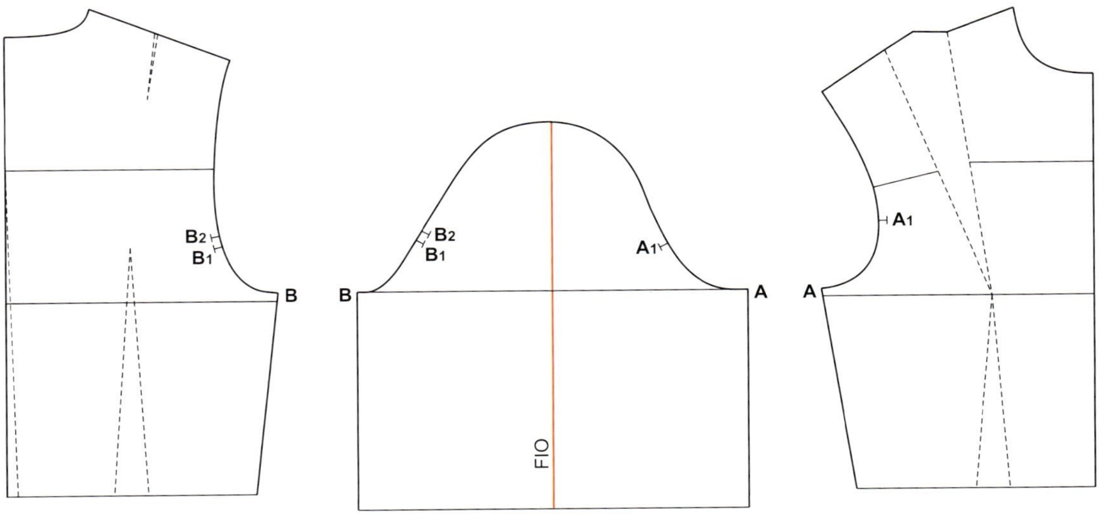

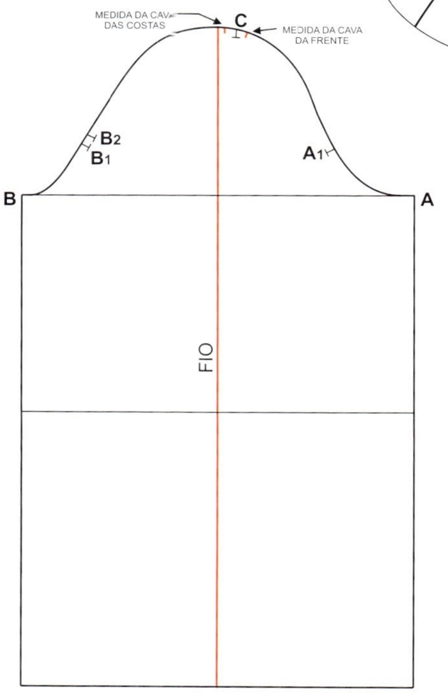

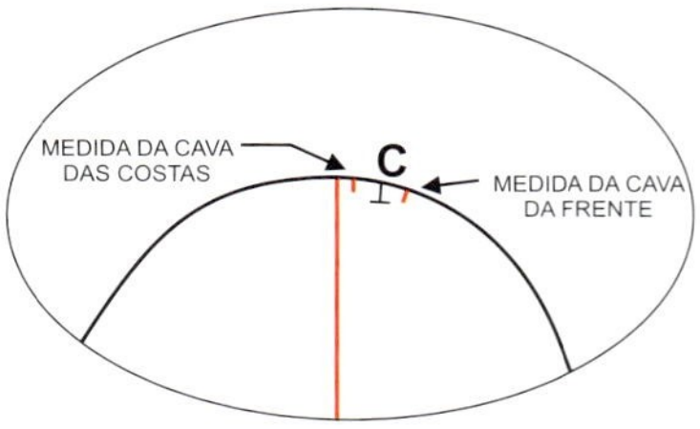

LUPA DA MARCAÇÃO DO OMBRO NA MANGA

Para marcar na manga o pique que corresponde à costura do ombro, divida a folga igualmente entre frente e costas:

- meça a cava da frente e localize essa medida mais 0,5 cm (equivalente à folga que se dá na parte inferior) sobre a manga a partir do ponto **A**;
- meça a cava das costas e localize essa medida mais 0,5 cm (equivalente à folga que se dá na parte inferior) sobre a manga a partir do ponto **B**;
- marque um pique no meio da folga.

Na montagem, a distribuição do valor para "embeber" fica localizada na manga entre os piques **B_2** e **A_1**, concentrada na parte mais alta manga.

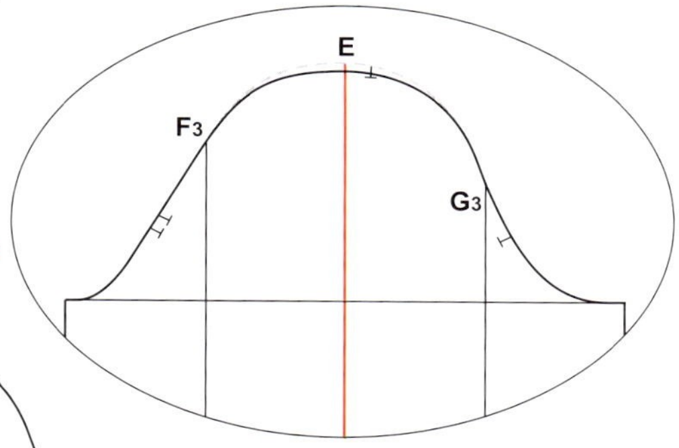

Para reduzir a folga da manga é necessário diminuir a altura da cabeça da manga. Sobre o molde da manga, abaixe a partir do ponto E e retrace a curva entre os pontos F_3 e G_3. Meça o novo contorno e prossiga da mesma forma até atingir a folga desejada em função do tecido e do tipo de acabamento da peça. Depois, remarque o pique de ombro.

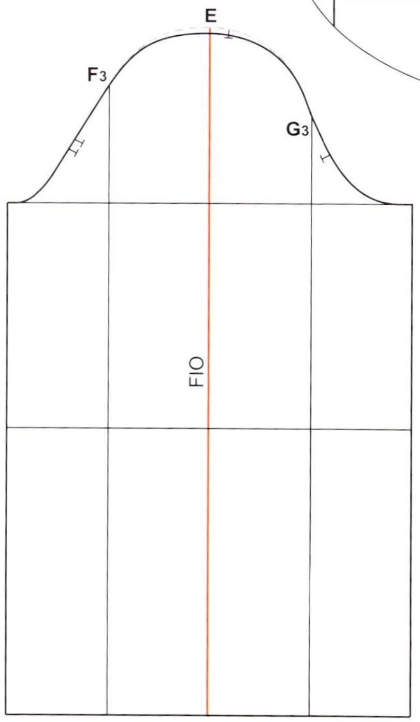

No caso de traçados sob medida, é importante verificar a medida do contorno do braço sobre a largura da manga no molde. Se for menor, avalie a necessidade de aumentar a medida da cava e/ou de aumentar a largura da manga, mas mantenha a mesma folga para "embeber".

Manga de cabeça baixa

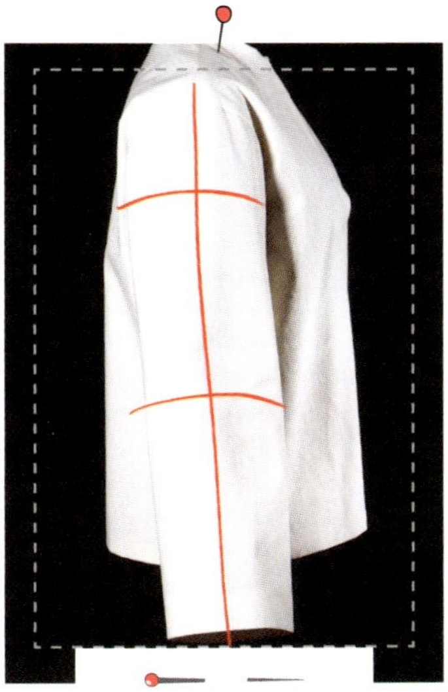

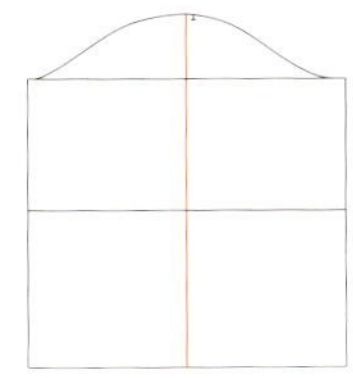

Este tipo de manga é utilizado para modelos mais amplos, com deslocamento do ombro a partir de 4 cm e folgas maiores nas laterais.

Neste traçado foi utilizada a medida do contorno da cava resultante do alargamento para peças mais amplas com 4 cm no deslocamento de ombro.

Medidas utilizadas para construção de mangas

Medidas do corpo	Tamanho 38
Comprimento do braço	60
Altura do cotovelo	35
Contorno do braço	27
Contorno do pulso[2]	15
Contorno da cava	medir no molde

[2] Utilize essa medida somente quando determinar na construção da base a largura da manga na altura do pulso.

CONSTRUÇÃO DO TRAÇADO

AB = comprimento da manga = comprimento do braço menos o deslocamento do ombro.

BC = largura da manga = 9/10 do contorno da cava. Trace perpendicular a **AB**. Na base, esta linha localiza o pulso.

DC = **AB**. Trace paralela a **AB**.

AD = **BC**. Trace paralela a **BC**.

E = ½ de **AD**.

AE = **BE1**. Ligue **EE1** por uma reta.

EE1 = linha do meio da manga, em que será marcado o fio reto.

AF = **DF1** = ⅕ de **AD** mais 0,5 cm. Corresponde à altura da cabeça da manga. Ligue **FF1** por uma reta.

AG = **DG1** = altura do cotovelo menos o deslocamento do ombro. Ligue **GG1** por uma reta.

GG1 = linha do cotovelo.

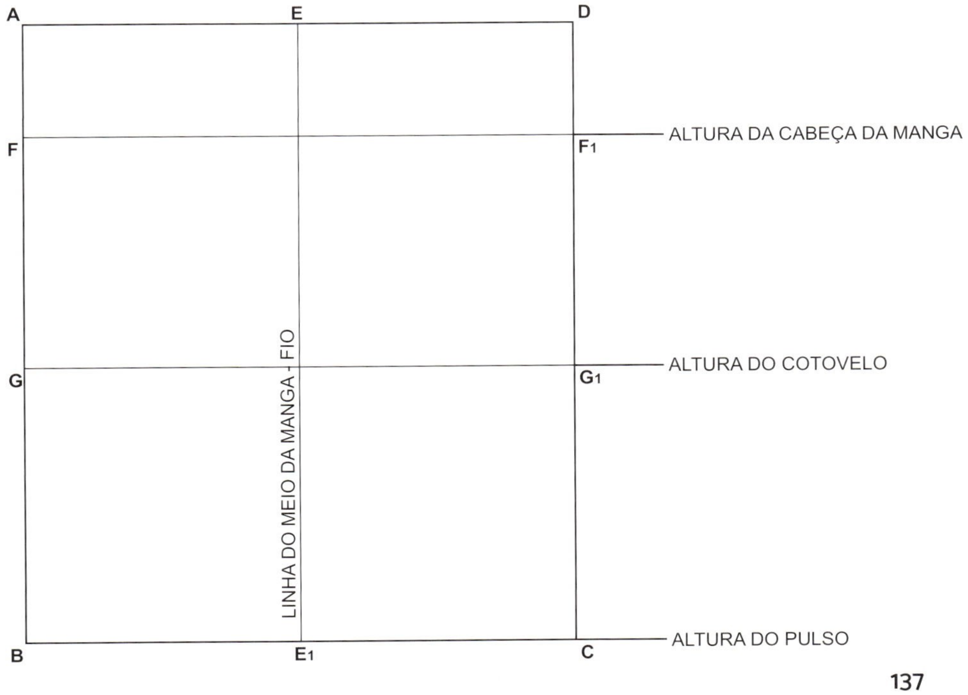

CABEÇA DA MANGA

EE_2 = **AF** = **DF_1**. Marque **E_2** sobre a reta **FF_1**.

AH = **FH_1** = ½ de **AE**. Ligue **HH_1** por uma reta.

HH_2 = ⅓ e **HH_1**. Marque **H_2** sobre a reta **HH_1**.

AJ = **FJ_1** = ½ de **AH**. Ligue **JJ_1** por uma reta.

J_1J_2 = ¼ de **JJ_1**. Marque **J_2** sobre a reta **JJ_1**, partindo de **J_1**.

EI = **E_2I_1** = ½ de **ED**. Ligue **II_1** por uma reta.

I_2 = ½ de II_1. Marque **I_2** sobre a reta **II_1**.

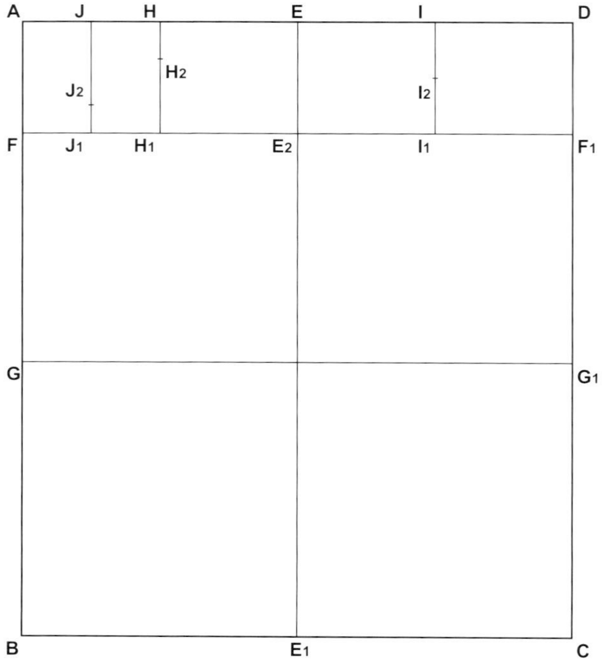

Contorno da cabeça da manga

A partir de **F**, apoie 1 cm sobre a reta **FF_1** e siga em curva, passando pelos pontos **J_2** e **H_2** até **E**. A partir de **E**, siga em curva, passando por **I_2** até **F_1**, mantendo 3 cm apoiados sobre a reta **FF_1**.

No ponto **E**, a curva tangencia a reta **AD**, mantendo aproximadamente de 2 cm a 3 cm apoiados sobre ela.

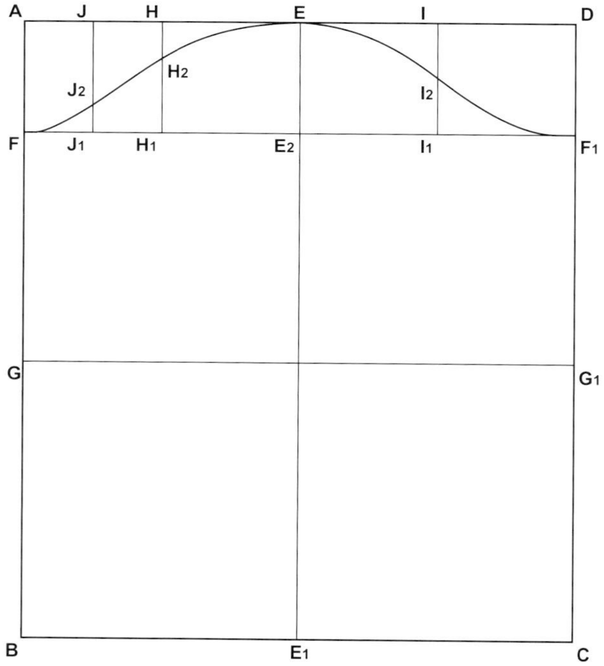

Observe que a medida desse contorno de cabeça deve ser igual à do contorno da cava ou até 1 cm maior. Marque o pique do ombro, localizando as medidas da cava sobre a manga:

- meça a cava da frente e localize-a sobre a manga a partir do ponto **F1**;
- meça a cava das costas e localize-a sobre a manga a partir do ponto **F**;
- se houver folga, divida a diferença entre frente e costas e marque o pique do ombro.

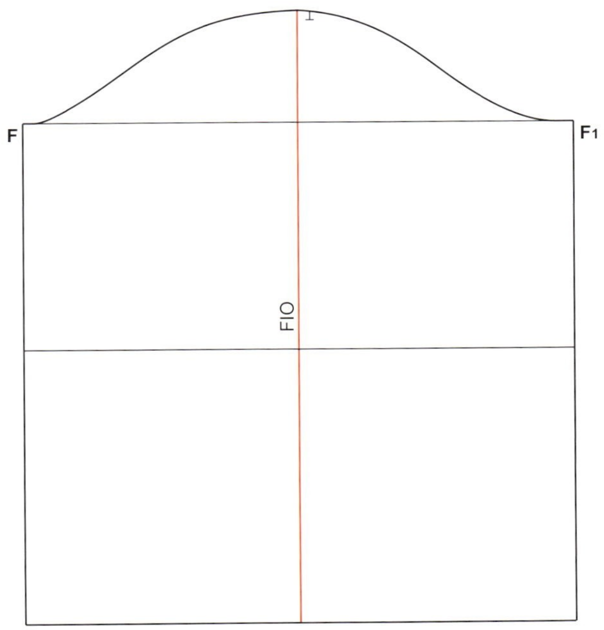

Manga de cabeça intermediária

Se considerarmos a movimentação do braço lateralmente ao corpo, observaremos que a manga de cabeça alta tem menos movimentação que a de cabeça baixa:

- a primeira está mais próxima do corpo, e, quando se movimenta o braço, a roupa também se desloca sobre o corpo;
- a segunda está mais longe do corpo, de forma que a roupa não impede a movimentação do braço.

A partir dessas duas mangas, podem-se alterar folgas e deslocamentos dos ombros, adequando altura da cabeça e largura da manga para permitir o movimento necessário do braço, sempre considerando os limites de movimento de corpo/braço que se pretendem com determinado modelo, relacionando a vestibilidade com a situação de uso: trabalho, prática esportiva, lazer, eventos formais, entre outras.

Comparando os moldes das mangas básica e de cabeça baixa para os alargamentos em que foram traçados, os valores das cavas são praticamente iguais. No entanto, as cavas ocupam posições distintas em relação a corpo/braço quando as peças são vestidas. A diferença maior aparece na largura da manga e na altura da cabeça entre as duas.

Se deslocarmos o ombro entre 2 cm e 4 cm, a manga básica poderá ficar estreita e com a cabeça alta, e a manga baixa poderá ficar larga e sem atingir a altura necessária. Assim, segue um exemplo para aumentar a largura da manga a partir da manga básica, adequando a altura da cabeça para o mesmo valor de cava. Esse traçado corresponde a uma manga intermediária.

Na comparação entre a manga básica de cabeça alta e a manga de cabeça baixa:

- os traçados estão sobrepostos, alinhados pela linha que define a altura da cabeça da manga;
- a diferença entre os comprimentos é relativa ao deslocamento do ombro.

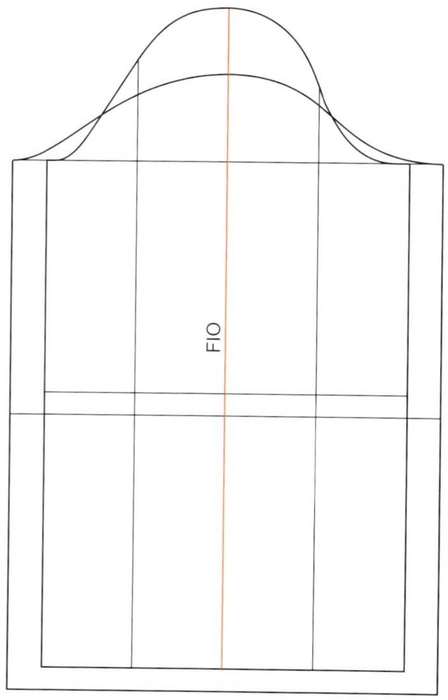

CONSTRUÇÃO DO TRAÇADO

Esta manga deve ser utilizada em peças com folgas e deslocamento de ombro entre 2 cm a 4 cm. Construa uma manga básica de acordo com a medida da cava.

Corte na linha das costas que passa na direção do cotovelo, em **F3**, e na linha da frente, em **G3**, para aumentar a largura da manga, facilitando o desenho do contorno da cabeça da manga.

Divida o valor acrescentado e insira paralelamente às linhas que foram cortadas. A largura da manga ficará maior, porém deverá ser menor que a largura da manga de cabeça baixa (9/10 do contorno da cava).

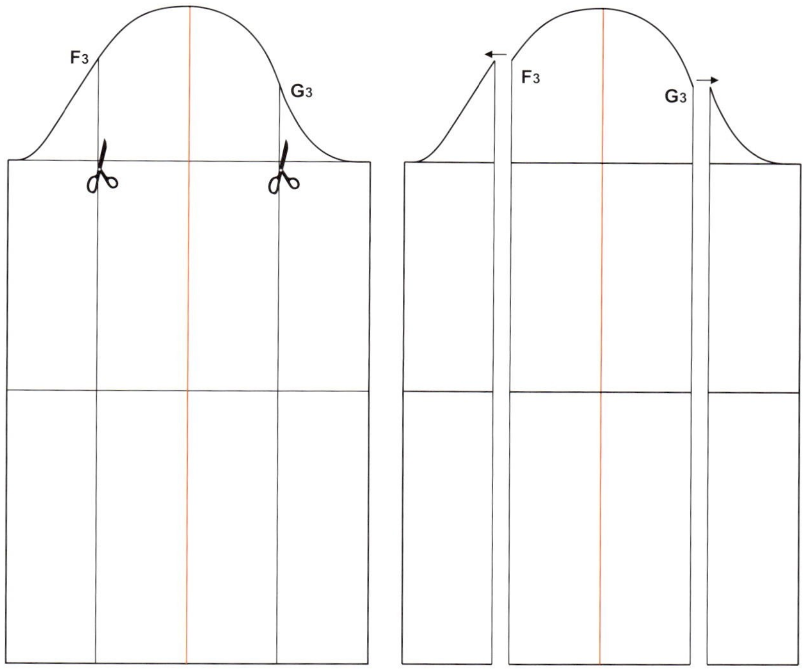

Desça no meio da manga e retrace a cabeça da manga, mantendo como referência as marcações **F3** e **G3** sobre a parte interna da abertura. O novo desenho deverá passar por esses pontos, ficando mais baixo e achatado que o desenho da manga básica, ou seja, com menos valor para "embeber".

Em relação ao comprimento a partir do ponto mais alto da manga, meça sobre a linha do meio o comprimento do braço menos o prolongamento do ombro e retrace a barra.

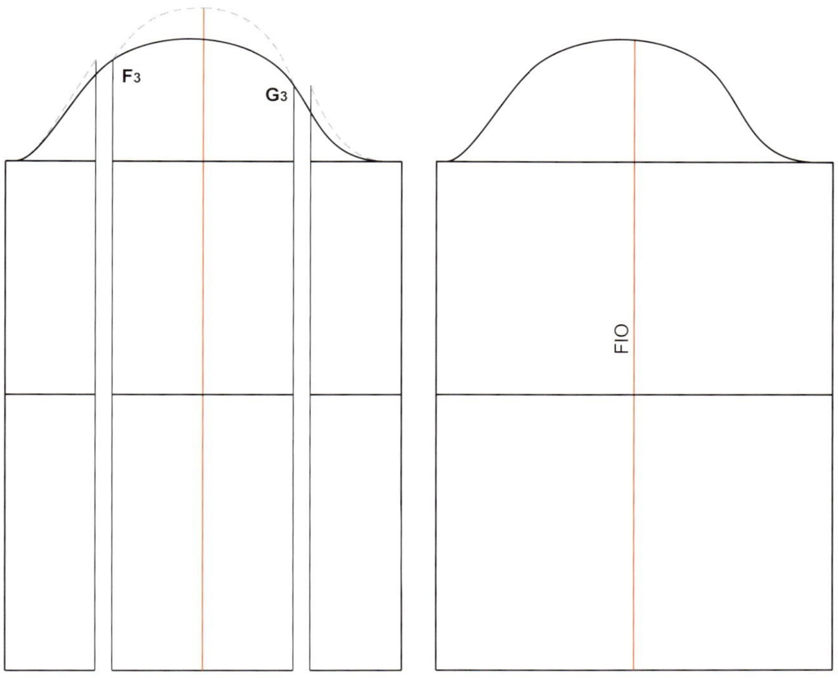

A ALTURA DA CABEÇA DA MANGA INTERMEDIÁRIA FICA ENTRE A DA BÁSICA E A ALTURA DA MANGA DE CABEÇA BAIXA. PORTANTO, PODE-SE DESCER A METADE DA DIFERENÇA ENTRE A ALTURA DAS DUAS MANGAS. CONFIRA A MEDIDA, FAZENDO A COMPARAÇÃO COM A CAVA, E SE NECESSÁRIO AJUSTE O DESENHO, DESCENDO OU SUBINDO A CABEÇA DA MANGA.

A imagem ao lado mostra a comparação entre as mangas básica, de cabeça baixa e intermediária.

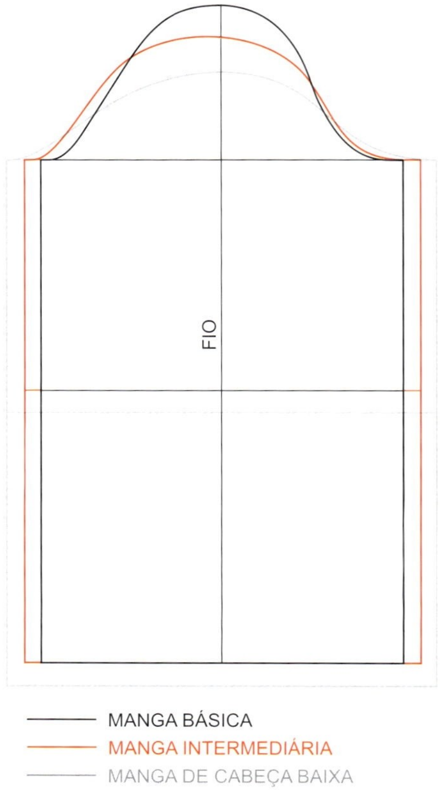

PARA ABAIXAR AINDA MAIS A ALTURA DA CABEÇA DA MANGA DE CABEÇA BAIXA EM FUNÇÃO DE ALGUMA CORREÇÃO, É POSSÍVEL FAZER O MESMO PROCEDIMENTO DA CONSTRUÇÃO DA MANGA INTERMEDIÁRIA, UTILIZANDO COMO BASE O TRAÇADO DA MANGA BAIXA.

Estudos de volumes de mangas a partir da manga básica

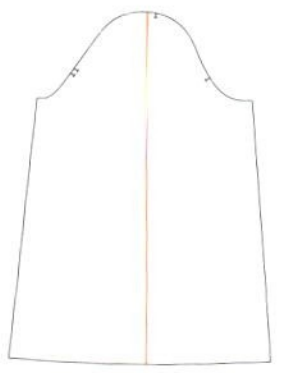

Volumes evasês

Os volumes evasês na manga são inseridos a partir da cabeça da manga e concentrados na altura da barra de acordo com o comprimento do modelo: curta (na altura do bíceps), até o cotovelo, ¾ (abaixo do cotovelo) e comprida (até o pulso).

Ao considerar as atividades do dia a dia, constatamos que o braço em relação ao corpo se desloca mais para a frente. Quando inserimos volume para aumentar a manga, caso ele não seja fixado por um punho ou uma costura, ele se desloca para a parte de trás da manga. Quando o braço está levantado, naturalmente esse volume fica concentrado para baixo. Também quando dobramos o braço, temos o cotovelo acentuado. Assim, para chegar ao volume de evasê desejado, é preciso inserir mais volume na parte das costas que na parte da frente da manga.

CONSTRUÇÃO DO TRAÇADO

Construa uma manga básica até o comprimento desejado.

Recorte no contorno do molde para facilitar a inserção de volume.

Corte o molde nas linhas **G_1G_3** (linha da frente), **E_1E** (linha do meio) e **F_1F_3** (linha das costas) da barra até a cabeça da manga. Quanto mais próximo do contorno do molde, melhor para manipular o volume.

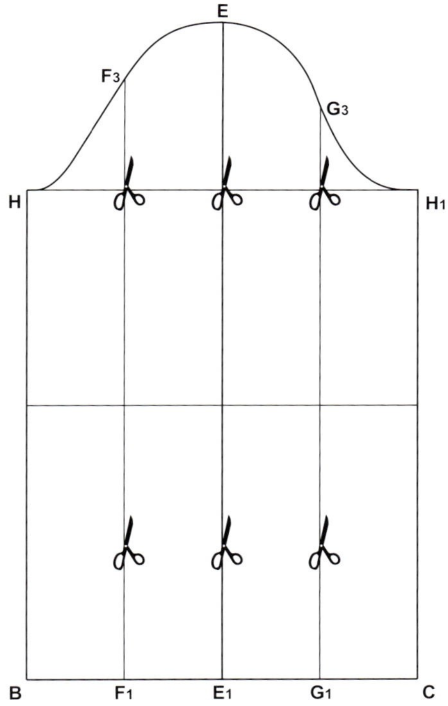

Abra 1 cm em **G_1**, 2 cm em **E_1** e 3 cm em **F_1**. Os valores são crescentes e maiores na parte das costas. Os valores sugeridos podem ser alterados conforme a interpretação ou a necessidade de volume, mas é importante manter a proporção: mais volume nas costas que na frente. Cole papel sob a abertura para manter a medida.

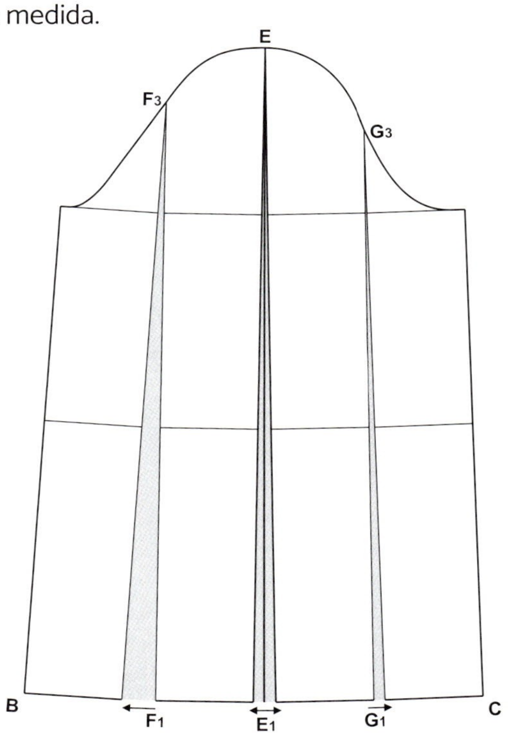

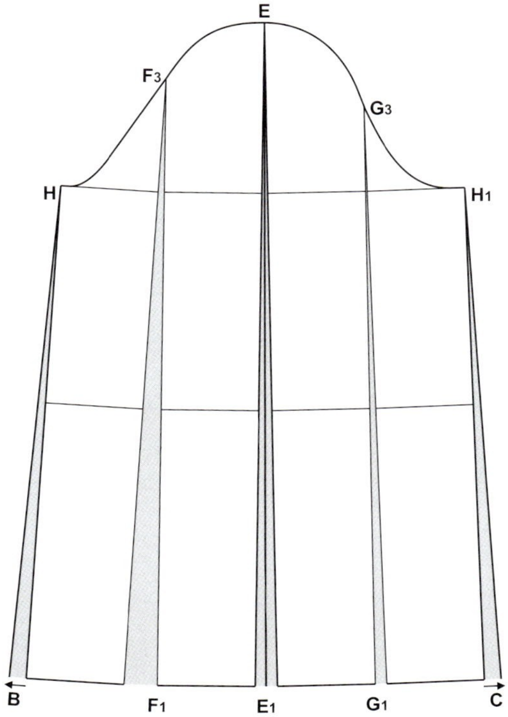

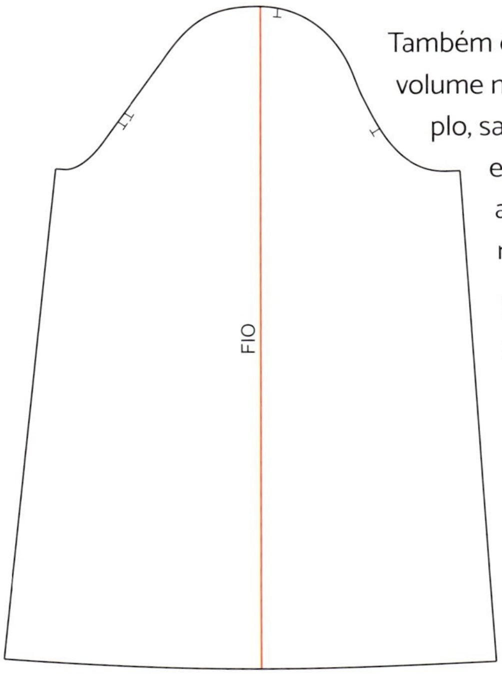

Também é possível acrescentar volume nas laterais. Neste exemplo, saia 1,5 cm a partir de **B** e **C** e retrace as laterais até os pontos **H** e **H_1** respectivamente.

Marque o fio reto centralizado na abertura em **E_1**.

Retrace a barra em curva.

Mantenha a marcação de piques de encaixe da base para o traçado desse volume.

Volumes bufantes

São volumes inseridos e fixados por um franzido e podem ser distribuídos na manga:

- na cabeça e na barra;
- somente na cabeça;
- somente na barra.

Em todos os exemplos, para uma distribuição regular de volume, a maior concentração ficará na parte do meio da manga e diminuirá gradativamente para as laterais, que corresponderão à costura da parte de baixo na peça pronta. Essa distribuição é calculada pensando no movimento de apoio do braço junto do corpo, sem acumular volume na região de baixo da manga.

PREPARAÇÃO DA MANGA PARA INSERÇÃO DE VOLUME DE FRANZIDO

Os três tipos de mangas bufantes serão exemplificados sobre uma manga básica com 25 cm de comprimento, com a localização das linhas em que serão inseridos os volumes de franzido.

Construa uma manga básica até o comprimento desejado.

Sobre a linha da barra, marque **E_2** na linha do meio, **F_4** na linha das costas, **G_4** na linha da frente e **H_2** e **H_3** nas laterais.

Localize as linhas em que serão inseridos os volumes, todas paralelas à linha do meio:

- **I** = ½ de **E_2F_4** e **J** = ½ de **E_2G_4**;
- **K** = ¼ de **F_4H_2** e **L** = ¼ de **G_4H_3**;

Trace em **K**, **I**, **J** e **L** retas paralelas a **EE_2**, da barra até a cabeça da manga.

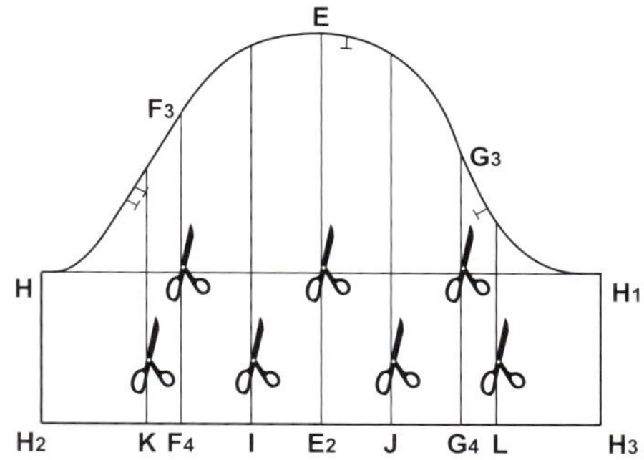

MANGA BUFANTE COM VOLUME NA CABEÇA DA MANGA E NA BARRA

A partir da manga preparada para volume de franzido, efetue o corte, de maneira que as partes se separem, nas linhas **K**, **F_4**, **I**, **E_2**, **J**, **G_4** e **L**. Insira volumes conforme estas indicações:

- 3 cm nas linhas centrais: **I**, **E_2** e **J**. Em **E_2**, marque 1,5 cm para cada lado do fio reto, mantendo-o centralizado;
- 1,5 cm nas linhas **F_4** e **G_4**;
- 1 cm nas linhas **K** e **L**.

Mantenha como base a linha da barra e insira os valores paralelamente entre as linhas.

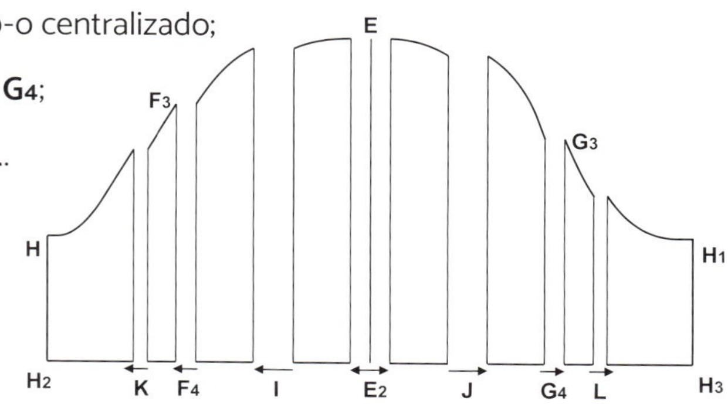

Cole papel sob a abertura, para manter a medida.

Suba aproximadamente 3 cm na cabeça da manga, no ponto **E**, e retrace o contorno.

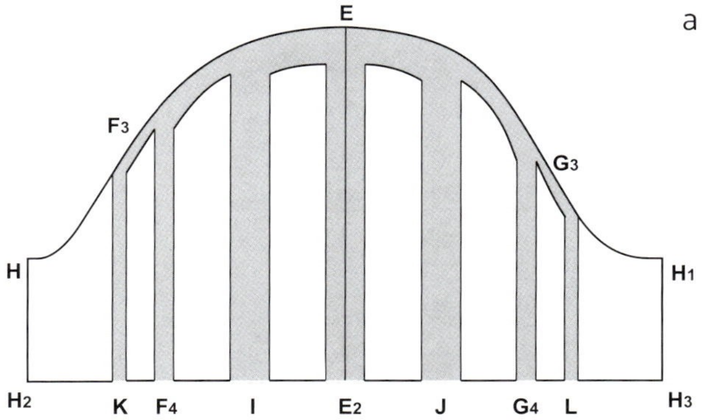

Mantenha no contorno da cabeça da manga a mesma marcação de piques da base. Se necessário, meça novamente para localizar o pique do ombro.

Localize o franzido: na cabeça da manga, entre os piques na frente e nas costas; na barra, em toda a extensão.

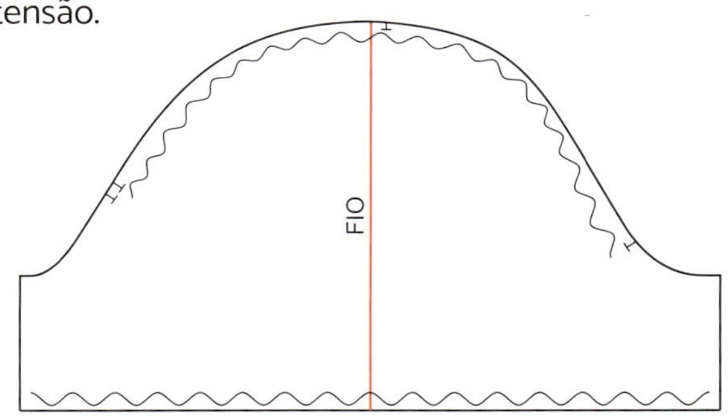

MANGA BUFANTE COM VOLUME NA CABEÇA DA MANGA

Recorte o molde da manga preparada para volume de franzido e, a partir dele, corte as linhas **K**, **F4**, **I**, **E2**, **J**, **G4** e **L** da cabeça até a barra. É importante não separar as partes; portanto, quanto mais próximo do contorno do molde, melhor para manipular o volume.

Insira na cabeça da manga os valores abaixo:

- 3 cm nas linhas centrais: **I**, **E** e **J**. Em **E**, insira ½ do valor para cada lado do fio reto;
- 1,5 cm nas linhas **F4** e **G4**;
- 1 cm nas linhas **K** e **L**.

Cole papel sob a abertura, para manter a medida.

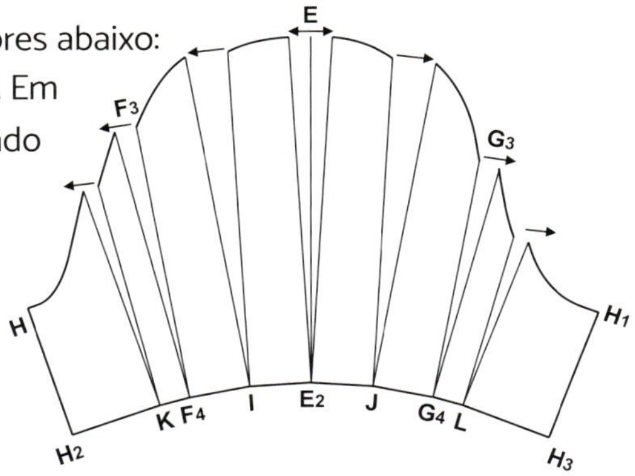

Suba aproximadamente 3 cm na cabeça da manga, no ponto **E**, e retrace o contorno.

Centralize o fio reto na abertura do meio da manga.

Mantenha no contorno da cabeça da manga a marcação de piques da base. Se necessário, meça novamente, para localizar o pique do ombro.

Localize o franzido na cabeça da manga entre os piques na frente e nas costas.

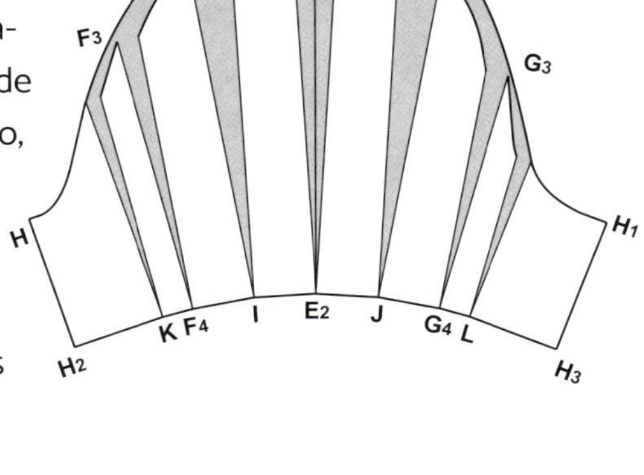

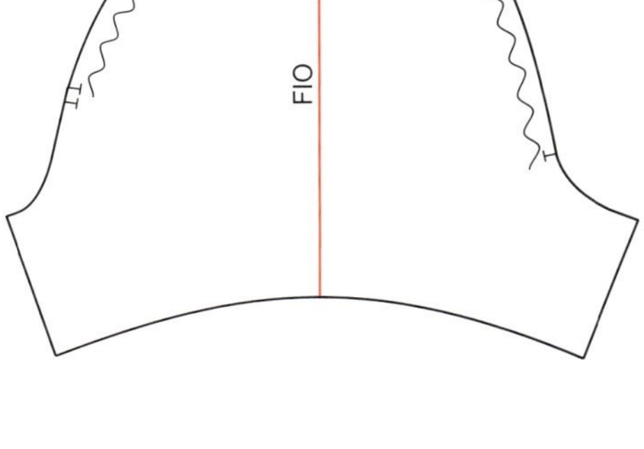

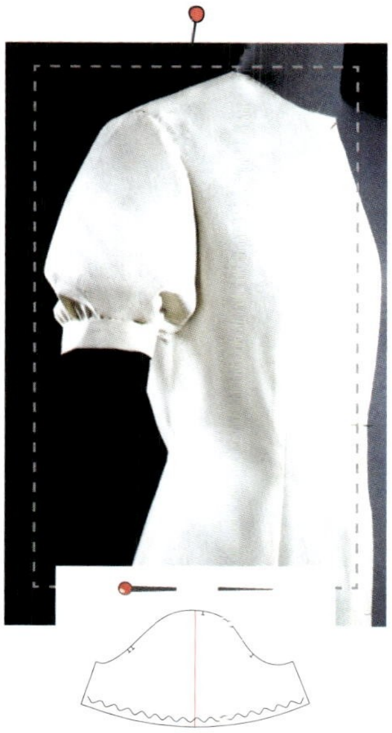

MANGA BUFANTE COM VOLUME NA BARRA

Recorte o molde da manga preparada para volume de franzido na linha de contorno.

Corte as linhas **K**, **F_4**, **I**, **E_2**, **J**, **G_4** e **L** da barra até a cabeça. Não separe as partes, para manipular o volume com mais facilidade.

Insira na barra os valores abaixo:

- 3 cm nas linhas centrais: **I**, **E_2** e **J**. Em **E_2**, insira ½ do valor para cada lado do fio reto;
- 1,5 cm nas linhas **F_4** e **G_4**;
- 1 cm nas linhas **K** e **L**.

Cole papel sob a abertura, para manter a medida.

Retrace a barra de **H_2** até **H_3**, em curva.

Centralize o fio reto na abertura do meio da manga.

Localize o franzido em toda a extensão da barra.

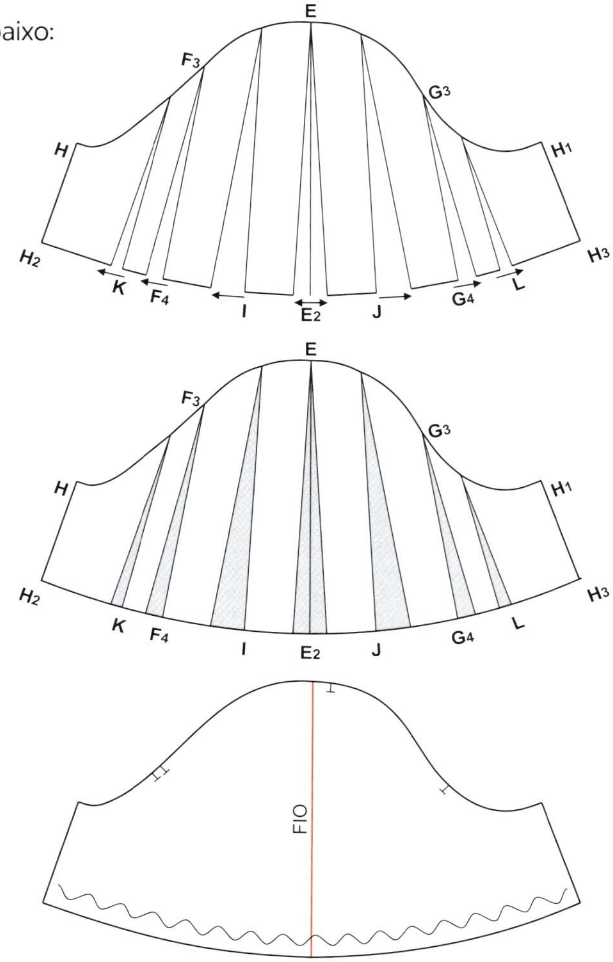

Distribuir o franzido em toda a extensão da barra facilita a montagem da peça, porém o ideal é que a concentração seja maior na parte de cima do braço, diminuindo nas laterais (parte de baixo do braço). Nas mangas bufantes com volume na cabeça e na barra, essa correção evita que a manga fique torcida.

Estudo de volume sobre a manga de cabeça baixa

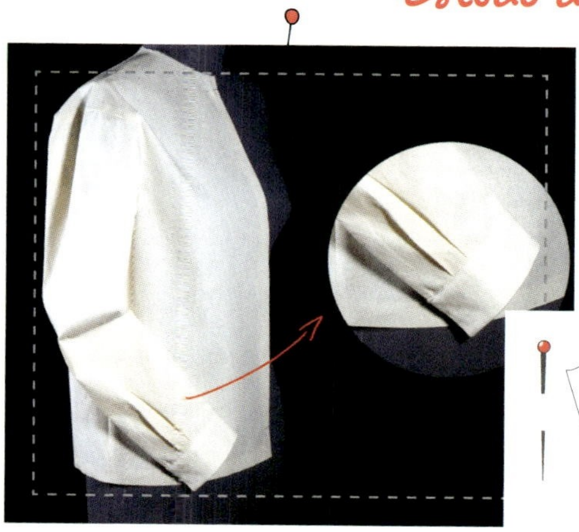

Os volumes evasês e bufantes podem ser aplicados sobre qualquer base de manga. Os valores utilizados nos exemplos podem variar, principalmente em relação à altura da cabeça da manga, pois a manga de cabeça baixa é aplicada quando existe bastante deslocamento do ombro. Assim, deverá ser aumentado nesta região somente o necessário para retraçar o contorno.

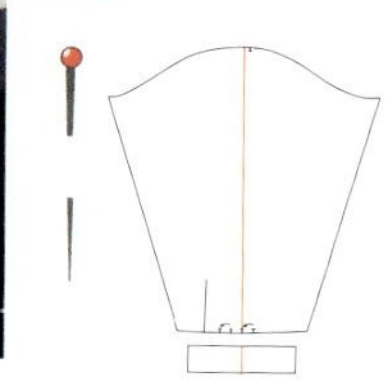

Embora a largura da manga de cabeça baixa seja maior que a da manga básica, valem aqui aqueles mesmos princípios em relação à inserção de volume: para evasês, mais volume na parte traseira na manga; para as bufantes, volume mais centralizado.

Como estudo, será apresentada sobre esse tipo de manga a inserção de pregas, ajustando as medidas no molde para um modelo com punho básico. Neste caso, as medidas de largura e altura do punho são necessárias para a adequação.

TRAÇADO DO PUNHO BÁSICO

AB = **LARGURA DO PUNHO** = contorno do pulso mais folga mais transpasse.

CONTORNO DO PULSO = 15 cm (medida para o tamanho 38).

FOLGA = corresponde à folga que ficará com o punho fechado (abotoado).

TRANSPASSE = medida proporcional ao tamanho do botão mais folga (corresponde ao valor a que o punho ficará sobreposto).

Para exemplificar este estudo, serão utilizados uma folga de 3 cm e transpasse de 3 cm. Como sugestão de acabamento na abertura da manga, a aplicação de viés, o que não altera a medida da manga.

BC = **ALTURA DO PUNHO** = altura do punho de acordo com a modelo (por exemplo, 5 cm). Trace perpendicular a **AB**.

AD = **BC**. Trace **AD** paralela a **BC**.

DC = **AB**. Trace **DC** paralela a **AB**.

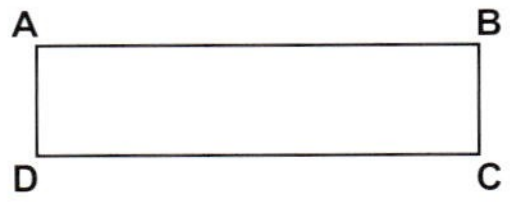

CONSTRUÇÃO DO TRAÇADO

Construa uma manga de cabeça baixa com o comprimento até o pulso.

$BB_1 = CC_1$ = ½ da altura do punho. Ligue B_1C_1 por uma reta e marque E_2 sobre a linha do meio da manga.

E_3E_4 = largura do punho. Marque ½ da medida para cada lado de E_2. Ligue E_3F e E_4F_1 por retas.

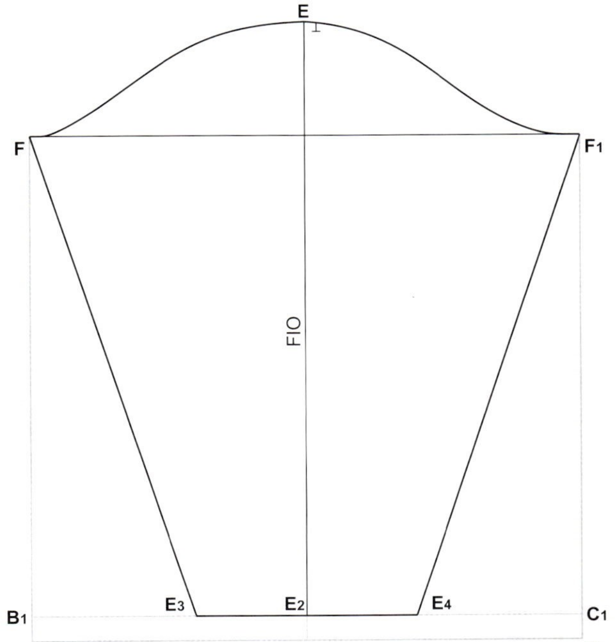

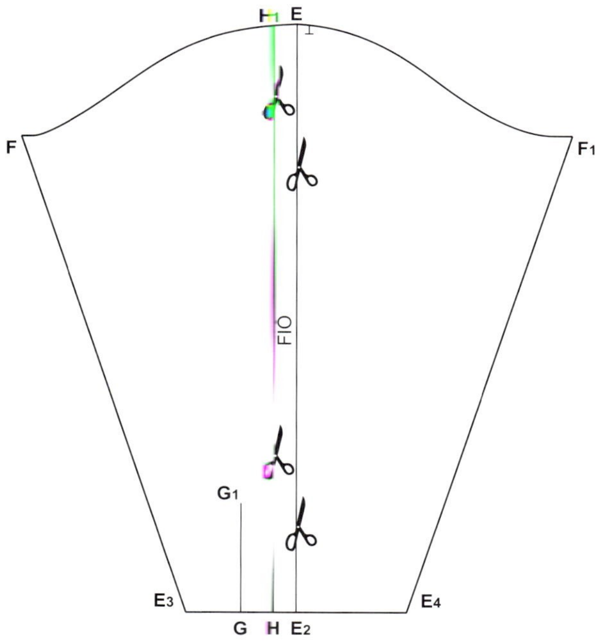

LOCALIZAÇÃO DAS PREGAS E ABERTURA DA MANGA

G = ½ de **E_2E_3**. Localização da abertura da manga nas costas.

GG_1 = abertura da manga (por exemplo, 10 cm). A medida pode variar de acordo com o modelo. Trace **GG_1** perpendicular a **E_2E_3**.

Neste estudo serão utilizadas duas pregas:

- 1ª prega, sobre a linha **EE_2**, no meio da manga;
- 2ª prega, aproximadamente a 2 cm de **EE_2. E_2H** = **EH_1** = 2 cm. Ligue **HH_1** por uma reta.

Recorte o contorno da cabeça da manga.

Corte nas linhas **EE_2** e **H_1H** do punho até a cabeça da manga.

Insira em **E_2** e **H** o valor das pregas (por exemplo, 2 cm em cada uma).

Marque o fio reto em **EE_2**, mantendo o equilíbrio entre frente e costas.

Marque as pregas por piques e sinalize a direção da dobra.

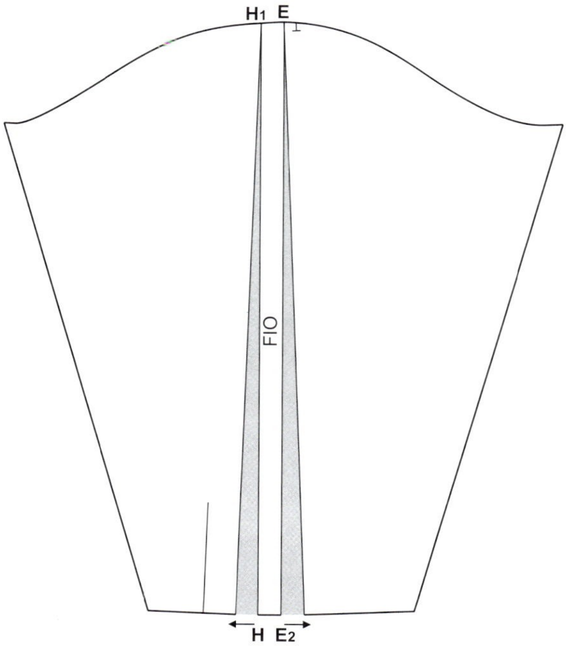

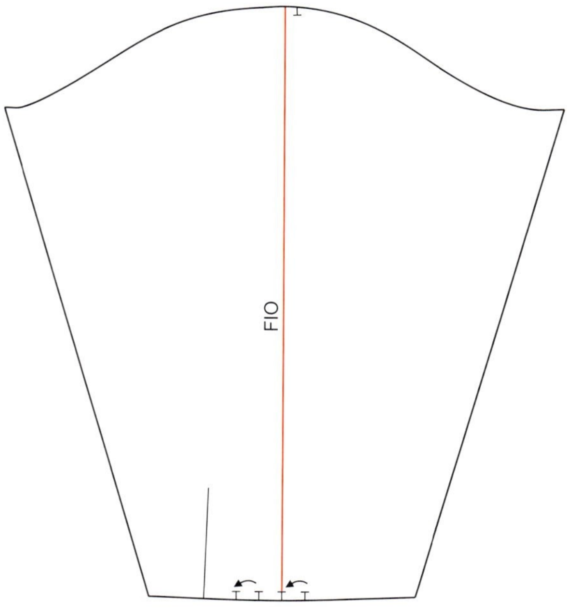

Alargamentos sobre a base de corpo para uso de golas

O contorno do decote é o principal ponto de apoio da gola, mas é na região ao redor do pescoço que ela se acomoda. De acordo com a conformação natural do corpo, a área de apoio é menor nas costas em relação à da frente.

Para determinar o afastamento do pescoço, devemos considerar o posicionamento da gola em relação ao corpo: se fica totalmente apoiada sobre costas, ombro e peito (por exemplo, a gola assentada) ou se fica apoiada apenas no decote, paralela ao pescoço (a gola alta, por exemplo). Entre esses dois tipos de golas existem as com pé (por exemplo, a gola com pé incluso no traçado e a gola de traçado separado). As golas com pé têm os dois apoios, isto é, no decote e no corpo. Dependendo do tipo de gola, a altura também influencia as folgas e o movimento da cabeça.

Alargamentos

Nos estudos desta metodologia, os traçados serão realizados sobre o mesmo alargamento. O objetivo é demonstrar, entre os tipos de golas, as diferenças nos traçados e o posicionamento em relação ao corpo.

Os valores sugeridos podem ser considerados como afastamentos mínimos em relação ao pescoço. Nas costas, em que a área de apoio é menor, os valores são mais limitados, principalmente para as golas com pé. Na frente, pode-se afastar mais, em função do modelo. Sobre a linha dos ombros, o valor é proporcional entre os valores da frente e das costas.

Como os valores são inseridos separadamente entre as duas partes do molde, é importante que o desenho do decote seja harmonioso, principalmente sobre a linha de ombro, região do corpo em que temos a maior quebra de inclinação entre a frente e as costas.

No meio das costas, o decote deve manter o ângulo reto em relação à linha do meio, acompanhando o desenho do decote na base.

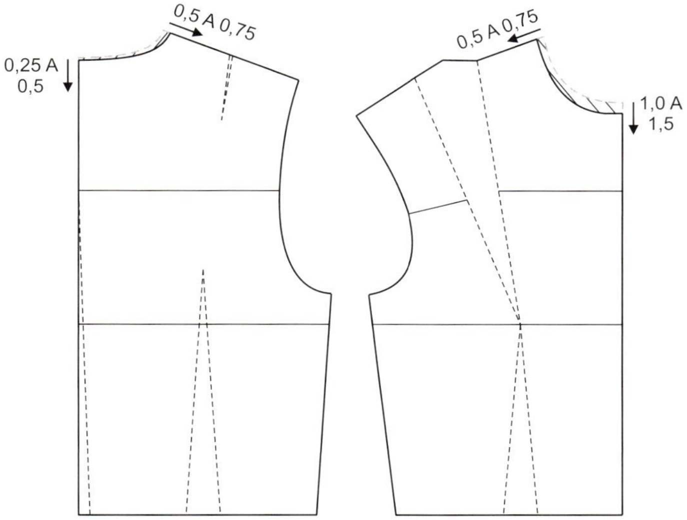

No decote da frente, o ângulo reto em relação ao meio também é fundamental, principalmente para as golas com pé e mais próximas ao pescoço.

Para verificar o desenho do decote, devem-se unir as bases pela linha de ombro e, se necessário, corrigir o traçado:

* para unir os ombros, é necessário dobrar as pences nos ombros. Somente para manter o molde planificado, sobre o molde da frente corte na linha de busto lateralmente e feche a pence de ombro, no molde das costas. Como a pence de omoplata é pequena, posicione-a aberta com o excedente na cava;
* junte os moldes pelos ombros. É importante que a curva do decote na junção dos ombros não forme "bicos".

As golas serão traçadas a partir da medida desse novo decote, com afastamento.

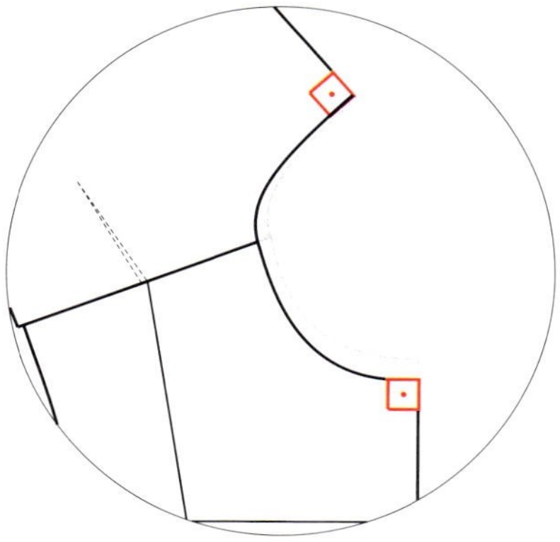

LUPA DO TRAÇADO DO DECOTE

Transpasse

Para os modelos com abotoamento, o transpasse define o valor que deve ser aumentado para sobrepor os lados a partir da linha em que ficarão posicionados os botões. Assim, a largura do transpasse está relacionada com o tamanho do botão que será utilizado.

O transpasse influencia diretamente o traçado de algumas golas. Na gola com pé de colarinho, por exemplo – muito utilizada em camisas –, ele faz parte da medida da gola, acompanhando o decote. Para outros tipos de gola utilizados em peças com abotoamento, ele limita a medida do decote na construção, ou seja, não acompanha o transpasse.

Cálculo do valor do transpasse

- Medida utilizada = largura do botão;
- Medida do transpasse = ½ do diâmetro (ou largura) do botão mais folga (no mínimo, de 0,5 cm);
- No exemplo ilustrado na imagem, a abertura é no meio da frente. Acrescente, paralelamente ao meio da frente, a largura do transpasse (o valor de 1,5 cm é uma medida muito utilizada em camisas);
- Marque a linha do meio da frente com um pique, localizando o valor do transpasse.

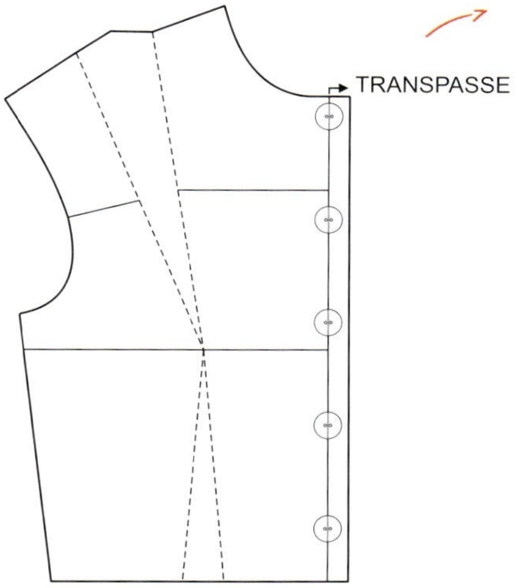

DETALHE DOS ELEMENTOS DO TRANSPASSE

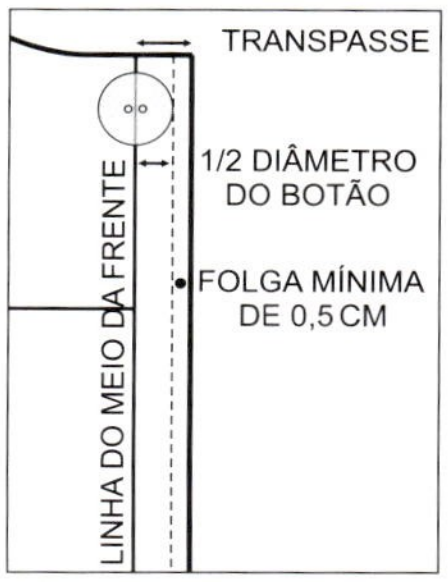

Golas

Para facilitar a compreensão do tema e o traçado dos moldes, é importante conhecer as partes que compõem esse elemento de uma roupa.

GOLA, em si, corresponde à parte externa, visível, apoiada sobre o corpo;

PÉ DE GOLA, que também pode ser chamado de gola alta, é preso somente pelo decote. O volume fica para cima, não apoiado sobre o corpo;

LINHA DA QUEBRA DE GOLA corresponde à dobra na gola, necessária para acomodá-la sobre o corpo.

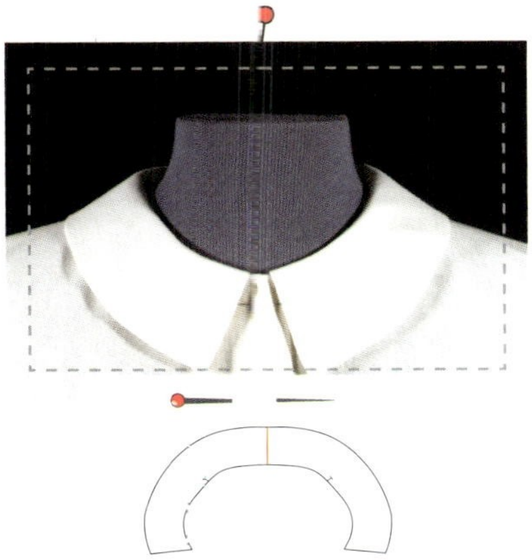

Gola assentada

Este tipo de gola é apoiado totalmente sobre o corpo. Seu traçado é simples, desenhado diretamente sobre os moldes (frente e costas) em que será colocada.

Medidas utilizadas: contorno do decote com alargamento e largura da gola. Sobre a base de corpo com alargamentos em relação ao pescoço, junte frente e costas pelos ombros e trace o desenho da gola com a medida da largura desejada paralela ao decote.

Marque a linha de ombro.

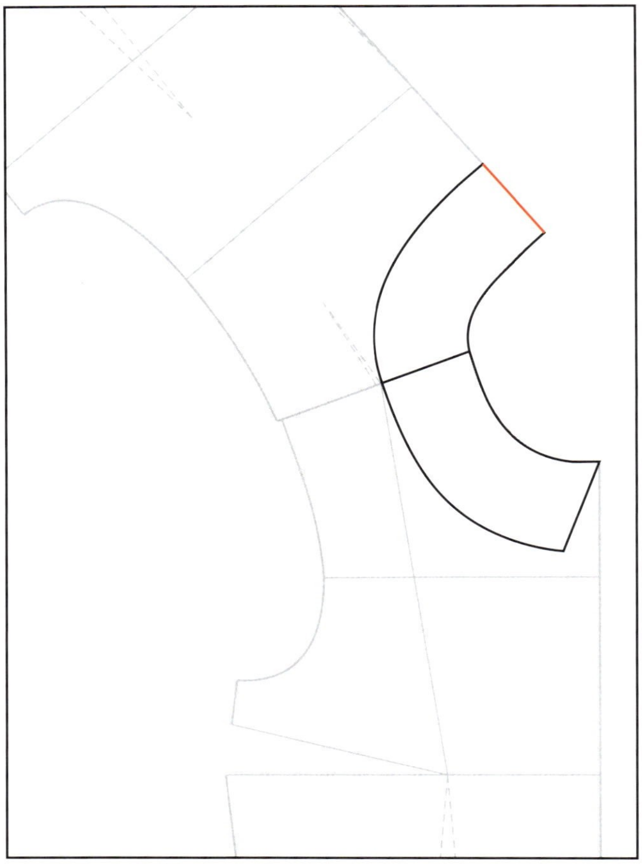

Destaque a gola separadamente e a espelhe pela linha do meio das costas. Insira piques na localização dos ombros.

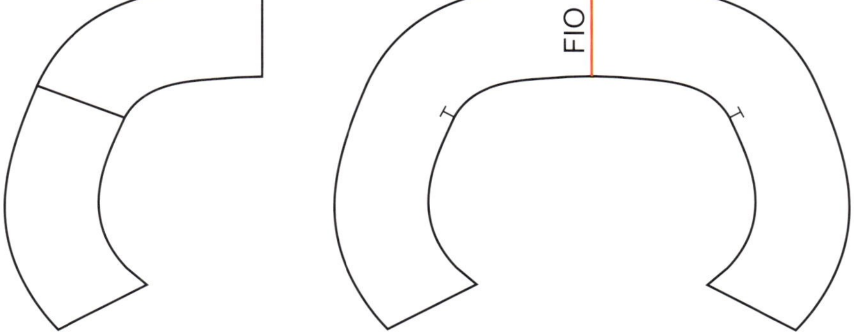

Para que a gola não fique totalmente assentada sobre o corpo, considere diminuir a medida do contorno da gola, conforme detalhado a seguir.

Corte na linha do ombro e sobreponha os moldes, diminuindo a gola, ou seja, a área de apoio sobre o corpo. Neste exemplo, foram sobrepostos 2 cm na linha do contorno, mantendo a medida do decote inalterada.

Retrace o decote e o contorno da gola, suavizando a curvatura na direção dos ombros, em que foi cortado.

Destaque a gola separadamente, marque o ombro com pique e a espelhe pela linha do meio das costas.

A imagem que ilustra a gola assentada corresponde a este estudo.

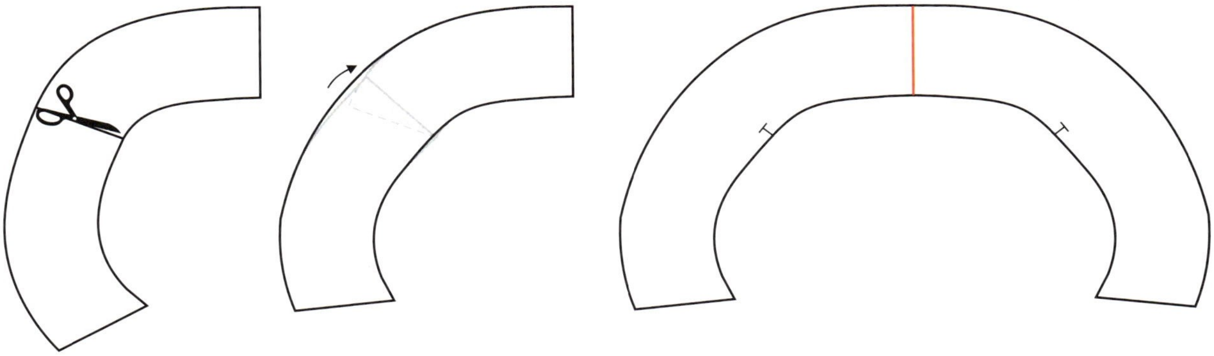

Diminuindo a área de apoio da gola dentro do molde, percebe-se que a curvatura do decote se altera, embora a medida não se modifique. O contorno da gola fica menor e, quando se acomoda sobre o corpo, começa a formar altura no pé de gola. O próximo estudo representa essas alterações na gola.

Sobre o molde da gola anterior, insira duas linhas (uma, sobre a parte das costas; a outra, sobre a parte da frente), do decote até o contorno da gola.

Corte nas linhas traçadas e sobreponha os moldes, diminuindo a gola a partir da linha do contorno. O decote permanece inalterado. Neste exemplo, em cada linha foram sobrepostos 2 cm (medida marcada na linha de contorno do molde).

Retrace o decote e o contorno da gola, suavizando a curvatura nas áreas alteradas.

Destaque a gola separadamente, marque o ombro por pique e a espelhe pela linha do meio das costas.

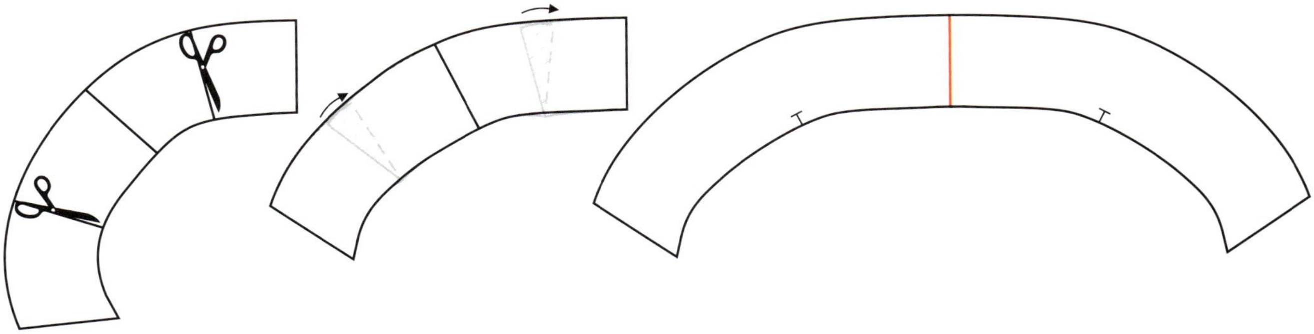

Comparando as imagens dos três estudos de gola assentadas, percebemos como as alterações sobre o molde de uma mesma gola, sendo mantidas a largura e a medida do decote inalteradas, se comportam diferentemente quando apoiadas sobre um mesmo corpo.

Quando diminuímos a medida do contorno do molde, a área de apoio também se torna menor: as golas ficam mais afastadas no meio da frente e a altura do pé de gola, maior.

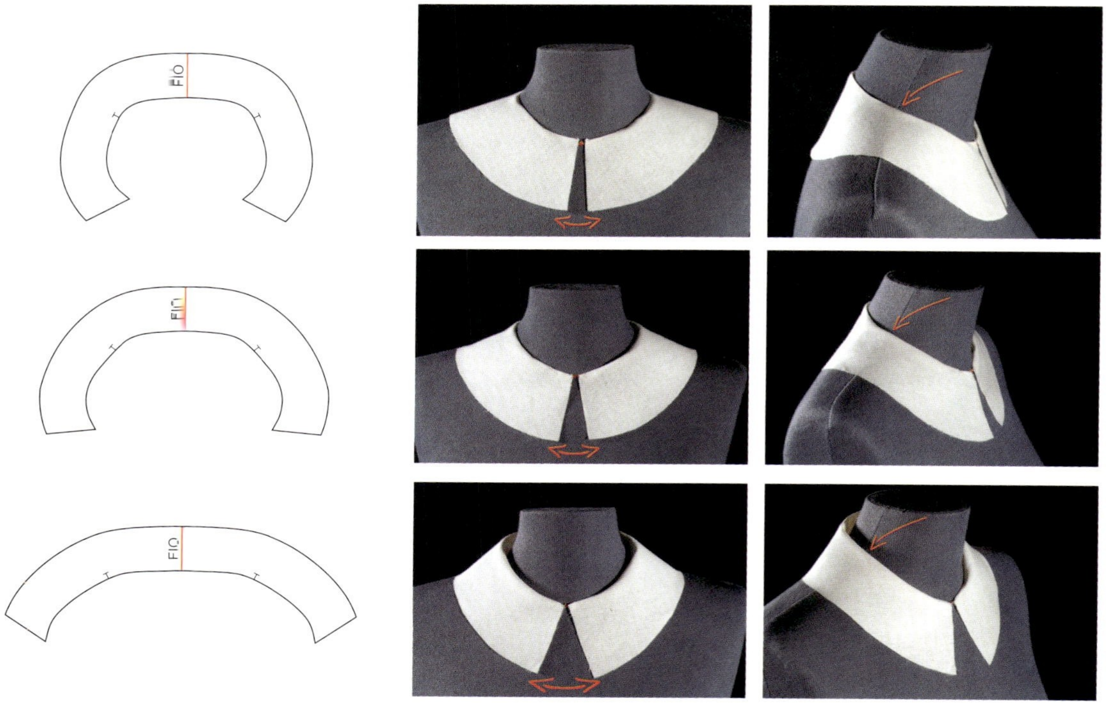

A partir desses estudos das golas assentadas, é possível chegar na forma de outros tipos de golas – como, por exemplo, a gola inteira com pé incluso. O processo é diminuir cada vez mais a medida do contorno da gola, na direção dos ombros e na parte da frente. Também é possível alterar a ponta da gola na frente, aumentando o tamanho e alterando o afastamento no meio da frente.

Gola alta

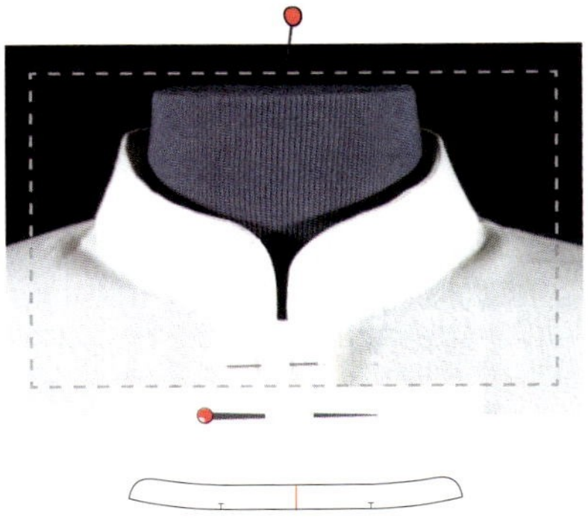

Este tipo de gola tem como característica o posicionamento paralelo ao pescoço, ou seja, em pé. O apoio sobre o corpo se dá no contorno do decote. A gola oficial, também conhecida como gola mão, é um dos exemplos desta construção.

CONSTRUÇÃO DO TRAÇADO

Medidas utilizadas: contorno do decote com alargamentos e altura da gola de acordo com o modelo desejado. Meça o contorno do decote das costas separadamente.

Trace um retângulo em que:

- **AB** = ½ do contorno do decote;
- **BC** = altura da gola. Trace perpendicular a **AB**;
- Trace **AD** paralela a **BC** e ligue **CD** por uma reta;
- **AE** = ½ do decote das costas. Marque sobre a reta **AB**;
- **AE** = **DE$_1$**. Ligue **EE$_1$** por reta;

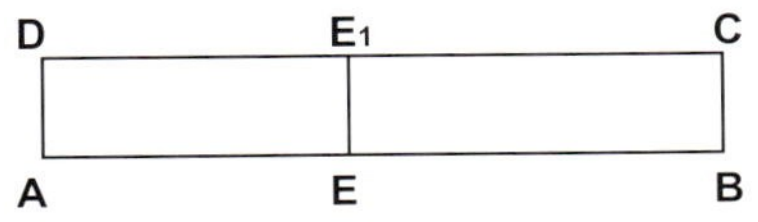

- **BB$_1$** = ⅛ de **EB** (medida que corresponde a ½ do decote da frente). Ligue **EB$_1$** em curva;
- **B$_1$B$_2$** = **AD** = altura da gola. Corresponde à linha do meio da frente. Trace perpendicular a **EB$_1$**. Ligue **E$_1$B$_2$** em curva.

Trace o desenho da ponta da gola a partir da reta **B$_1$B$_2$**.

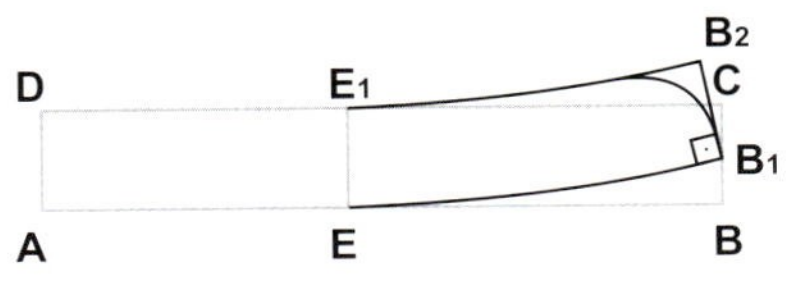

Espelhe a gola pela linha **AD** (meio das costas) e marque com piques o ponto **E** dos dois lados (localização da costura do ombro no decote).

Gola com pé incluso no traçado

São golas inteiras, mais altas, em que o pé de gola é definido pela linha da quebra de gola.

CONSTRUÇÃO DO TRAÇADO

Medidas utilizadas: contorno do decote com alargamentos e altura da gola de acordo com o modelo desejado. Meça o contorno do decote das costas separadamente.

Trace um retângulo em que:

- **AB** = ½ do contorno do decote;
- **BC** = altura do pé de gola mais altura da gola (no mínimo 0,5 cm maior que a medida do pé, pois deve cobri-lo no meio das costas) mais 0,5 cm (esta sobra compensa a quebra de gola e pode variar de acordo com a espessura do tecido). Trace **AD** paralela a **BC** e ligue **CD** por uma reta;
- **AE** = ½ do decote das costas. Marque sobre a reta **AB**;
- **AE** = **DE_1**. Ligue **EE_1** por reta.

Para compreensão do cálculo da altura da gola, a imagem abaixo ilustra a gola com pé incluso levantada: o pé de gola destacado fica entre o decote e a linha de quebra de gola. Acima dele, a gola; abaixo, a linha em que a gola se apoia no corpo. A soma da altura desses elementos corresponde à altura da gola no meio das costas.

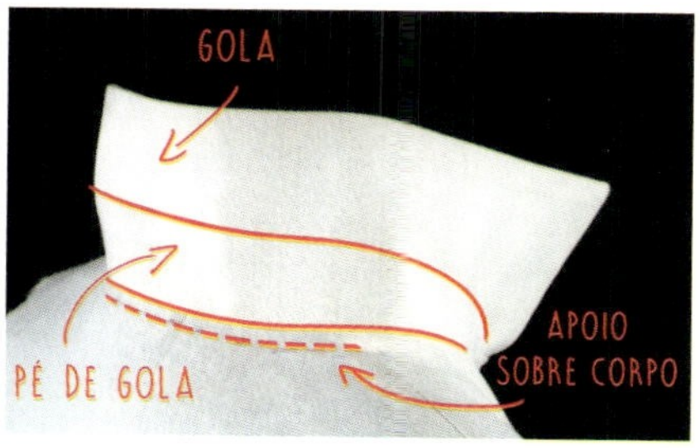

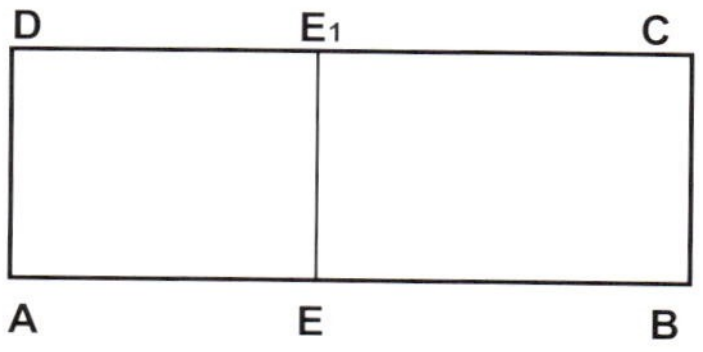

BB_1 = $\frac{1}{10}$ de **EB** (medida que corresponde a ½ do decote da frente). Ligue **EB_1** em curva.

B_1B_2 = altura necessária para formar a ponta da gola. Neste exemplo, foi utilizado o mesmo valor de **AD**.

CC_1 = saia o valor desejado para formar a ponta da gola. Quanto maior for o valor, mais próxima a gola ficará do meio da frente. Neste estudo, corresponde a 2 cm.

Trace o desenho da ponta da gola: ligue **B_1C_1** por uma reta e a prolongue; ligue **E_1B_2** em curva e prolongue até encostar no prolongamento da reta **B_1C_1**.

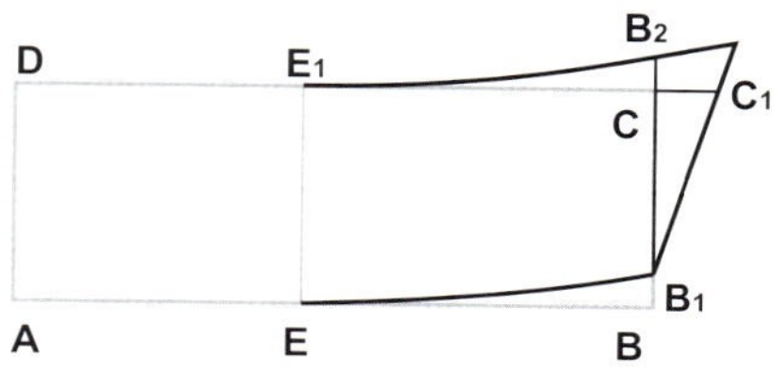

Por ser uma gola inteira, considere que é necessário aumentar a medida do contorno da gola. Para aumentar o suficiente a fim de esconder a costura do pé de gola no decote das costas, desenhe sobre o molde das costas o posicionamento da gola a partir do decote e faça a medição. Neste estudo, foram marcados 0,5 cm abaixo do meio das costas e 1 cm sobre o ombro.

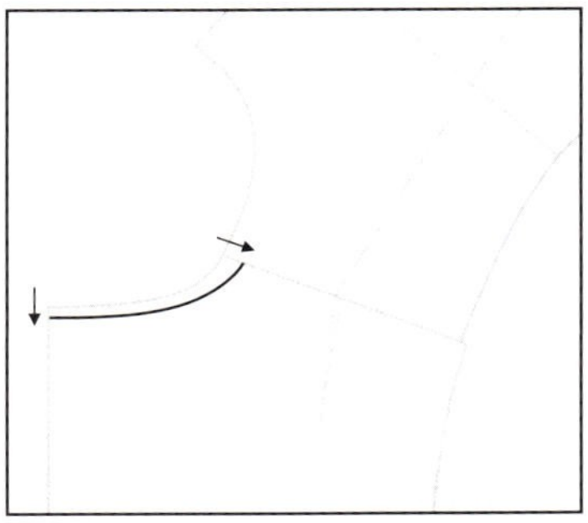

Compare essa medida com **DE₁** no molde e insira a diferença sobre a linha **EE₁**.

As imagens abaixo correspondem à marcação da projeção da gola sobre as costas.

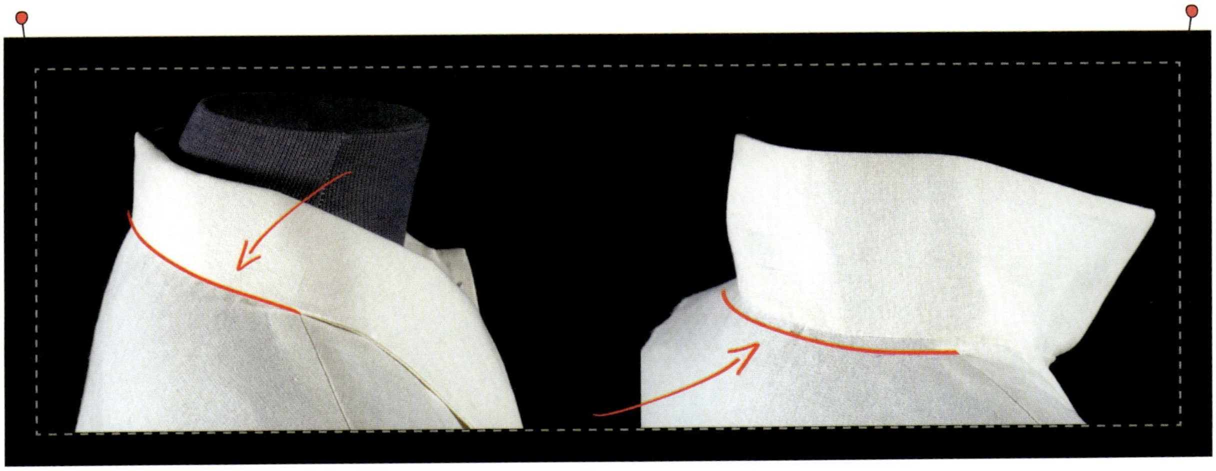

Corte na linha **EE₁** e insira a diferença em **E₁**. Retrace o contorno da gola (parte de cima) e a linha que corresponde ao decote (parte de baixo).

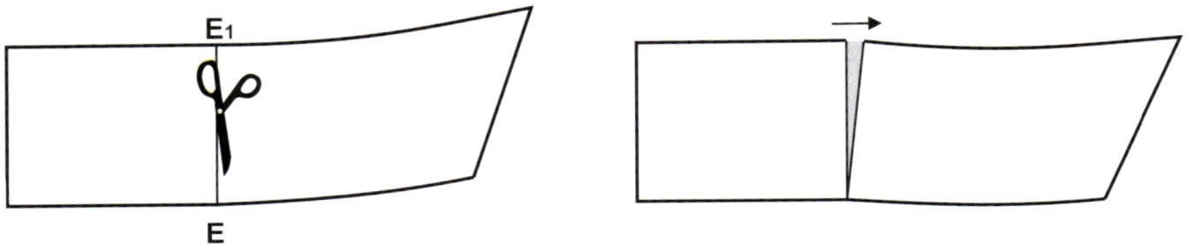

Espelhe a gola pela linha **AD** (meio das costas) e marque com piques o ponto **E** dos dois lados (localização da costura do ombro no decote).

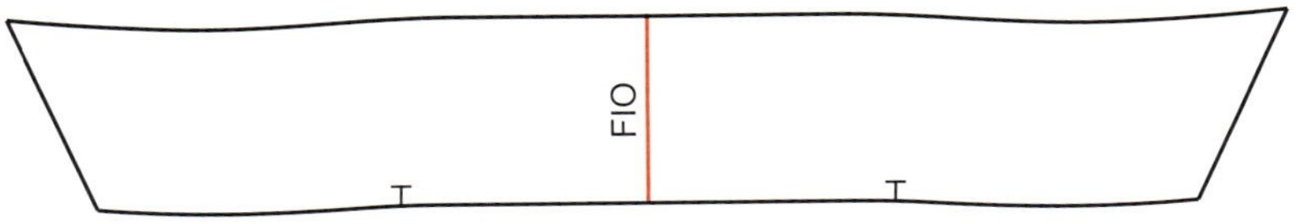

O REVEL, MESMO QUE SEJA UM ACABAMENTO INTERNO, QUANDO UTILIZADO NAS ABERTURAS DE PEÇAS COM GOLA FAZ PARTE DO VISUAL EXTERNO. NA IMAGEM ABAIXO, ELE APARECE DESTACADO JUNTO COM A GOLA COM PÉ INCLUSO.

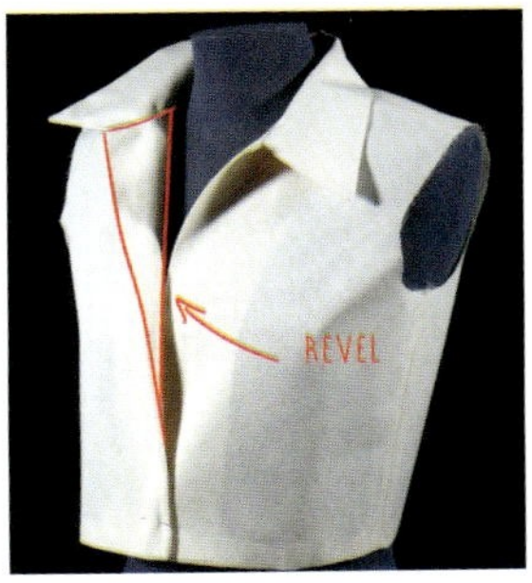

Gola com pé de colarinho (traçados separados)

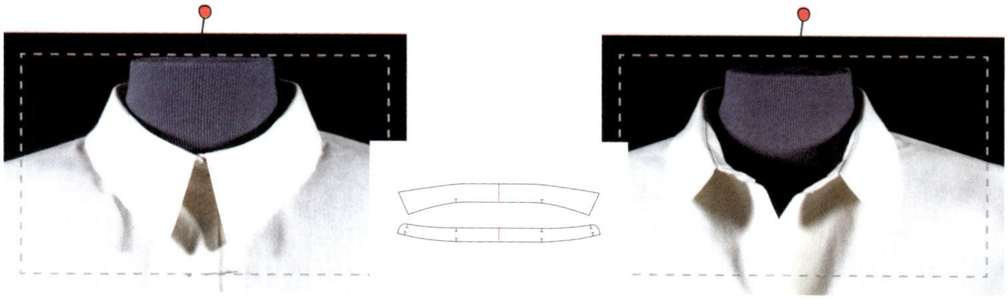

É a gola utilizada em camisas. O pé de colarinho corresponde a uma gola alta com algumas alterações em relação à largura entre frente e costas. A gola é traçada sobre o molde do pé de gola.

CONSTRUÇÃO DO TRAÇADO DO PÉ DE GOLA

Medidas utilizadas: contorno do decote com alargamentos e altura do pé e da gola de acordo com o modelo desejado. Meça o contorno do decote das costas separadamente.

Trace um retângulo em que:

- **AB** = ½ do contorno do decote;
- **BC** = altura da gola. Trace **AD** paralela a **BC** e ligue **CD** por uma reta;
- **AE** = ½ do decote das costas. Marque sobre a reta **AB**;
- **AE** = **DE_1**. Ligue **EE_1** por reta.

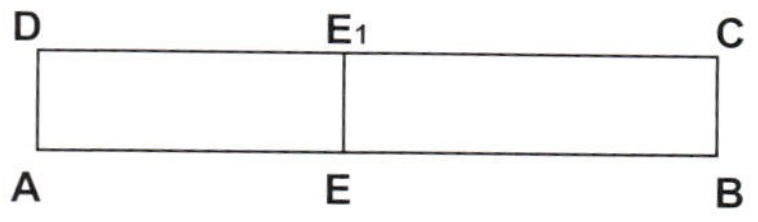

BB_1 = ⅛ de **EB** (medida que corresponde a ½ do decote da frente). Ligue **EB_1** em curva.

B_1B_2 = altura da gola no meio na frente. Deve ser menor que **AD**. Trace perpendicular a **EB_1**. Ligue **E_1B_2** em curva.

B_1B_3 = valor do transpasse. Trace no prolongamento de **EB_1**.

Trace o desenho da ponta da gola em curva de **B_3** até **B_2**.

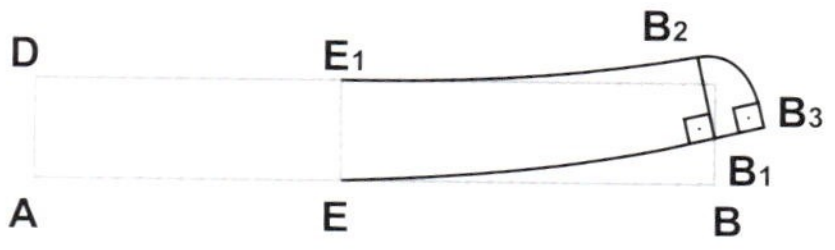

CONSTRUÇÃO DO TRAÇADO DA GOLA

O contorno **DB_2** corresponde à junção entre o pé e a gola. Será comum para as duas partes do molde.

DA_1 = marque a partir de **D** a altura da gola. A medida deve ser o suficiente para esconder o pé de gola. Além disso, é necessário acrescentar valor em função da quebra de gola. Neste exemplo, foi acrescentado 1 cm.

E_1E_2 = **DA_1**. Ligue **E_1E_2** por uma reta.

B_2B_4 = altura da gola para formar a ponta. Trace **B_2B_4** por uma reta a partir de **B_2** com a medida do modelo desejado. Neste exemplo, foi traçado sobre a linha **B_2B_1** linha do meio da frente no pé de gola. Essa seria a linha limite para a gola não ficar sobreposta no meio da frente.

Ligue **A_1E_2** por reta e siga em curva até encostar em **B_4**.

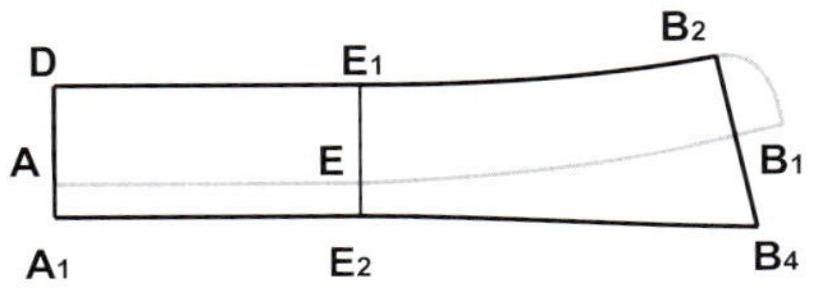

Corte na linha **E_1E_2** e insira em **E_2** a diferença entre **A_1E_2** e a medida do apoio da gola sobre as costas. Siga o mesmo procedimento da gola anterior.

Retrace o contorno da gola.

Espelhe o pé de gola pela linha pela linha **AD** (meio das costas) e a gola pela linha **DA_1**. Sobre o molde do pé, marque piques em **E** (localização do ombro no decote), **B_1** (meio da frente) e **B_2** (limite da junção com a gola). Na gola, marque **E_1**. O meio das duas partes também deverá ser marcado.

Na imagem, a gola foi posicionada diferentemente do traçado, para visualizar as linhas que serão unidas entre gola e pé.

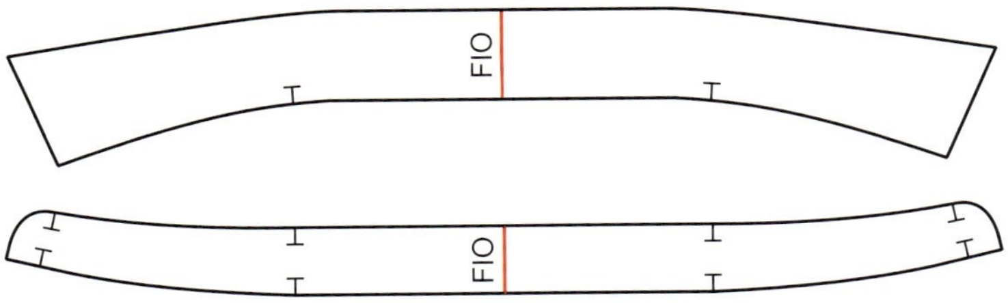

A partir do desenho da ponta da gola sobre a linha do meio da frente, podem ser feitas alterações, porém é importante saber que o deslocamento da linha B_2B_4 se dá para dentro da gola e, consequentemente, mais distante do meio da frente. A medida de B_2B_4 também pode mudar. Se necessário, redesenhe a gola, aumentando E_1E_2. Lembre que, quanto maior a largura da gola, mais afastado do pescoço será o apoio sobre o corpo, portanto a abertura na gola em E_2 para compensar essa diferença será maior. O ideal é montar uma gola para visualizar o caimento e, a partir dessa peça, fazer as alterações necessárias.

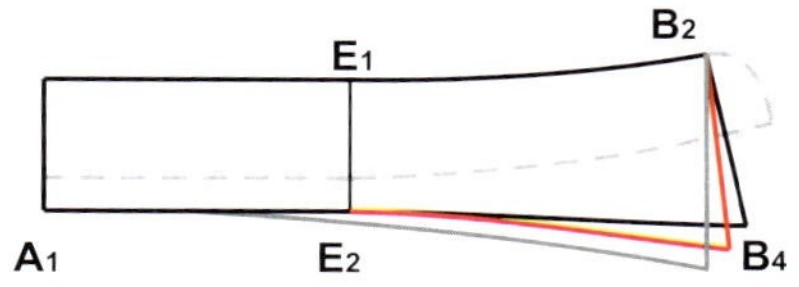

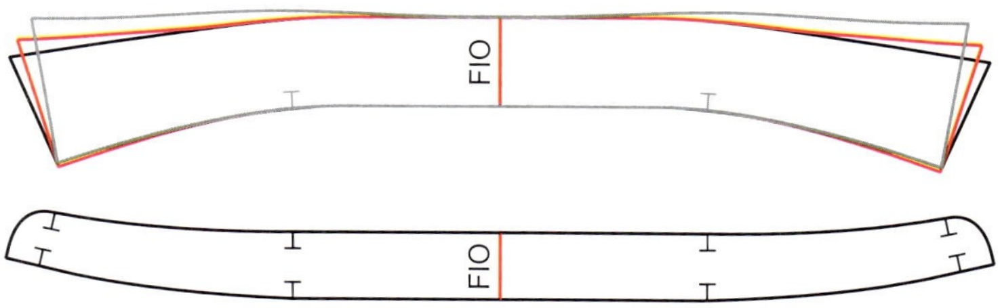

CAPÍTULO 7

Calças: bases e estudos de volumes*

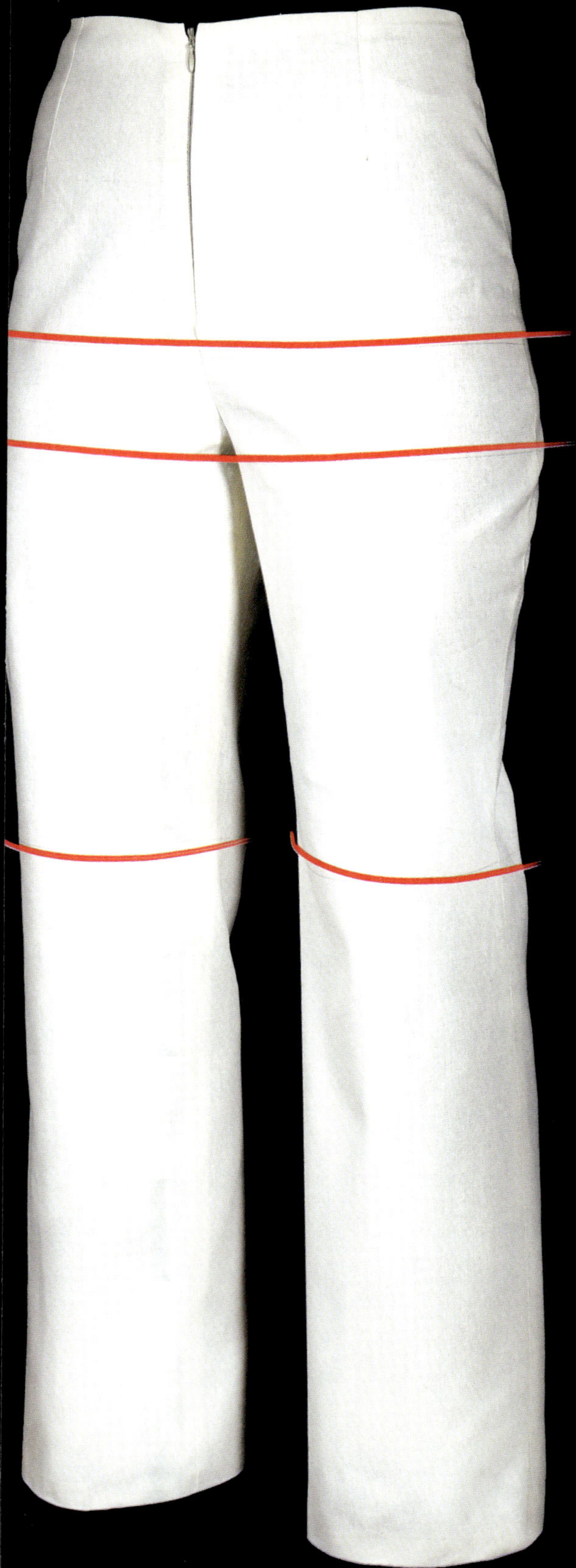

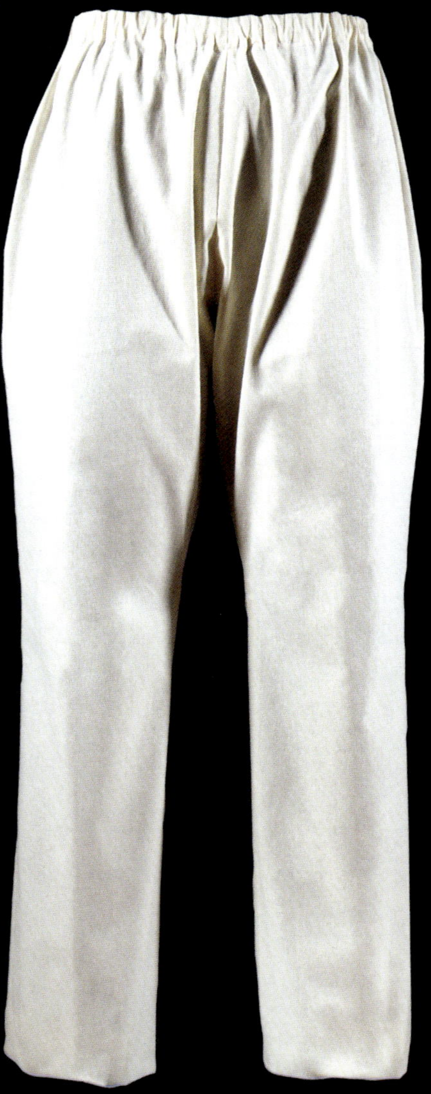

* Conforme informado anteriormente, os moldes do livro foram feitos no manequim 38. Neste capítulo, correspondem a 12,5% do tamanho real. (N. E.)

Base de calça

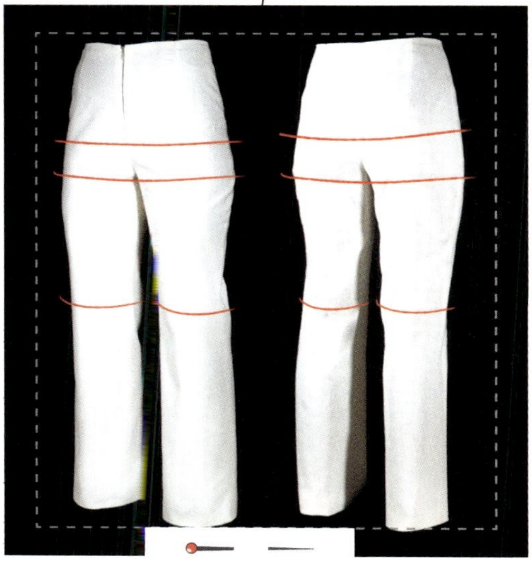

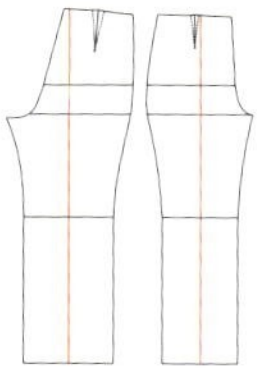

É utilizada para construções de volumes e modelos de calças, bermudas, macacões e demais peças que revestem a parte inferior do corpo.

Por se tratar de uma base, esta peça se apresenta mais ajustada, mais próxima ao corpo. Na construção do traçado da base, é acrescentado 1 cm à medida do contorno do quadril, para garantir a vestibilidade. O contorno da cintura mantém-se inalterado, pois é a medida de sustentação da base no corpo.

Assim como nas demais peças, é importante manter a precisão na tomada de medidas, de maneira que estejam corretas para sua aplicação. No caso da base de calça, é fundamental marcar a localização da cintura no corpo na tomada de medidas, pois servirá como referência para medir o contorno do gancho.

A MEDIDA DE CONTORNO DO JOELHO NA TABELA AO LADO ESTÁ COM ACRÉSCIMO DE 6 CM. ESSA FOLGA É NECESSÁRIA PARA A MOVIMENTAÇÃO (DOBRA) DO JOELHO. A MEDIDA PODE SER ALTERADA CONFORME O MODELO DA PEÇA, CONSIDERANDO-SE A ESTRUTURA DO TECIDO A SER UTILIZADO (COM ELASTICIDADE, FACILITARÁ O MOVIMENTO) E A LARGURA DA COXA, POIS AFUNILAR DEMAIS A PERNA DA CALÇA PODERÁ DEIXÁ-LA MUITO JUSTA NESSA REGIÃO.

Medidas utilizadas para construção da base de calça

Medidas do corpo	Tamanho 38
Contorno da cintura	67
Contorno do quadril	93
Altura da cintura ao quadril	19
Altura da cintura ao gancho	26
Contorno do gancho	64
Altura da cintura ao joelho	57
Contorno do joelho[1]	44
Altura da cintura ao solo	103

[1] Medida do contorno do joelho mais 6 cm de folga.

Construção do traçado

AB = altura do gancho.

BC = ½ do quadril mais 2 cm (folga somente para construção do traçado). Trace **BC** perpendicular a **AB**.

CD = **AB**. Feche o quadro.

AE = **DF** = altura da cintura ao quadril. Ligue **EF** por reta.

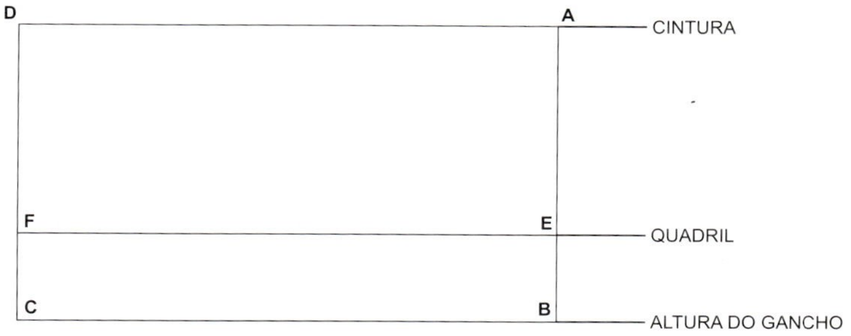

TRAÇADO DA FRENTE

AA_1 = 1 cm.

EE_1 = ¼ o quadril.

BB_1 = **EE_1**.

BB_2 = 1/20 do quadril. Marque **B_2** no prolongamento de **B_1B**.

B_1G = ½ de **B_1B_2**.

AG_1 = **BG**.

G_1G_2 = fio da calça na frente = altura da cintura ao solo. Trace **G_1G_2** por uma reta a partir de **G_1**, passando por **G**.

G_1H = altura da cintura ao joelho. Marque **H** sobre a linha do fio reto.

H_1H_2 = contorno do joelho = ½ do valor do joelho (utilize a medida já com a folga) menos 2 cm. Trace em **H** uma perpendicular a **G_1G_2** e coloque ½ do valor encontrado para cada lado de **H**.

G_3G_4 = boca da calça = **H_1H_2**. Trace em **G_2** uma perpendicular a **G_1G_2** e marque ½ de **G_3G_4** para cada lado de **G_2**.

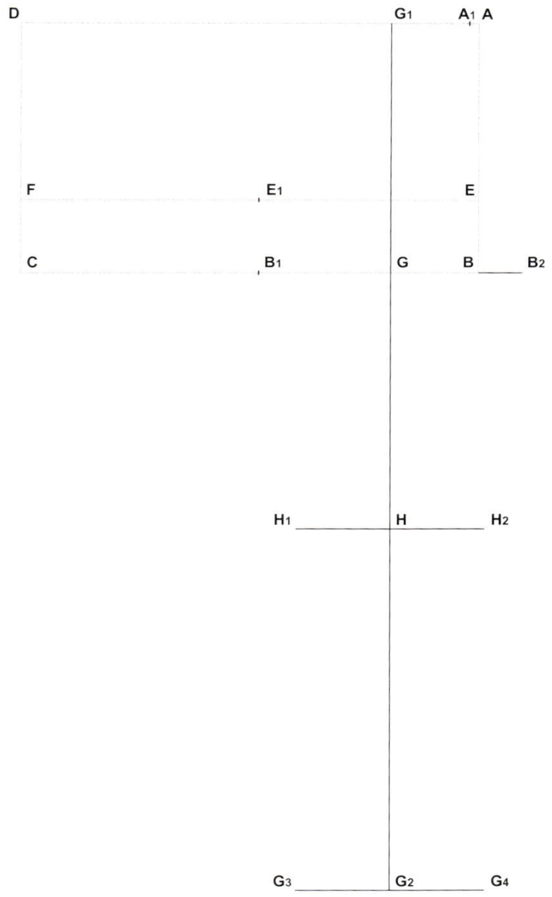

O desenho da curva do gancho interfere muito no caimento da peça nessa região: a curva mais aberta aproxima o tecido do corpo e a mais fechada afasta o tecido do corpo. Para auxiliar no traçado da curva, pode-se traçar uma reta a 45° de B e marcar um ponto entre 2 cm e 2,5 cm nessa reta. Ao traçar a curva do gancho, passe por esse ponto. É importante considerar que a largura da coxa também tem impacto no caimento da região do gancho: se a medida do contorno for maior, será necessário mais tecido, ou seja, retraçar a curva com 2,5 cm ou mais. Se for menor, fazer o inverso. O ideal é determinar as correções necessárias após avaliar o resultado do traçado na prova sobre o corpo.

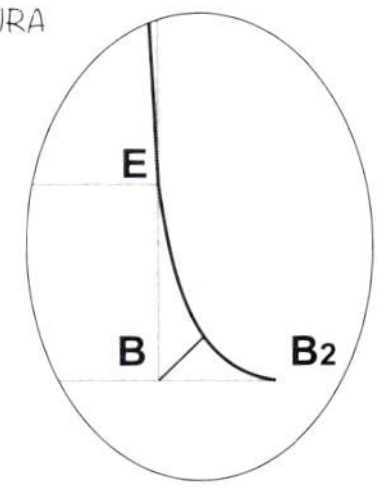

DETALHE PARA O TRAÇADO DO GANCHO

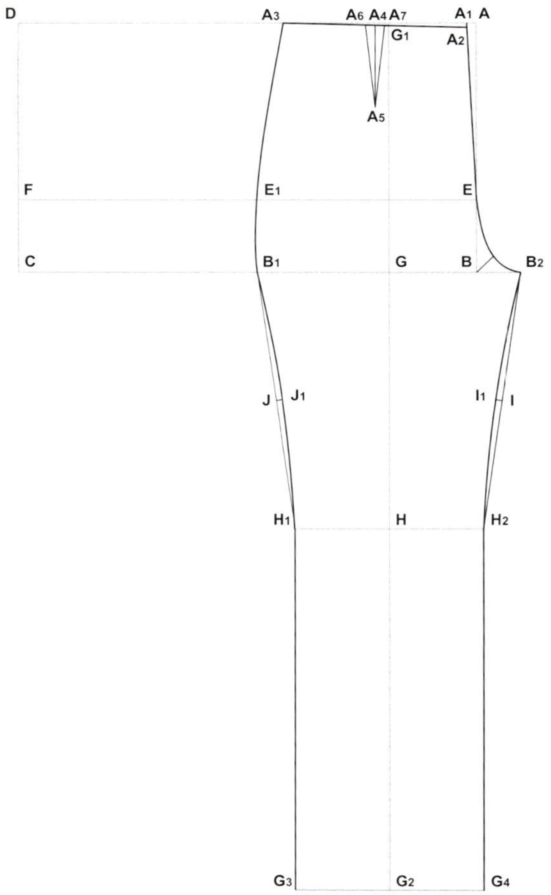

GANCHO

Ligue **A_1E** por uma reta.

A_1A_2 = desça 0,5 cm sobre a reta **A_1E**.

Trace **EB_2** em curva.

Meça o gancho da frente (**A_2EB_2**) com a fita métrica em pé e anote essa medida, pois será necessária para o traçado do gancho das costas.

CINTURA

A_2A_3 = (¼ da cintura mais 1 cm) mais 2 cm (valor da pence). Trace **A_2A_3** em reta a partir de **A_2** até encostar na linha de cintura (**AD**).

A_4 = ½ de **A_2A_3**.

A_4A_5 = 9 cm = comprimento da pence. Trace perpendicular à linha de cintura (**A_2A_3**).

Marque ½ do valor da pence para cada lado de **A_4**, encontrando **A_6** e **A_7**. Trace a pence **$A_6A_5A_7$**.

ENTREPERNAS

Ligue **B_2H_2** e **H_2G_4** por retas.

I = ½ de **B_2H_2**.

II_1 = 0,7 cm perpendicular a **B_2H_2**.

Retrace **B_2H_2** em curva, passando por **I_1**. Em **H_2**, a curva deve ser tangente a **H_2G_4**.

LATERAL

Ligue **B_1H_1** e **H_1G_3** por retas.

J = ½ de **B_1H_1**.

JJ_1 = 0,7 cm em perpendicular a **B_1H_1**.

Trace a lateral **A_3B_1** em curva, passando por **E_1**, e **B_1H_1** em curva, passando por **J_1**. Tanto em **B_1** como em **H_1** a curva deve ser tangente, para não formar "bicos".

TRAÇADO DAS COSTAS

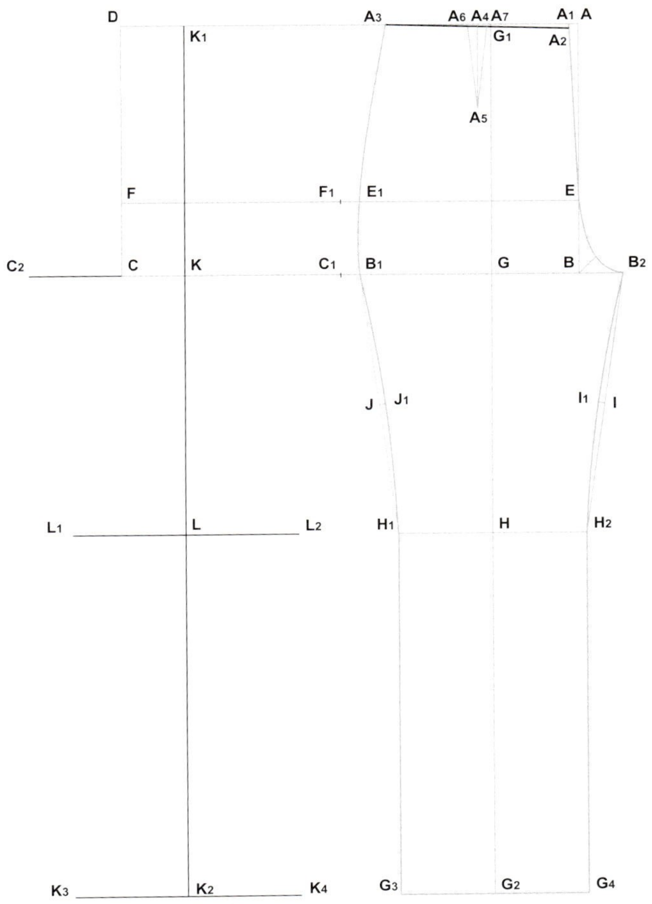

FF_1 = ¼ do quadril.

$CC_1 = FF_1$.

CC_2 = 1/10 do quadril mais 0,5 cm. Marque C_2 no prolongamento de C_1C.

C_1K = ½ de C_1C_2.

$DK_1 = CK$.

K_1K_2 = fio da calça nas costas = altura da cintura ao solo. Trace K_1K_2 por uma reta a partir de K_1, passando por **K**.

K_1L = altura da cintura ao joelho. Marque **L** sobre a linha K_1K_2.

L_1L_2 = contorno do joelho = ½ do valor do joelho (utilize a medida já com a folga) mais 2 cm. Trace em **L** uma perpendicular a K_1K_2 e coloque ½ do valor encontrado para cada lado de **L**.

K_3K_4 = boca da calça = L_1L_2. Trace em K_2 uma perpendicular a K_1K_2 e marque ½ de K_3K_4 para cada lado de K_2.

GANCHO

K_1D_1 = 1⁄40 do contorno da cintura.

Ligue D_1F por uma reta.

C_2C_3 = desça 1 cm perpedincular a C_2C_1.

Trace FC_3 em curva, mantendo aproximadamente, a partir de C_3, 3 cm paralelamente a C_2C_1.

D_1D_2 = diferença entre o contorno total do gancho (valor da tabela) e a medida dos ganchos da frente (A_2EB_2) e das costas (C_3FD_1). Marque D_2 no prologamento de FD_1.

ASSIM COMO NA FRENTE, UMA CURVATURA MAIS (OU MENOS) ACENTUADA INTERFERE DIRETAMENTE NA MEDIDA E NO CAIMENTO DO GANCHO. PARA AUXILIAR NO TRAÇADO DESSA CURVA NAS COSTAS, PODE-SE TRAÇAR UMA RETA A 45° DE **C** E MARCAR NESSA RETA 3 CM. PASSE A CURVA POR ESSE PONTO.

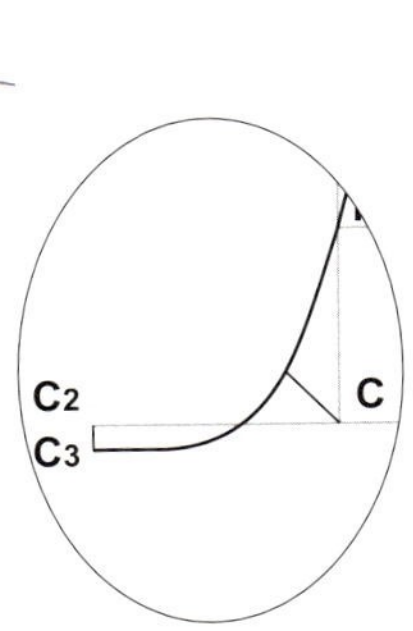

DETALHE PARA O TRAÇADO DO GANCHO

CINTURA

D_2D_3 = (¼ da cintura menos 1 cm) mais 3 cm (valor da pence). Trace **D_2D_3** em reta a partir de **D_2** até encostar na linha de cintura (**AD**).

D_4 = ½ de **D_2D_3**.

D_4D_5 = 11 cm = comprimento da pence. Trace perpendicular à linha de cintura (**D_2D_3**).

Marque ½ do valor da pence para cada lado de **D_4**, encontrando **D_6** e **D_7**. Trace a pence **$D_6D_5D_7$**.

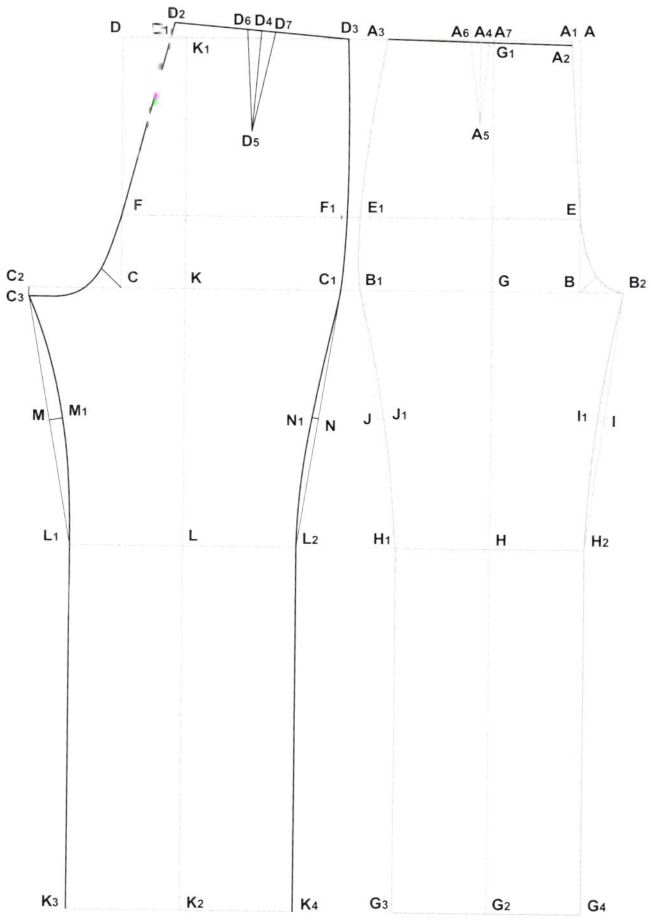

ENTREPERNAS

Ligue **C_3L_1** e **L_1K_3** por retas.

M = ½ de **C_3L_1**.

MM_1 = 1,4 cm perpendicular a **C_3L_1**.

Retrace **C_3L_1** em curva, passando por **M_1**. Em **L_1**, a curva deve ser tangente a **L_1K_3**.

LATERAL

Ligue **C_1L_2** e **L_2K_4** por retas.

N = ½ de **C_1L_2**.

NN_1 = 0,7 cm perpendicular a **C_1L_2**.

Trace a lateral **D_3C_1** em curva e **C_1L_2** em curva, passando por **N_1**. Tanto em **C_1** como em **L_2**, a curva deve ser tangente, para não formar "bicos". Para manter a curva lateral harmoniosa, se necessário desloque o desenho de **F_1**.

Em função da curva acentuada no entrepernas das costas, o posicionamento dessa parte é perto do viés do tecido quando montada. Portanto, no molde o entrepernas das costas pode ser um pouco menor que o da frente, para que não haja acúmulo de tecido nessa região.

AJUSTES

Confira as medidas das laterais entre os moldes (frente e costas). Elas devem ser iguais. Caso haja diferenças, faça a correção, equilibrando entre as laterais.

Para a medida de entrepernas, faça o mesmo procedimento. Caso seja necessário ajustar, equilibre pelo gancho.

Separe os moldes, feche as pences e retrace a cintura da frente (**A2A3**) e das costas (**D2D3**) em curva, mantendo ângulo reto a partir dos ganchos.

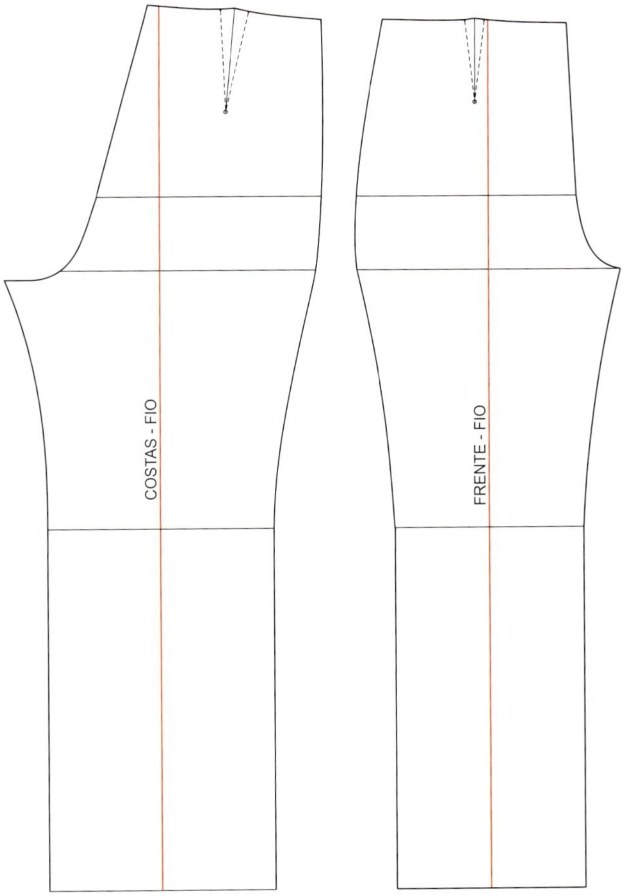

A LARGURA DO MOLDE DA BASE DA CALÇA NAS COSTAS É MAIOR QUE NA FRENTE, DO QUADRIL ATÉ A BARRA, EM FUNÇÃO DO VOLUME DOS GLÚTEOS. NA CINTURA, OCORRE O INVERSO: AS COSTAS SÃO MENORES EM RAZÃO DA CURVATURA DA LOMBAR. NO TRAÇADO DO MOLDE, ESSAS DIFERENÇAS SÃO COMPENSADAS: NA FRENTE, A CINTURA É 1 CM MAIOR; NO QUADRIL, AS MEDIDAS SE IGUALAM ENTRE FRENTE E COSTAS, E DOS JOELHOS PARA BAIXO A MEDIDA É 2 CM MAIOR NAS COSTAS. NA PROVA DA BASE, A COSTURA DA LATERAL DEVERÁ PERMANECER RETA. PORTANTO, SE NECESSÁRIO RETRACE A LATERAL, COMPENSANDO AS DIFERENÇAS DE ACORDO COM OS VOLUMES E AS CURVATURAS DO CORPO.

Estudos de volumes da calça

Assim como nas demais bases apresentadas até agora, na base de calça é possível inserir volume. A calça é uma peça que veste o corpo, unindo a parte inferior do tronco com os membros inferiores. Portanto, é importante perceber como a localização de volume influencia a articulação das pernas, permitindo sua movimentação.

Um dos pontos fundamentais nos estudos de volume a partir desta base é o gancho, linha que representa na peça a separação das duas pernas. O deslocamento nessa linha é limitado, pois altera significativamente o caimento da peça.

Na interpretação de um modelo a partir da base de calça, as folgas podem ser inseridas sobre as linhas de quadril, gancho, joelhos e bocas (a medida da largura da calça na altura dos tornozelos, na barra). Na cintura, as folgas aparecem em forma de franzidos ou pregas, mantendo a medida necessária para sustentar o apoio da peça no corpo.

Da mesma forma como nos estudos de volumes de outras bases, quando a calça é vestida no corpo as folgas aparecem concentradas no mesmo local em que são inseridas, ou seja, no gancho, lateralmente ou dentro da perna.

Os estudos apresentados têm como foco variações de inserção de folgas no gancho e na perna da calça.

Inserção de volume no gancho

O posicionamento adequado do gancho permite o movimento da articulação das pernas, caso contrário a peça pode ser tornar bastante incômoda no corpo. Portanto, a folga deve ser proporcional entre a altura e a largura e de forma equilibrada entre as partes da frente e das costas.

Nos estudos apresentados, as folgas serão concentradas somente nos ganchos. Nas laterais e nas pernas, os valores propostos apenas equilibram o caimento da peça em relação à parte superior da perna, mais próxima do gancho.

1º ESTUDO: FOLGAS PARA MODELOS MAIS PRÓXIMOS AO CORPO

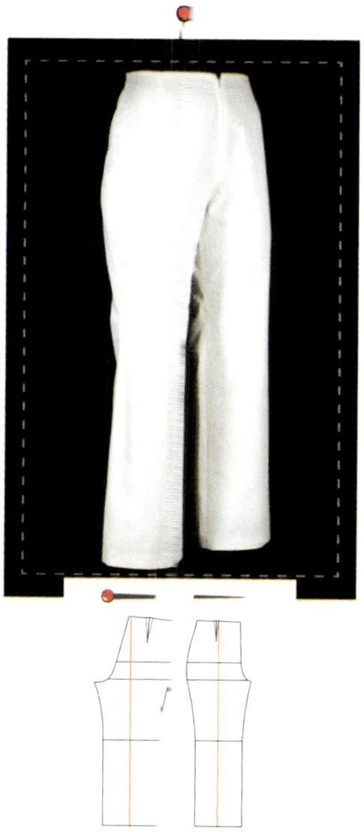

Neste exemplo, são inseridas poucas folgas, para que a peça permaneça ajustada ao corpo. A linha de inclinação do gancho da frente é deslocada. O caimento mais solto nessa região faz com que esta proposta possa ser utilizada como base para modelos mais clássicos. Nas costas, as folgas na curva do gancho são proporcionais às da frente, sem deslocamento da linha de inclinação.

Nas pernas e nas laterais, as folgas somente acompanham o caimento proposto pelas alterações nos ganchos.

Siga a indicação dos valores de folga sobre a base de calça e retrace ganchos, entrepernas e laterais.

De acordo com a direção das setas, horizontais e verticais, siga os deslocamentos perpendiculares e paralelos, respectivamente, ambos em relação ao eixo do fio reto.

O movimento da cintura da lateral da frente compensa o deslocamento de 1 cm no gancho. Essa diferença também pode ser compensada na pence.

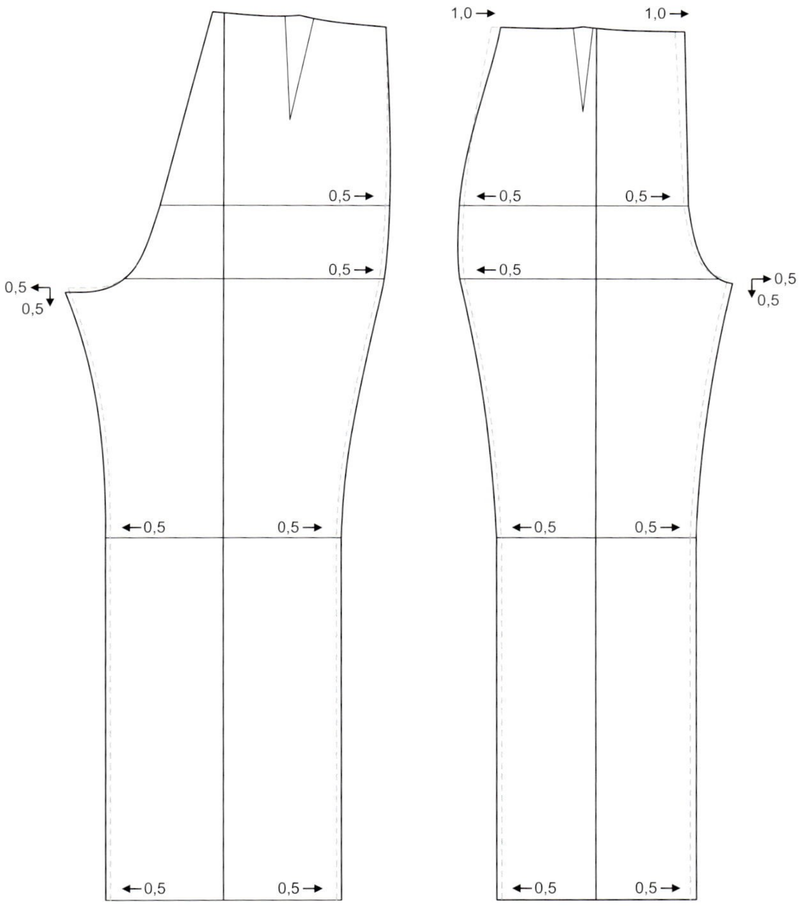

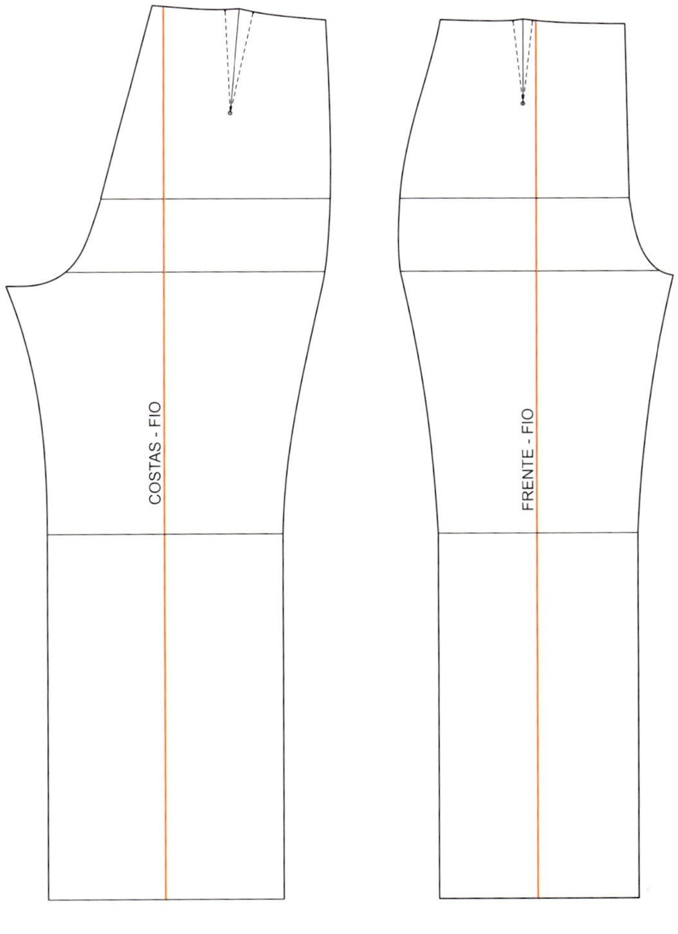

Os valores de joelho e de boca de calça podem variar de acordo com os modelos. É recomendável que os valores de alargamento ou ajuste sejam iguais (ou próximos) na medida de entrepernas e na lateral entre frente e costas. Não é necessário que joelho e barra tenham a mesma largura.

Comparando os ganchos da frente entre a base e as folgas do primeiro estudo, percebemos no molde a diferença de folga sobre o gancho a partir da linha de quadril: à esquerda, base de calça, essa linha marca o início da curvatura; à direita, em relação à base, já existe deslocamento no quadril, portanto toda a região do gancho fica mais folgada.

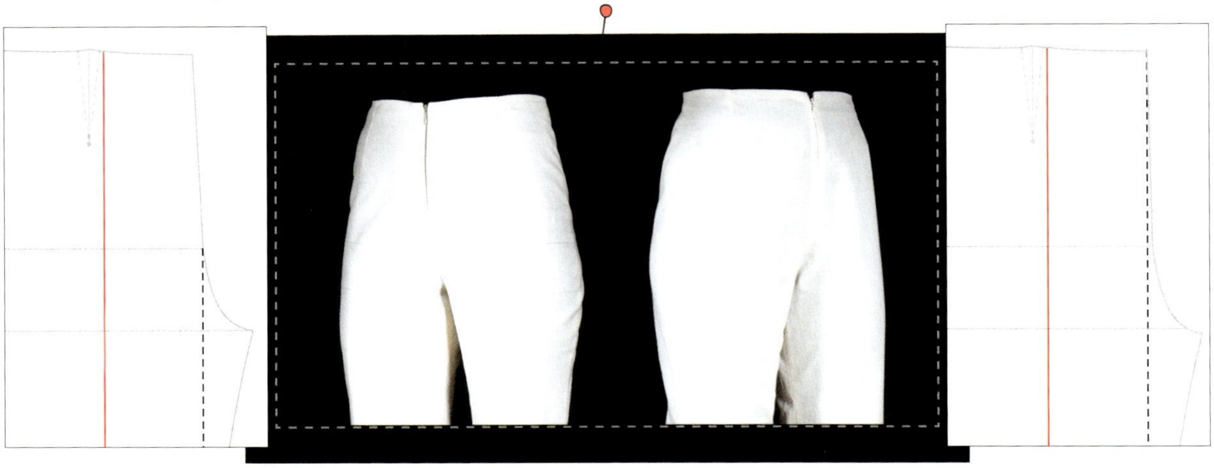

Inserindo as folgas de acordo com as interpretações de modelos, temos inúmeras possibilidades de combinações, porém é importante perceber que, afastando o gancho do corpo, tanto na frente como nas costas, as folgas nos joelhos e nas bocas interferem no caimento.

Se as folgas nos joelhos e nas bocas forem aumentadas, a peça ficará mais solta, larga, e o tecido "cairá".

Se não houver aumento nessas folgas, o volume ficará concentrado nas regiões do gancho e do entrepernas.

Se a alteração de volume ocorrer somente na boca, caracterizará um modelo de calça flare (a "boca de sino").

Com base nesse raciocínio, o primeiro estudo demonstra o ponto de partida para a inserção de folgas no gancho.

É IMPORTANTE LEMBRAR QUE OS VALORES DAS FOLGAS PODEM VARIAR DE ACORDO COM O TECIDO ESCOLHIDO. NO CASO DA TELA DE ALGODÃO, A PROVA NO CORPO NESTE MATERIAL PERMITE AVALIAR A ACOMODAÇÃO DO GANCHO E A MOVIMENTAÇÃO DAS PERNAS, OU SEJA, A VESTIBILIDADE, MAS O TECIDO ADEQUADO É QUE DARÁ À PEÇA O CAIMENTO IDEAL.

2º ESTUDO: VOLUME MAIOR ALTERANDO A FORMA DO GANCHO

Neste estudo, aplicamos folga excessiva no gancho, modificando sua forma convencional no traçado. Ele passa a ser reto. Esse tipo de gancho é comum nos modelos de calça saruel.

O franzido na cintura sustenta o acúmulo de tecido formado pela inserção de folgas e pences da base.

Mantendo o foco de concentração de volume no gancho, as laterais ficam praticamente inalteradas.

Siga as orientações de folga a partir da base de calça.

Nos joelhos e nas bocas o valor de folga proposto mantém a calça mais reta, sem caracterizar um modelo determinado. Na peça montada em tela de algodão, o volume ainda se mantém na região do gancho. Se a folga nos joelhos for maior, a tendência do volume será "cair" e a forma poderá se perder, principalmente se o tecido utiizado for fluido e pesado.

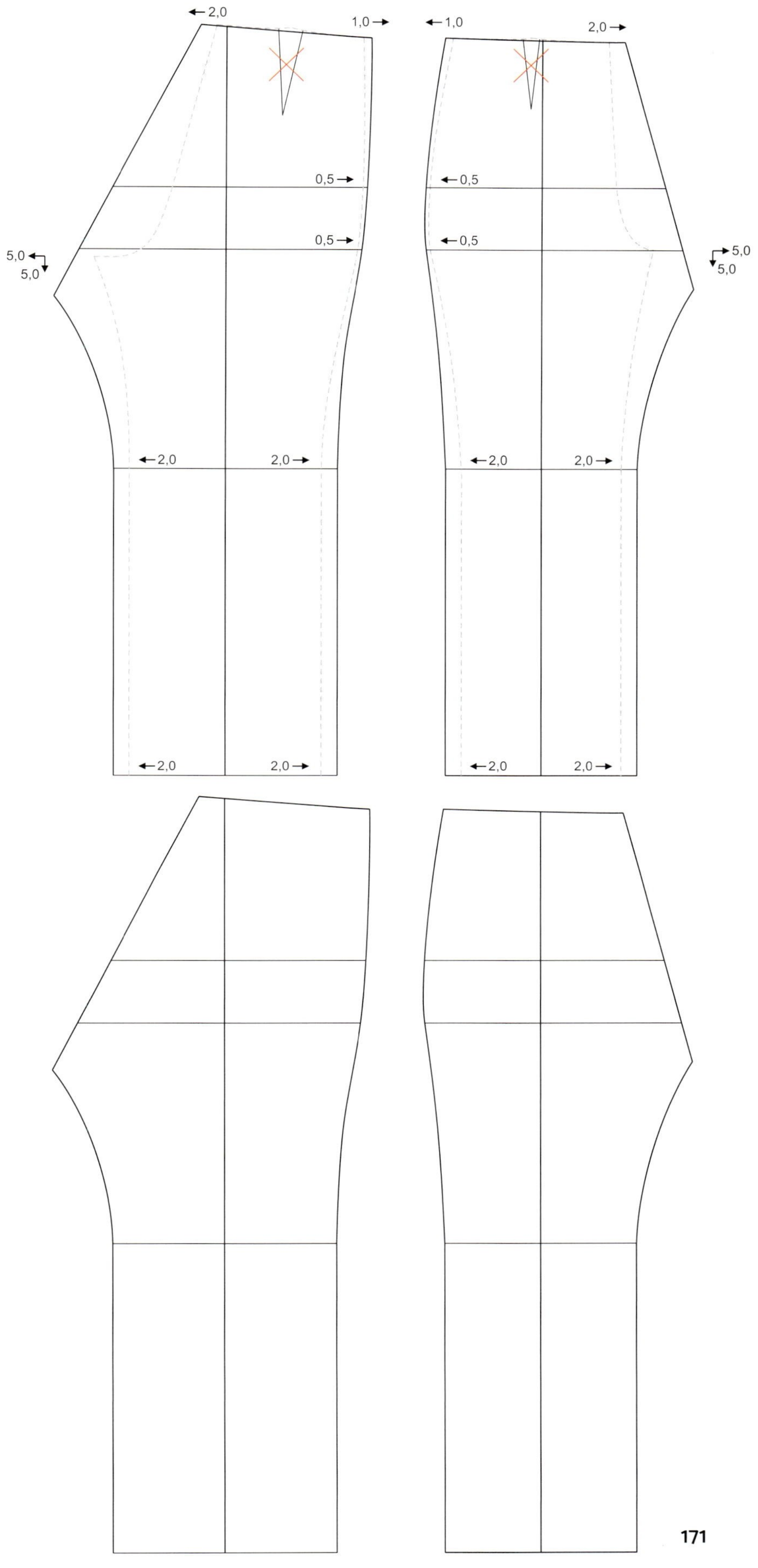

Mantendo os ganchos retos, na montagem da peça se formará um "bico" na junção do entrepernas. Para que isso não ocorra, o ideal é posicionar os moldes juntando os entrepernas (frente e costas) pela inserção de uma pequena curvatura, a fim de suavizar a junção dos ganchos. Caso o volume desejado seja com menor acúmulo de tecido, retrace o gancho com uma curva maior, deixando-o mais cavado e, consequentemente, com menos volume de tecido.

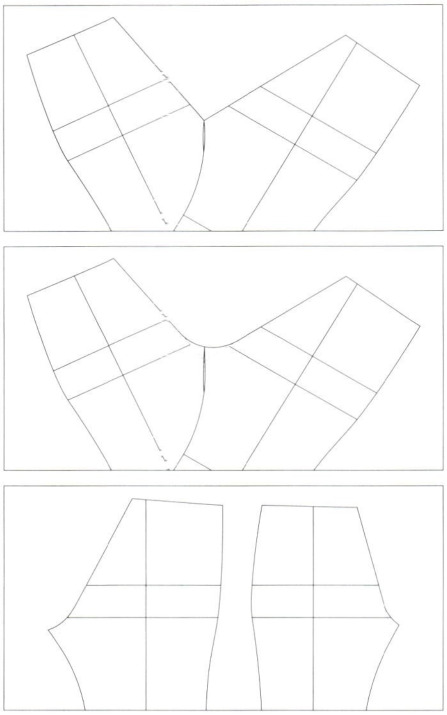

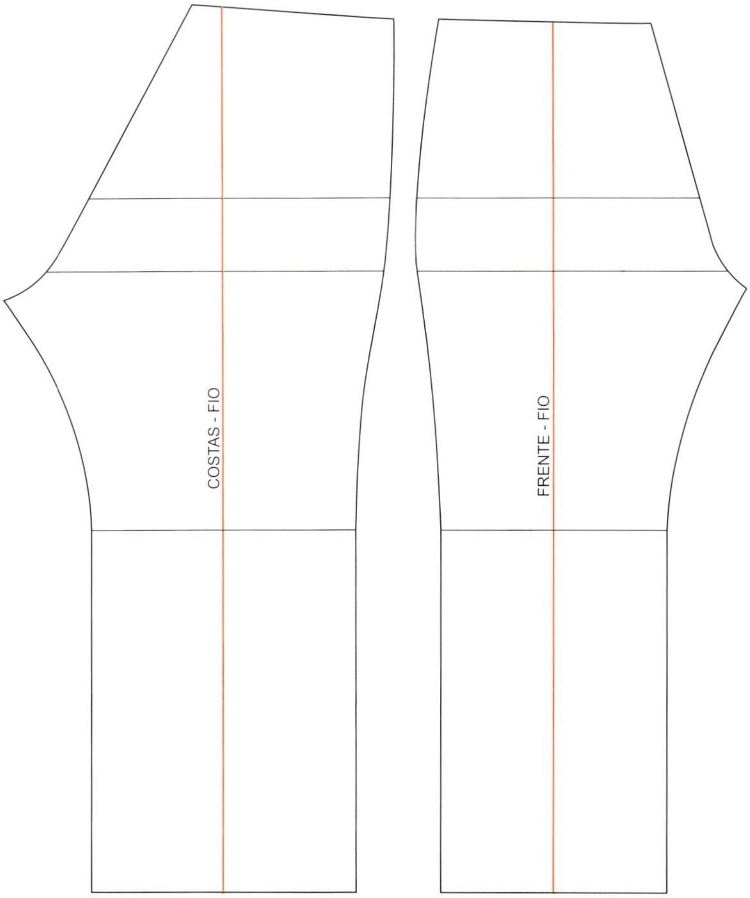

NESTE MODELO, FOI UTILIZADO ELÁSTICO PARA AJUSTAR A PEÇA NA MEDIDA DA CINTURA, MAS LEMBRE QUE AS PREGAS E AS PENCES TAMBÉM TÊM ESSA FUNÇÃO, EMBORA OS EFEITOS SEJAM DIFERENTES.

Inserção de volume na perna da calça

A inserção de folga dentro da perna é localizada e visível por toda a extensão da calça. O estudo escolhido para ilustrar este volume é a calça com pregas na frente, um dos modelos mais tradicionais e clássicos do vestuário.

Nesta construção, sobre a base da calça são inseridas as folgas sobre os ganchos e os joelhos, para acompanhar o caimento do volume da prega.

A pence da frente é eliminada, e a profundidade forma a segunda prega.

Prepare as folgas de acordo com os valores sugeridos.

Sobre o molde da frente:

- localize a prega sobre a linha do fio reto, no meio da perna;
- corte na linha do fio, da cintura até a barra;

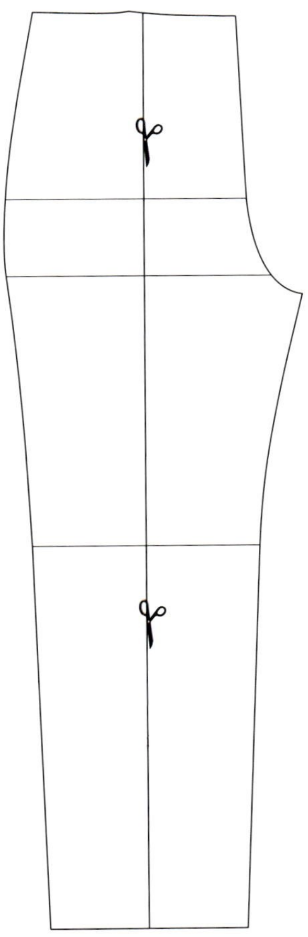

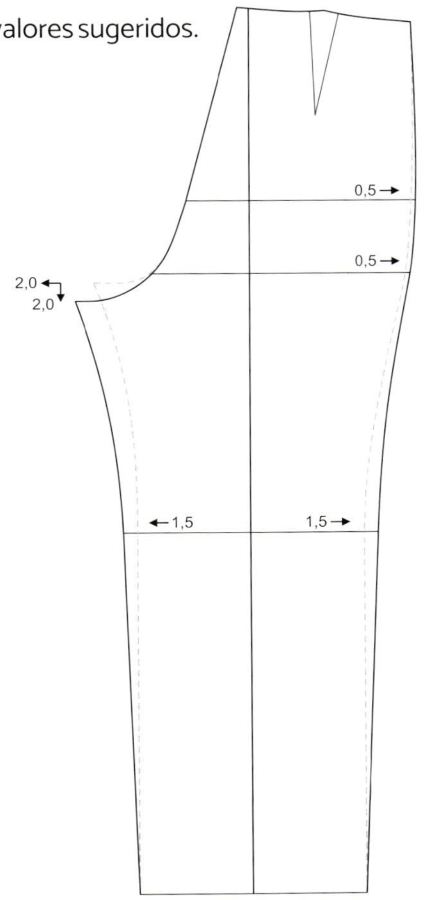

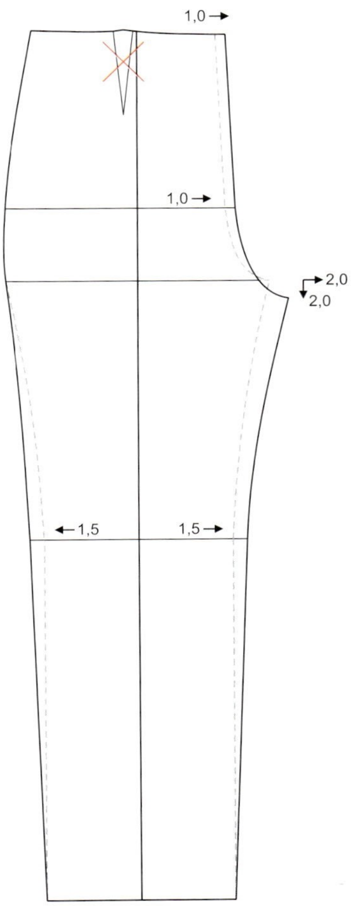

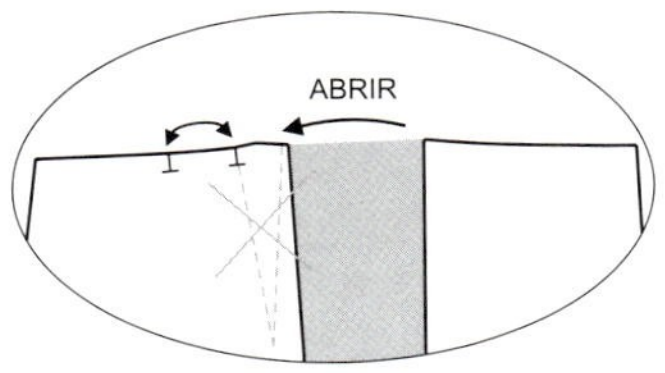

LUPA DO POSICIONAMENTO DA PREGA A PARTIR DA POSIÇÃO DA PENCE

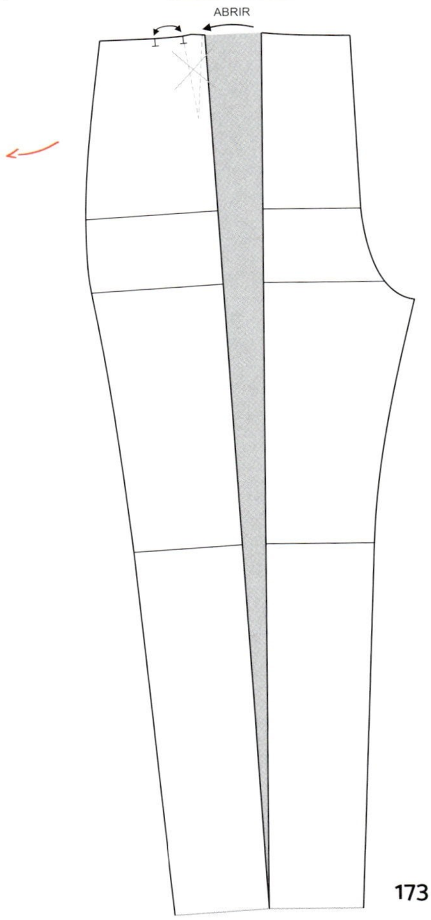

- acrescente papel com o valor total da prega: para manter a largura da perna equilibrada entre frente e costas, acrescente o valor total na linha de cintura, afunilando até a linha da barra;
- marque a segunda prega com o valor da profundidade da pence da base mais 1 cm (referente ao deslocamento do gancho na cintura). Mantenha o posicionamento da pence como distância entre as pregas. Essa prega será apenas fechada na região da cintura;

- feche as pregas e retrace a cintura. Marque as pregas com piques e indique a direção para a qual a prega vai tombar na montagem;
- retrace a barra por uma reta, unindo as laterais.

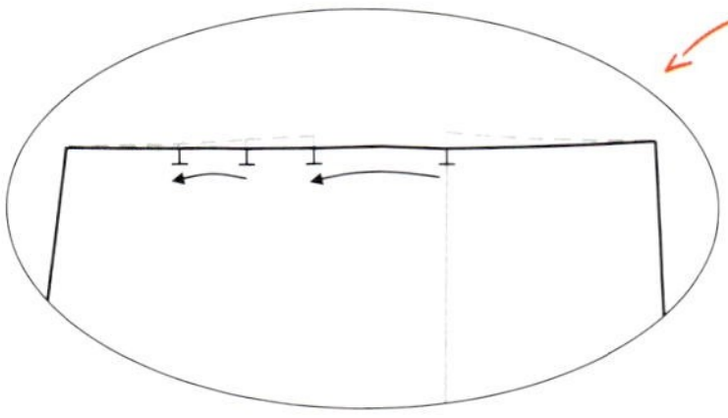

DETALHE PARA A CINTURA RETRAÇADA

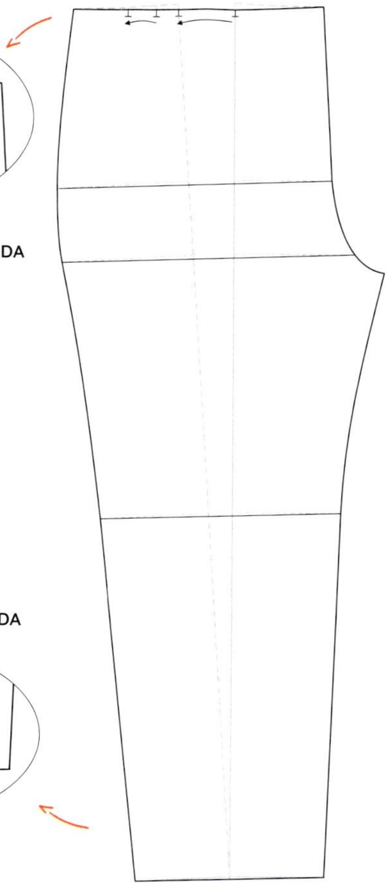

A correção na linha da barra proposta neste estudo só deve ser utilizada quando o deslocamento da linha da barra em relação ao fio reto for pequeno.

Caso contrário, para fazer a abertura da prega mantenha a lateral da parte do molde que será deslocada apoiada sobre a linha da barra. Feche as pregas e retrace a linha de cintura.

Assim, o fio reto ficará perpendicular à barra, ideal para uso em tecidos com estampas e texturas em que o fio de trama é destacado. Exemplos: xadrez, listrados horizontais e shantung, entre outros.

LUPA DA BARRA RETRAÇADA

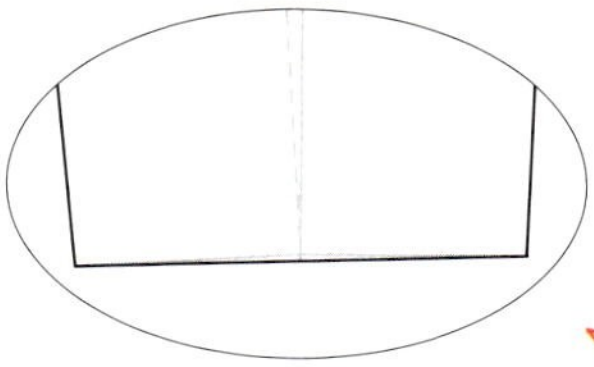

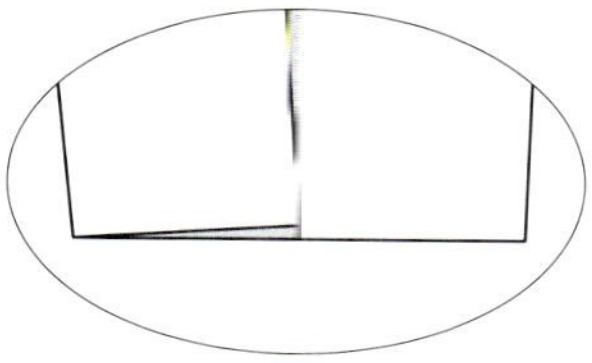

LUPA DA BARRA

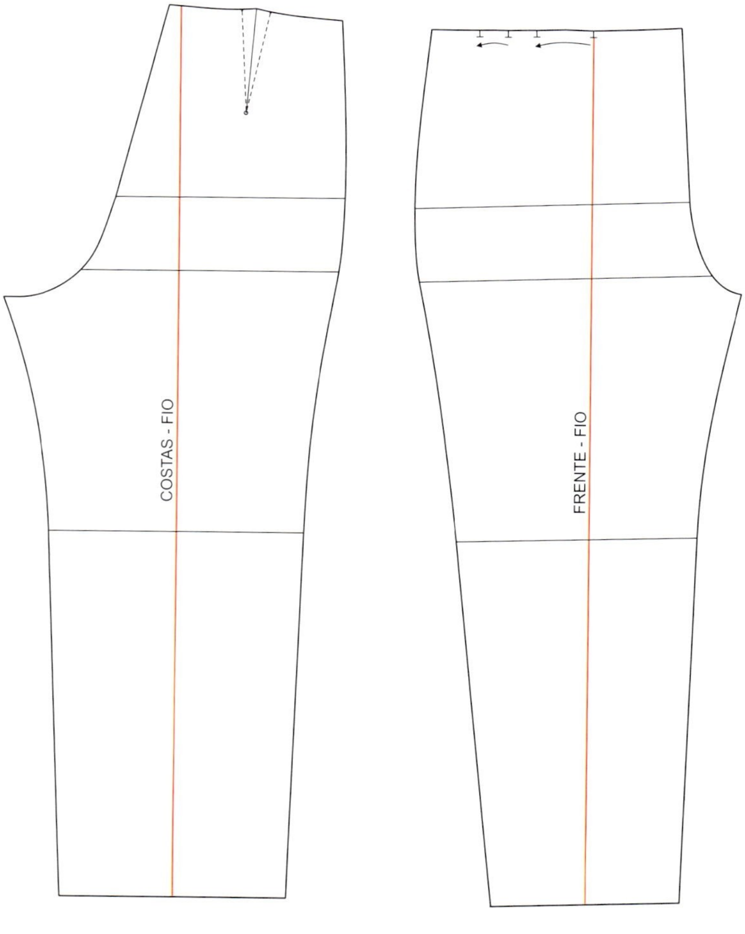

As folgas também podem ser inseridas somente nas laterais e definir silhuetas de acordo com a concentração do volume. Um exemplo clássico é o modelo de calça de montaria: os volumes laterais na região do quadril chegam a formar um culote acentuado.

CAPÍTULO 8

Adequação das bases para biótipos diversificados*

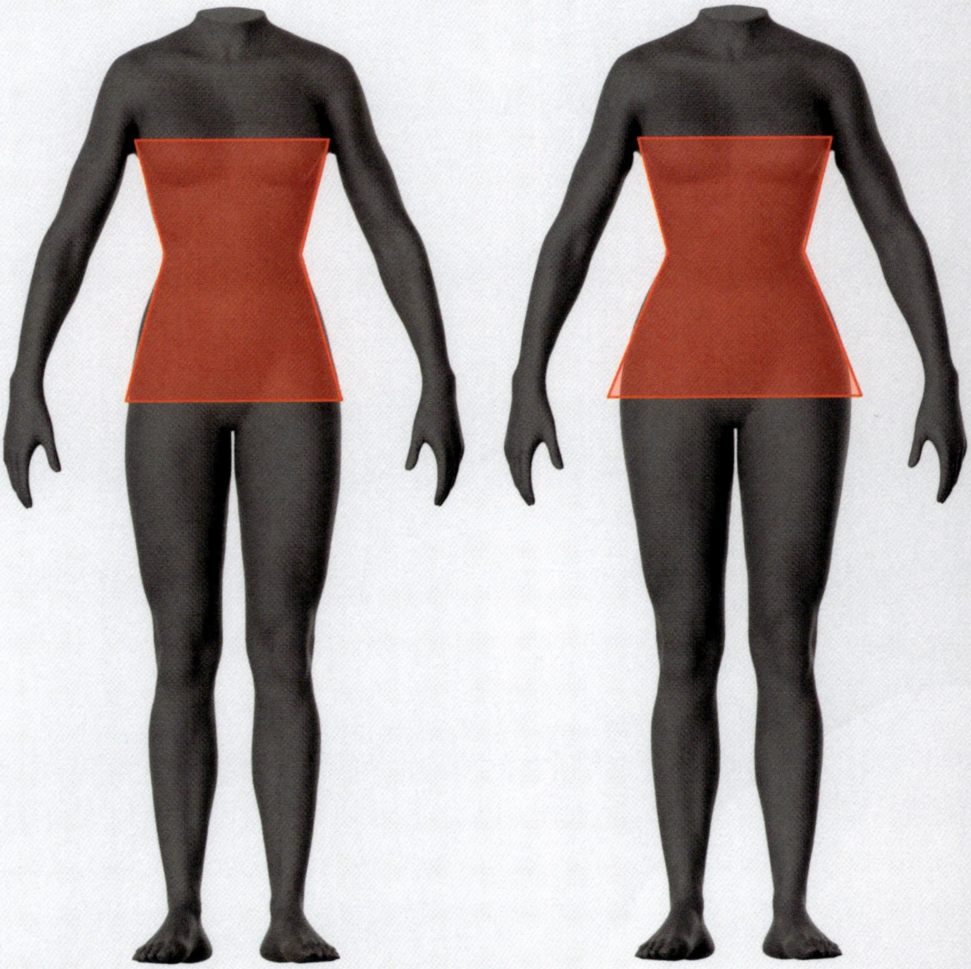

* Conforme informado anteriormente, os moldes do livro foram feitos no manequim 38. Neste capítulo, correspondem a 10% do tamanho real. (N. E.)

Afinal, como é o corpo da brasileira?

Essa pergunta vem sendo ponto de constante discussão já há alguns anos. Cada vez mais se faz necessária a profissionalização da área, de forma que as indústrias tenham condições de trabalhar com dados efetivos sobre sua consumidora.

Com o intuito de entender esse corpo brasileiro, em 2010 o Senai Cetiqt deu início ao SizeBR, censo antropométrico de abrangência nacional. Os resultados já obtidos apontam um norte para as empresas de vestuário, que frequentemente trabalham suas tabelas de medidas de maneira autônoma e, muitas vezes, com dados equivocados.

Parte das informações compiladas pelo projeto refere-se principalmente ao Sudeste – 82,65% das mulheres entrevistadas são dessa região do país – e indica que a forma do corpo mais encontrada em nosso território, diferentemente do que se imaginava, não é o "violão" que sempre permeou o imaginário coletivo. Os dados apontam que o principal biótipo das brasileiras é o corpo retangular.

Das mais de 3 mil mulheres da região Sudeste medidas, 65% possuem esse formato corporal. Na região Nordeste, apesar de a quantidade de mulheres medidas ter sido bem menor, o percentual que apresenta o corpo retangular também é expressivo: mais de 70% (Bastos & Sabrá, 2014). Considerando que, da população total brasileira, a concentração na região Sudeste equivale a 42% e na região Nordeste, a 27% (IBGE, 2010), pode-se dizer que cerca de 70% das brasileiras possuem esse biótipo (Bastos & Sabrá, 2014).

Além desse biótipo, a pesquisa trabalha com mais seis:

AMPULHETA: 1,7% da amostragem;

AMPULHETA SUPERIOR: 0,4% da amostragem;

AMPULHETA INFERIOR: 5,9% da amostragem;

COLHER: 6,9% da amostragem;

TRIÂNGULO: 14,9% da amostragem;

TRIÂNGULO INVERTIDO: 1,4% da amostragem.

Com a disponibilidade de dados confiáveis para serem trabalhados e no intuito de tornar as informações geradas pela pesquisa cada vez mais acessíveis, a ABNT, por meio do Comitê Brasileiro de Têxteis e do Vestuário (CB-017), discute desde 2013 o desenvolvimento de uma norma de padronização do vestuário feminino. Além da ABNT e do Senai Cetiqt, fazem parte da comissão outros colaboradores, entre eles a Associação Brasileira da Indústria Têxtil e de Confecção (Abit) e a Associação Brasileira do Vestuário (Abravest), bem como os profissionais e os professores da área.

Dos sete biótipos citados no SizeBR, quatro podem ser considerados os mais significativos entre os percentuais apurados: retângulo, triângulo, ampulheta e colher (ou ampulheta inferior). Suas formas são bastante distintas e com características importantes, conforme detalhado a seguir.

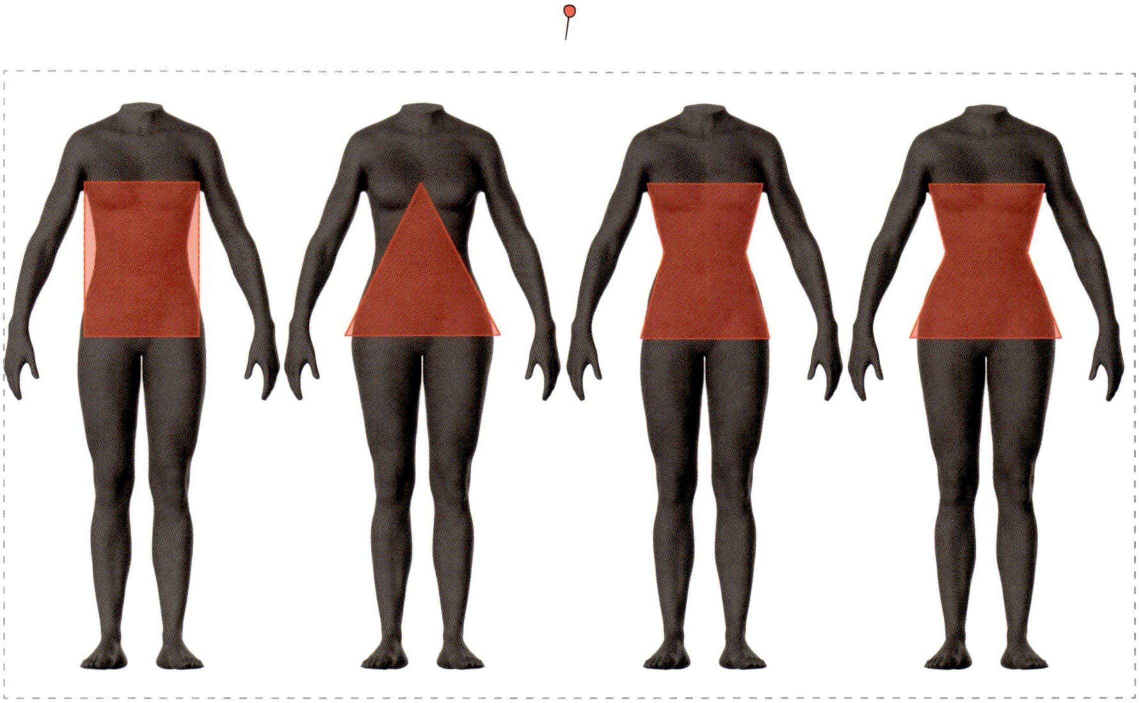

RETÂNGULO: representa um formato de corpo no qual a diferença entre o busto e o quadril é pequena. Em relação à cintura, a diferença também não é significativa.

TRIÂNGULO: este biótipo apresenta busto pequeno, quadril largo e cintura pouco marcada.

AMPULHETA: apresenta equilíbrio entre as medidas de busto e quadril, com a cintura mais fina e bem marcada.

COLHER (OU AMPULHETA INFERIOR): apresenta silhueta similar à da ampulheta, mas o quadril é bem maior que o busto. A curva do quadril é mais alta: começa acentuada já na região do pequeno quadril.

Vale ressaltar que, apesar de as normas não terem peso de lei – ou seja, sua adoção não é efetivamente obrigatória –, trata-se de uma fonte confiável de consulta e informação, tanto para o setor de vestuário como para as consumidoras.

Estas poderão entender melhor seu corpo e, assim, terão mais segurança ao procurar produtos de vestuário que se adaptem melhor a ele. Também conseguirão encontrar tamanhos padronizados de roupa independentemente de marca. Assim, entende-se que a adesão das empresas acontecerá de forma gradativa e natural.

Adequação das bases de acordo com as conformações corporais

Mesmo sendo um estudo de grande porte, o SizeBR não tem como função – e talvez não seja possível mesmo – indicar questões corporais que vão além dos números e das diferenças entre eles. Seu foco é industrial.

Para fazer um molde para determinado corpo, não bastam as medidas. É necessário observar a conformação corporal, ou seja, a distribuição de volume nas principais medidas, analisar o caimento do ombro, ver o volume dos seios (próteses de silicone alteram significativamente o formato), a saliência abdominal, o volume de glúteos, deformidades, enfim, considerar todos os contornos que possam auxiliar na construção ou nos ajustes da modelagem.

Na formação do modelista – tanto para a indústria como para o ateliê –, é importante que ele seja capacitado a lidar com diversos tipos de corpos, seus formatos e suas diferenças. Assim, serão apresentados neste capítulo alguns exemplos para adequar as bases de corpo, saia e calça a diferentes volumes que caracterizam biótipos específicos.

A sequência das correções está organizada das mais simples às mais complexas, porém com a mesma proposta de estimular no leitor uma observação capaz de fazer um "escaneamento" do corpo, percebendo que até os mais simples ajustes devem ser realizados a fim de que as bases, quando costuradas, cumpram a função de revestir o corpo respeitando sua forma natural.

Para facilitar as correções, esta metodologia propõe que as alterações sejam feitas sobre uma base traçada para um tamanho da tabela de medidas, conforme o procedimento apresentado a seguir.

* Escolha como ponto de partida o tamanho que possui as principais medidas de contorno do corpo – busto, cintura e quadril – mais próximas das da pessoa ou da tabela que será usada como referência. Isso auxilia na compreensão das diferenças entre as conformações corporais e na decisão

de como e onde ajustá-las na modelagem. As adequações para outros biótipos serão feitas somente nas bases, pois a partir delas é que serão traçados os modelos. Feita a escolha do tamanho, trace a base a ser construída – de saia, de corpo ou de calça.

* Avalie as diferenças entre o tamanho traçado e o que se pretende fazer em todas as medidas utilizadas para a construção da base: os contornos, as alturas e as larguras. Nas adequações sob medida, as medidas transversais frente e costas são essenciais nos ajustes. Inicialmente, estude as diferenças numéricas, ou seja, compare os valores e verifique o que será aumentado ou reduzido. Posteriormente, faça essa avaliação em relação ao biótipo da base, bem como às diferenças de volumes e conformações (seios volumosos, barriga saliente, costas curvadas, entre outras).
* Anote todas as alterações que deverão ser feitas, siga os exemplos de correções e realize as necessárias para o biótipo escolhido.

É POSSÍVEL INSERIR DIRETAMENTE NA CONSTRUÇÃO DA BASE AS CORREÇÕES EM FUNÇÃO DOS FORMATOS DOS CORPOS. NO ENTANTO, PROFISSIONAIS DE MODELAGEM COM MAIS EXPERIÊNCIA, QUE JÁ TRABALHAM COM BIÓTIPOS DIVERSIFICADOS, TÊM MAIS AUTONOMIA PARA FAZÊ-LAS DESSA FORMA. LEMBRE QUE É COMUM HAVER DISTORÇÕES NA FORMA DO MOLDE EM DECORRÊNCIA DE DETERMINADOS AJUSTES.

Adequações em relação às alturas

SOBRE A BASE DE CORPO

Sobre a base de corpo, siga as etapas das correções, fazendo os ajustes necessários.

1ª ETAPA: AJUSTE DAS ALTURAS DO CORPO

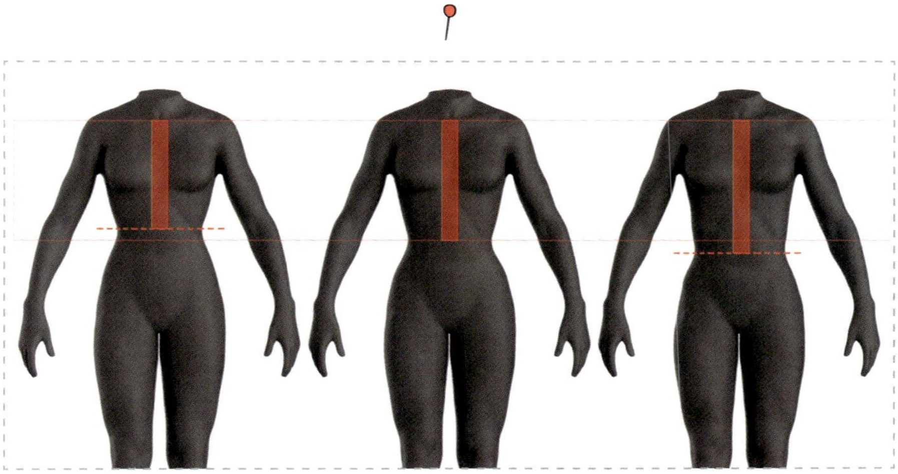

Medidas utilizadas: altura do corpo (frente e costas).

Para corrigir a altura do corpo, posicione uma linha paralela entre as linhas de cintura e busto.

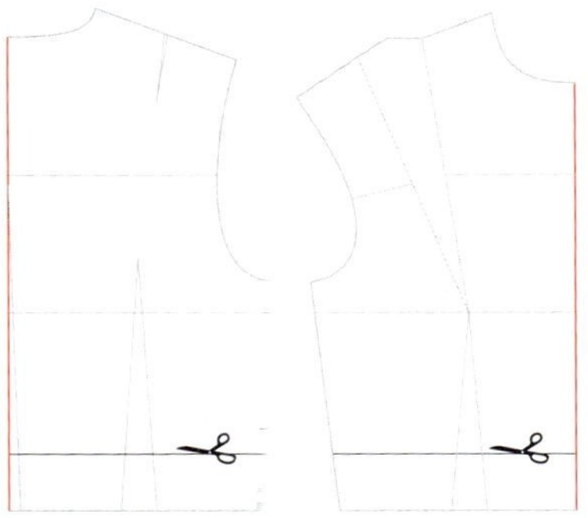

Corte nessa linha e calcule o valor que deverá ser aumentado ou reduzido para compensar as medidas das alturas do corpo (frente e costas). É importante que o valor inserido nesse local seja o mesmo para as duas medidas, caso contrário a altura da cava apresentará diferença.

Compare as medidas da altura de corpo desejada com os valores da base. Verifique a diferença entre as duas medidas da frente e as duas das costas. O valor da altura que tiver a menor diferença é o que deverá ser acrescentado ou retirado da base. O que faltar será ajustado posteriormente em outro local.

Alinhe os moldes pelos eixos centrais, meios (frente e costas):

- para alongar, insira o valor, aumentando a altura do corpo;
- para diminuir, sobreponha a parte superior do molde à parte inferior com o valor a ser reduzido;
- retraçar as pences, mantendo a mesma profundidade na linha de cintura. Faça o mesmo para a pence do meio das costas;
- retrace as laterais da cintura até a cava.

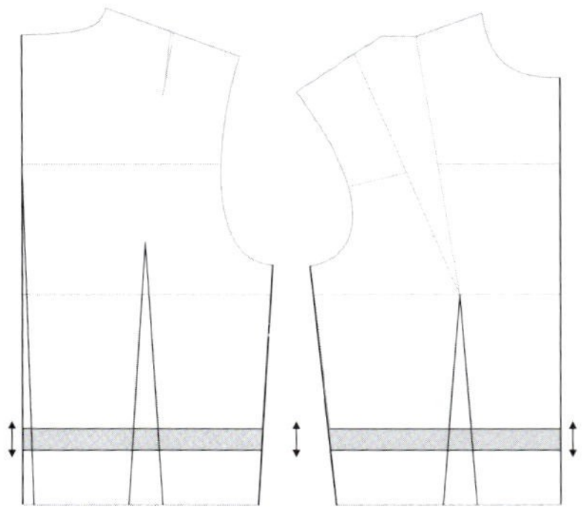

AUMENTANDO

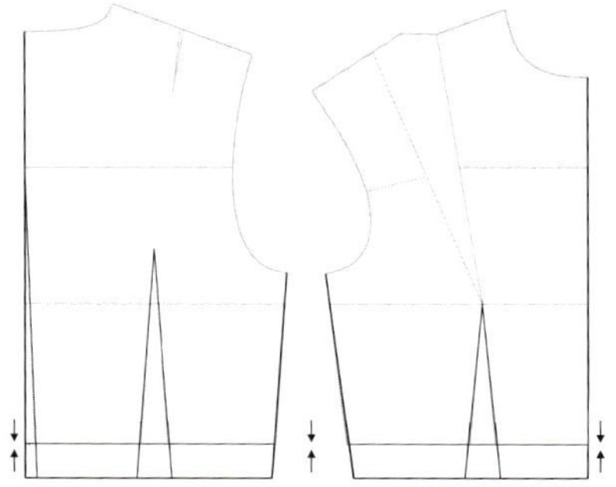

DIMINUINDO

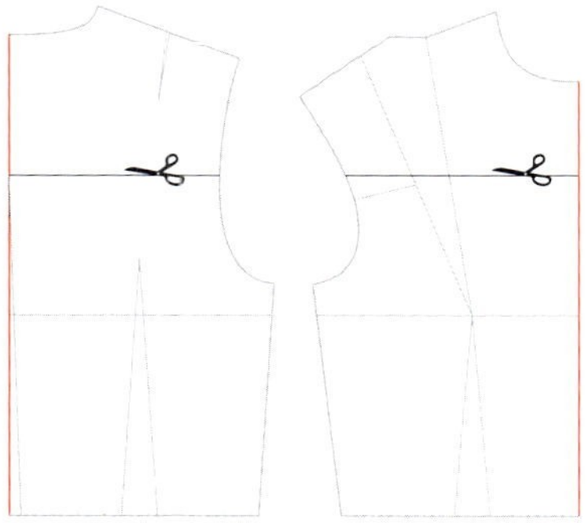

Nos exemplos anteriores, o valor inserido para aumentar ou diminuir a altura do corpo é o mesmo para frente e costas. Caso ainda haja uma diferença para ser compensada somente em uma das medidas, insira o valor na região da entrecavas:

- corte na linha de entrecavas;

- mantenha as duas partes do molde alinhadas sobre o eixo central, meio da frente ou das costas, e insira ou exclua o valor necessário para compensar a diferença da altura do corpo paralelamente à linha de entrecavas;
- retrace a cava;
- na correção sobre o molde da frente, retrace a pence de busto, mantendo a localização do mamilo e a profundidade sobre a linha do ombro. Retrace a linha de entrecavas com a pence de ombro fechada.

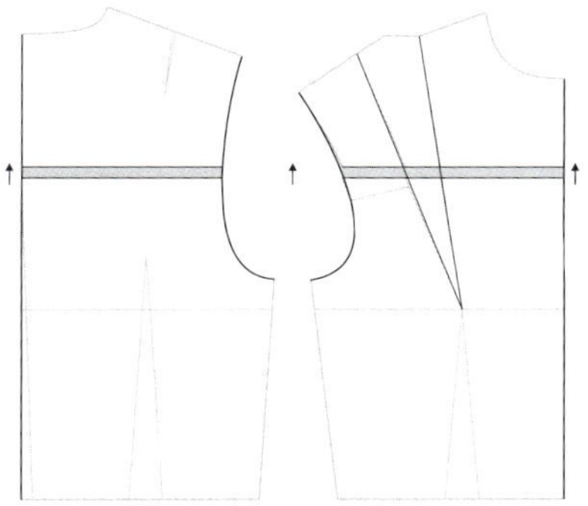

PARA AUMENTAR A ALTURA DO CORPO

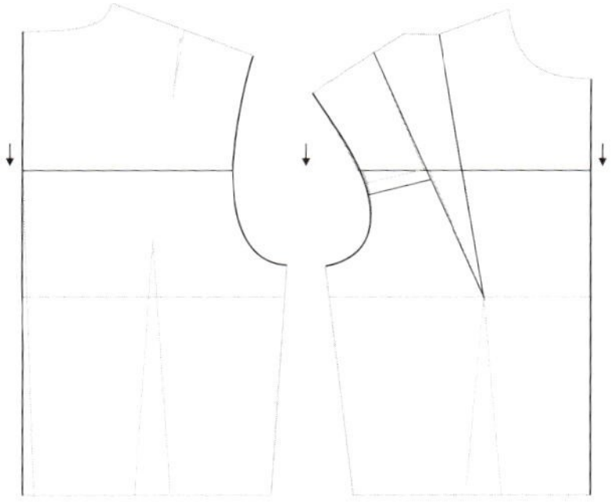

PARA DIMINUIR A ALTURA DO CORPO

Esta correção é mais utilizada quando é necessário alterar apenas um dos moldes, frente ou costas. Caso haja a necessidade de alterar os dois, deve-se fazer a correção entre as linhas da cintura e do busto apontadas anteriormente.

2ª ETAPA: AJUSTE DA ALTURA DO BUSTO

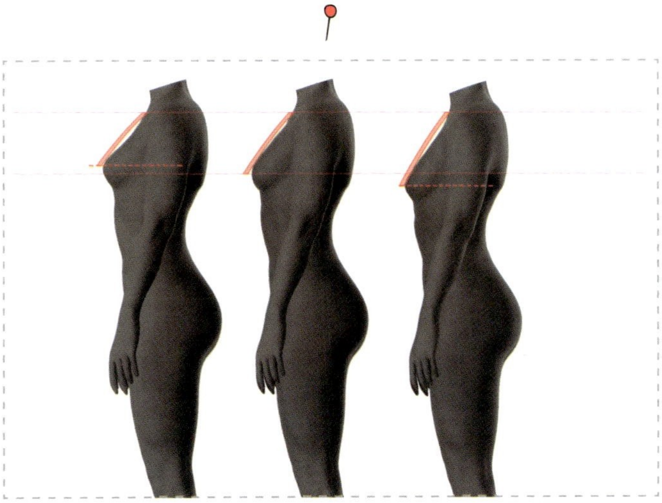

Medidas utilizadas: abertura e altura do busto.

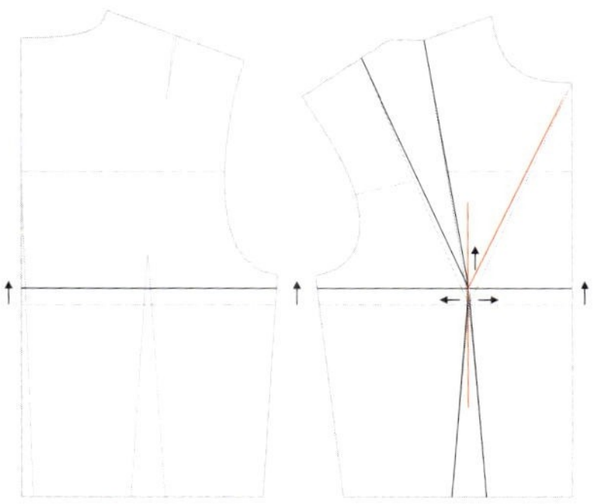

Localize, sobre a linha de busto no molde da frente, ½ da abertura do busto e trace a partir dela uma linha paralela ao meio. Se o valor não for o mesmo da base, as pences serão deslocadas.

Meça a altura do busto e marque o valor desejado a partir do pescoço até encostar na linha da abertura do busto. Sobre essa marcação, trace a nova linha de busto paralela à anterior sobre os moldes da frente e das costas.

Retrace as pences de ombro e de cintura a partir da localização do mamilo, mantendo a mesma profundidade das pences na cintura e no ombro.

3ª ETAPA: AJUSTE DO CAIMENTO DOS OMBROS

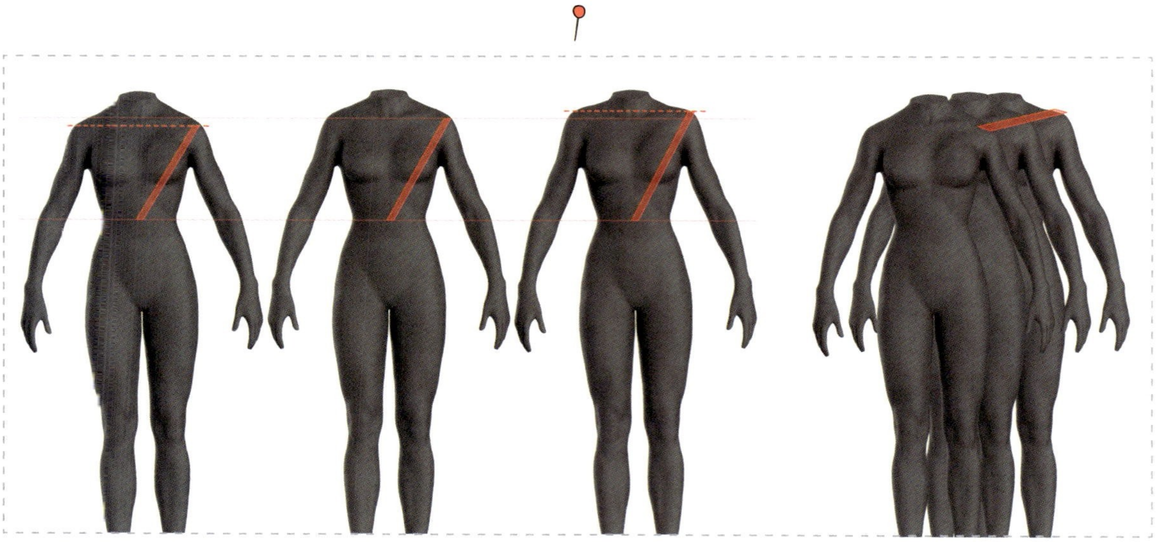

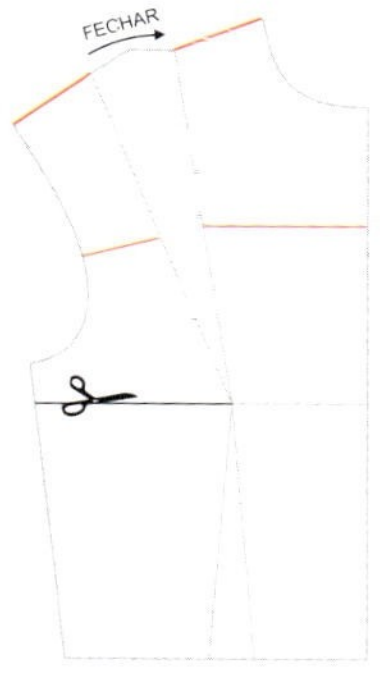

Sobre o molde da frente:

- medidas utilizadas: transversal frente, ombro a ombro frente e entrecavas frente;
- corte na linha de busto da lateral até o mamilo e dobre a pence de ombro. Esse procedimento é feito somente para possibilitar a medição precisa da transversal sobre o molde;

- trace uma reta paralela ao meio da frente, passando pelo final do ombro. Compare a distância entre as retas com a medida de ombro a ombro frente. Caso haja diferença, reposicione essa linha, deslocando-a paralelamente;
- posicione a medida da transversal frente, da cintura até encostar na reta traçada anteriormente. Essa medida determina o caimento do ombro: se for acima do ombro da base, a inclinação diminuirá; se for abaixo, ela aumentará. Marque esse ponto e retrace o ombro. Caso haja diferença no comprimento do ombro, compense, aumentando ou reduzindo na cava;
- ainda com a pence dobrada, carretilhe na nova linha de ombro. Abra novamente a pence no ombro, fechando a pence de busto (utilizada apenas para facilitar a manipulação do molde);
- caso haja diferença na entrecavas, marque e retrace a cava.

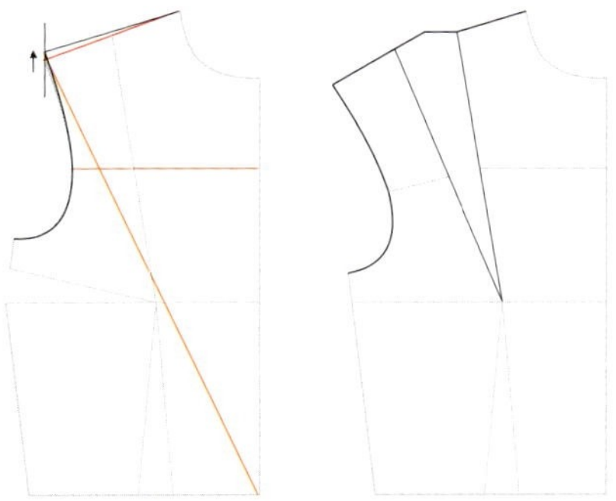

SUBINDO O OMBRO

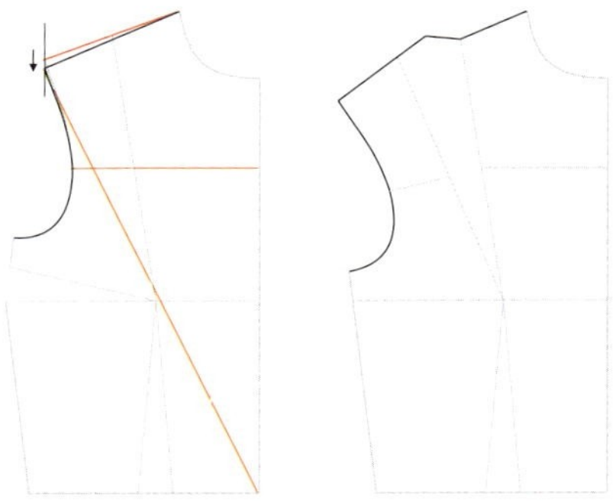

DESCENDO O OMBRO

Sobre o molde das costas:

- medidas utilizadas: transversal e ombro a ombro costas, ombro e entrecavas costas;
- trace uma reta paralela ao meio das costas, passando pelo final do ombro. Compare a distância entre as retas com a medida de ombro a ombro costas. Caso haja diferença, reposicione essa linha, deslocando-a paralelamente;
- posicione a medida da transversal costas, da cintura até encostar na reta traçada anteriormente. Marque esse ponto e retrace o ombro;
- caso a medida do ombro aumente, compense a diferença na pence de omoplata, retraçando-a. Se a profundidade da pence aumentar consideravelmente, aumente o comprimento também. Essa correção é comum em costas muito arqueadas, e o ideal é marcar e ajustar o comprimento da pence sobre o corpo de prova. Caso a medida do ombro diminua, elimine a pence de omoplata;

- confira a medida de entrecavas e retrace a cava.

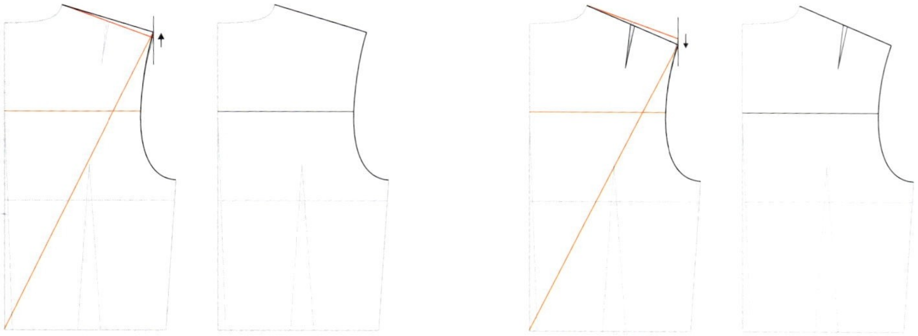

SUBINDO DESCENDO

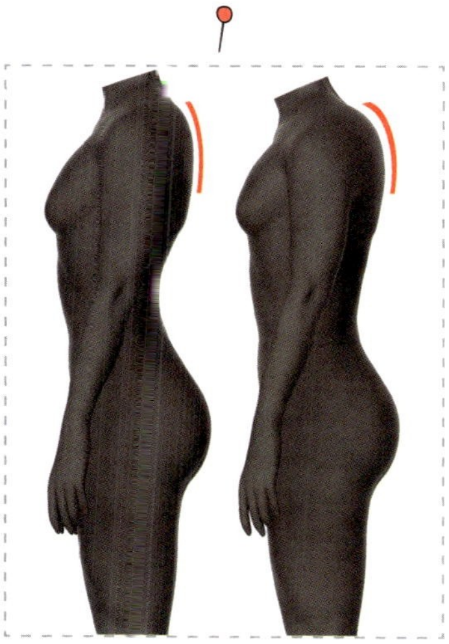

Ao utilizar as medidas das transversais para verificação do caimento dos ombros, frente e costas podem ter alterações de forma contrária, ou seja, um dos ombros descer e o outro, subir, pois os volumes salientes sobre os dois lados do corpo interferem nessa correção.

O ajuste para compensar a saliência na parte superior das costas, conhecida como "corcunda", pode ser feito a partir da correção do caimento do ombro nas costas:

- medidas utilizadas: transversal e ombro a ombro costas, ombro e entrecavas costas;
- faça o mesmo procedimento da correção sobre o molde das costas demonstrado anteriormente. Na ilustração do molde, o ombro sobe, o que é mais comum nesse tipo de correção, porém é possível acontecer o contrário. A medida de ombro a ombro maior altera mais a forma que a medida da transversal;
- retrace o ombro na nova altura. Insira a medida de ombro, deixando o excedente centralizado formando a nova pence, que será maior. O ideal é definir o comprimento sobre o corpo;
- feche a pence e retrace o ombro;
- insira a medida de entrecavas e retrace a cava. Dependendo da saliência, compense a diferença também sobre a linha do meio das costas e retrace-a em curva.

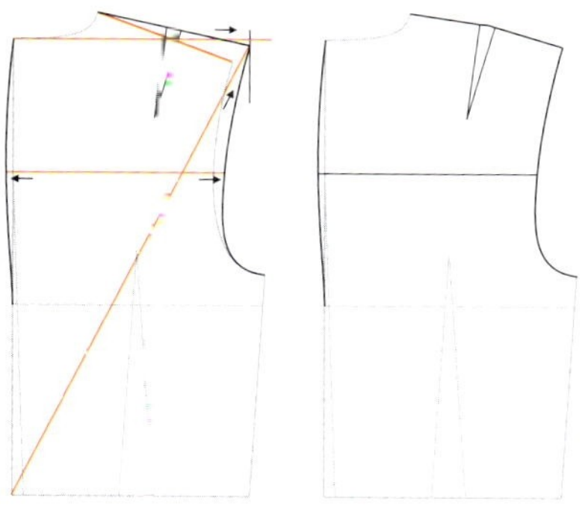

É IMPORTANTE QUE SE FAÇAM SOBRE OS MOLDES AS CORREÇÕES EM RELAÇÃO ÀS ALTURAS ANTES DAS CORREÇÕES DAS LARGURAS. PODEM-SE AVALIAR PREVIAMENTE QUAIS AS CORREÇÕES NECESSÁRIAS E, NO CASO DE NÃO HAVER DIFERENÇAS ENTRE ALGUMAS ETAPAS DA SEQUÊNCIA PROPOSTA, IR DIRETAMENTE AO QUE SERÁ AJUSTADO. CORRIGIR O MOLDE DE FORMA ALEATÓRIA PODE FAZER COM QUE ALGUNS AJUSTES FIQUEM NO LOCAL ERRADO, ALTERANDO OUTRAS MEDIDAS.

SOBRE A BASE DE SAIA

AJUSTE DA ALTURA DO QUADRIL

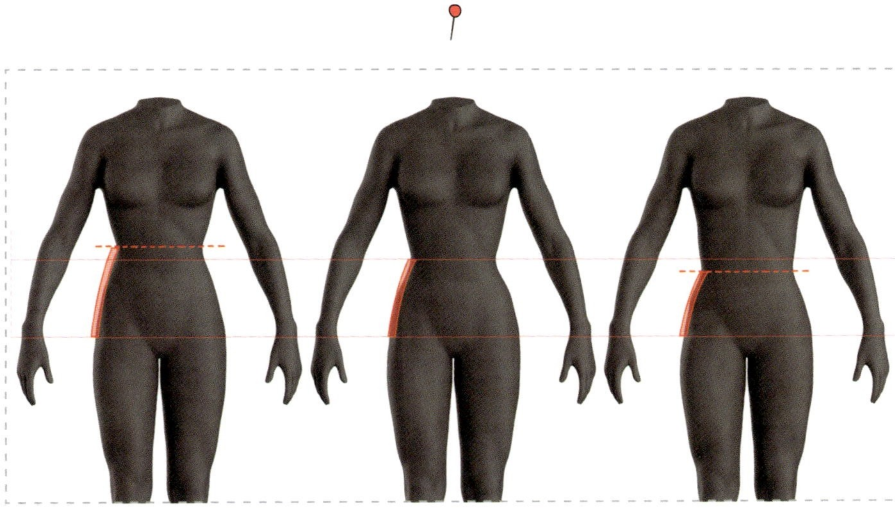

Medida utilizada: altura do quadril.

Posicione uma linha paralela acima da linha de quadril e, de preferência, abaixo das pences.

Corte nessa linha e calcule o valor que deverá ser aumentado ou reduzido para compensar a medida da altura do quadril.

Alinhe os moldes pelos eixos centrais (frente e costas) e insira (ou retire) o valor da diferença paralelamente.

Retrace as laterais e a pence do meio das costas, mantendo a mesma profundidade na linha de cintura.

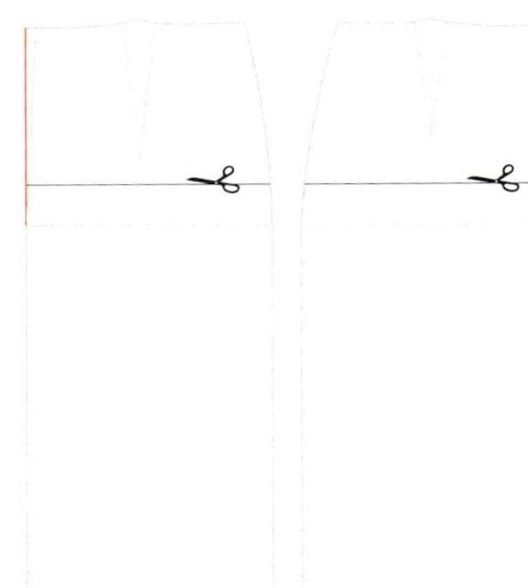

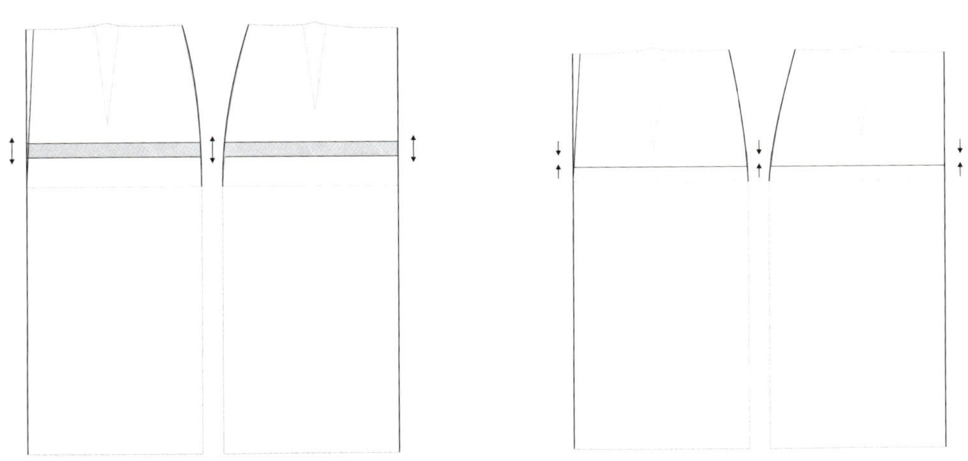

AUMENTANDO

DIMINUINDO

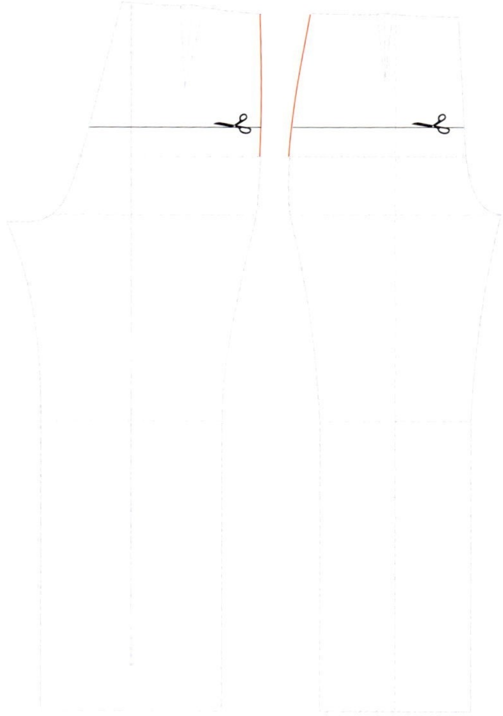

SOBRE A BASE DE CALÇA

Nas correções proporcionais aos comprimentos da perna, seguindo a ordem dos ajustes propostos é possível verificar em que local da perna o comprimento está variando e reposicionar as alturas de quadril, gancho e joelhos.

1ª ETAPA: AJUSTE DA ALTURA DO QUADRIL

Medida utilizada: altura do quadril.

Posicione uma linha paralela acima da linha de quadril e, de preferência, abaixo das pences.

Corte nessa linha e calcule o valor que deverá ser aumentado ou reduzido para compensar a medida da altura do quadril.

Alinhe os moldes pelo fio reto e insira (ou retire) o valor da diferença paralelamente.

Retrace as laterais e os ganchos da frente e das costas.

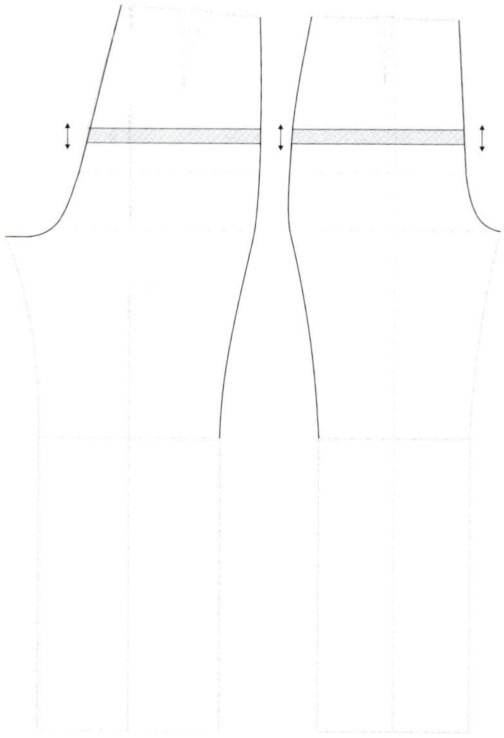

AUMENTANDO

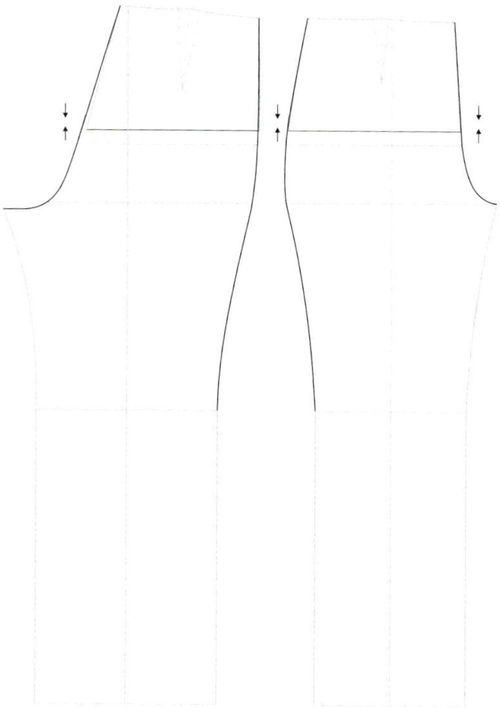

DIMINUINDO

2ª ETAPA: AJUSTE DA ALTURA DO GANCHO

Medida utilizada: altura do gancho.

Posicione uma linha paralela entre a linha de gancho e a linha de quadril.

Corte nessa linha e calcule o valor que deverá ser aumentado ou reduzido para compensar a medida da altura do gancho.

Alinhe os moldes pelo fio reto e insira (ou retire) o valor da diferença paralelamente.

Retrace as laterais e os ganchos da frente e das costas.

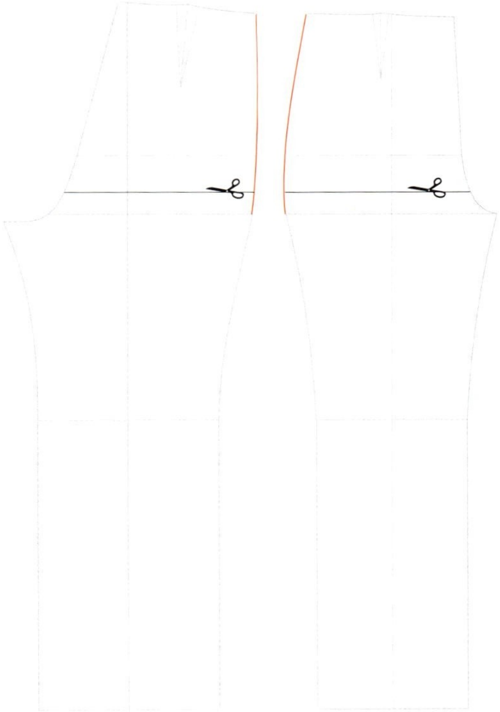

É IMPORTANTE PARA A VESTIBILIDADE DA CALÇA O REPOSICIONAMENTO DAS LINHAS, PRINCIPALMENTE ENTRE A CINTURA E O GANCHO. APESAR DE A CORREÇÃO DA ALTURA DO QUADRIL TAMBÉM ALTERAR A ALTURA DO GANCHO, ELA NÃO COMPENSA A DIFERENÇA NAS CURVATURAS DOS GANCHOS.

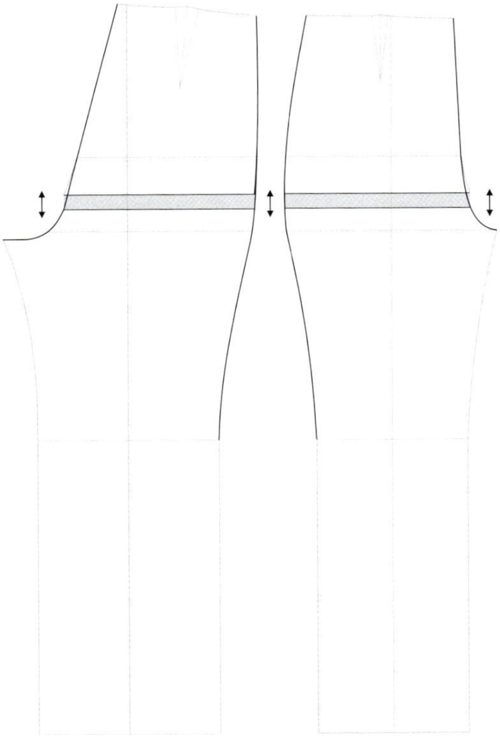

AUMENTANDO

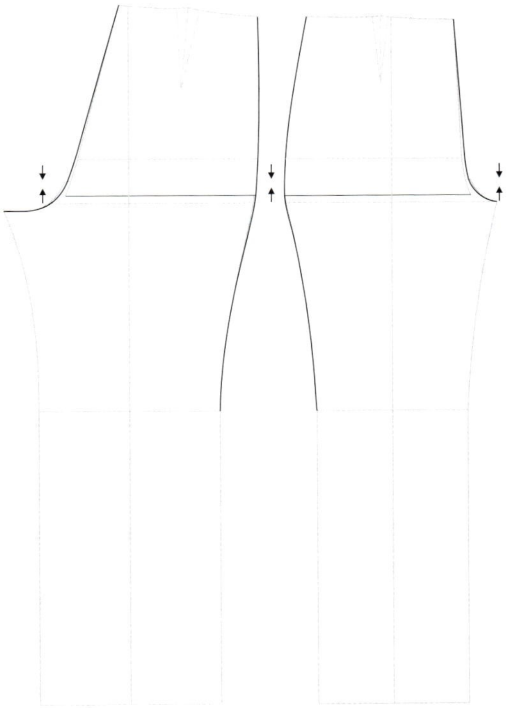

DIMINUINDO

3ª ETAPA: AJUSTE DA ALTURA DOS JOELHOS

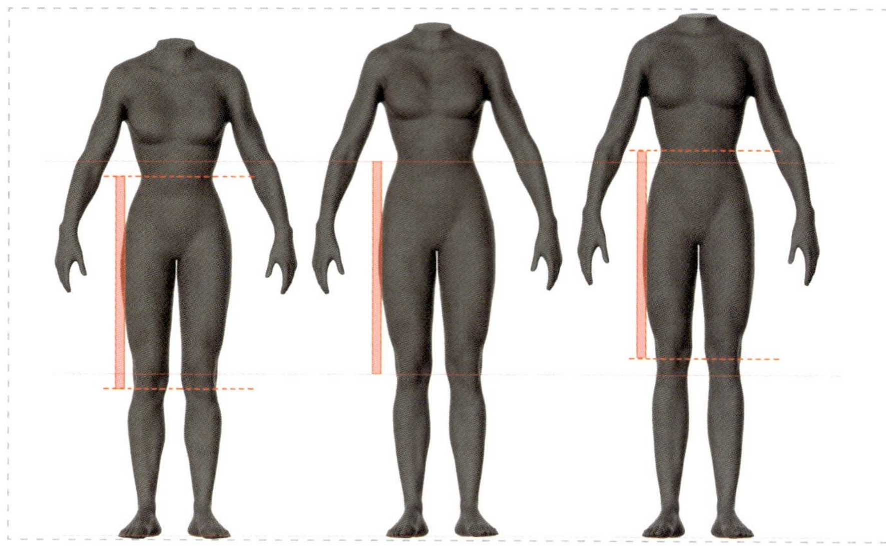

Medida utilizada: altura do joelho.

Posicione uma linha paralela acima da linha dos joelhos.

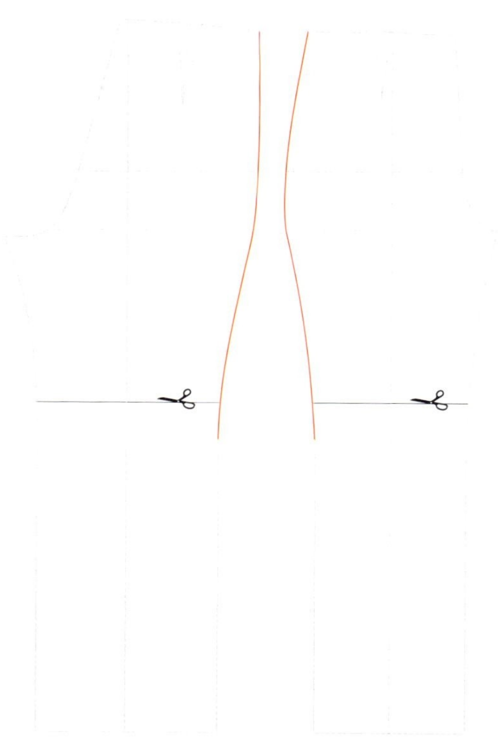

Localizar os joelhos auxilia no traçado de modelos com recortes nessa região.

Corte nessa linha e calcule o valor que deverá ser aumentado ou reduzido para compensar a medida da altura do joelho.

Alinhe os moldes pelo fio reto e insira (ou retire) o valor da diferença paralelamente.

Retrace as laterais e entrepernas da frente e das costas, mantendo a medida da largura dos joelhos.

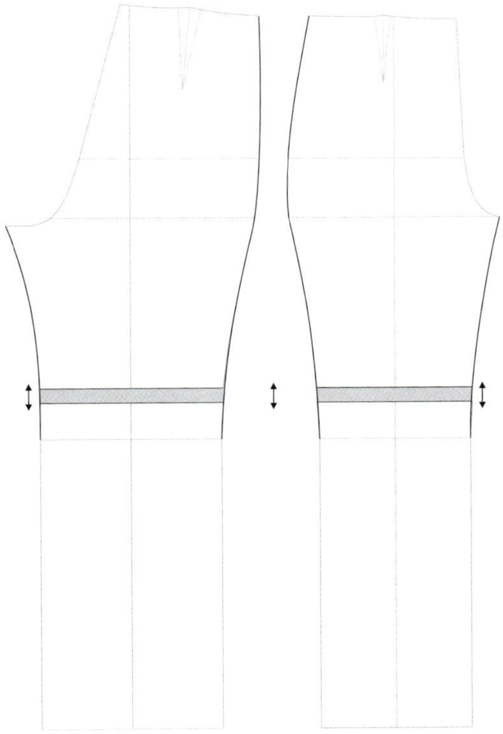

PARA AUMENTAR

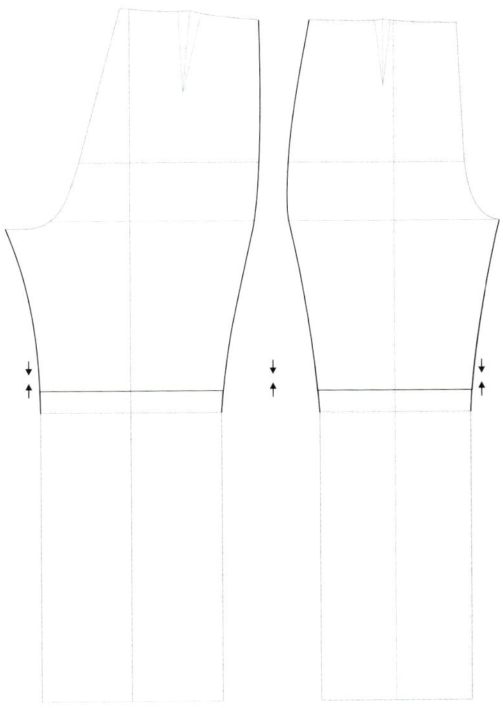

PARA DIMINUIR

4ª ETAPA: AJUSTE DO COMPRIMENTO DAS PERNAS

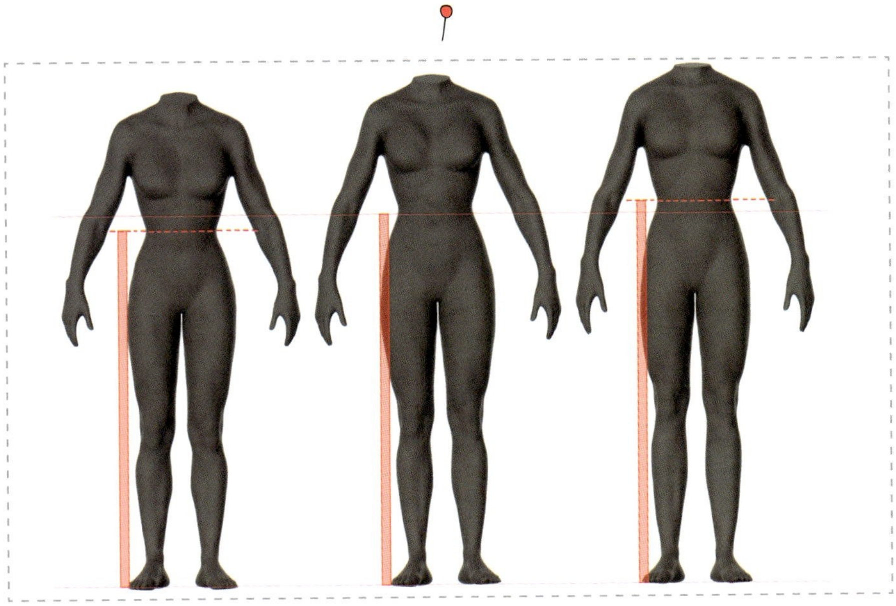

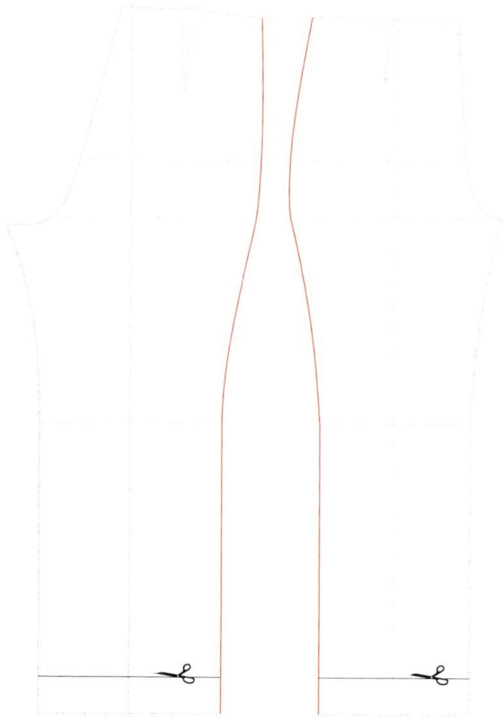

Medida utilizada: comprimento da cintura ao solo.

Posicione uma linha paralela acima da linha da barra.

Corte nessa linha e calcule o valor que deverá ser aumentado ou reduzido para compensar a medida do comprimento das pernas.

Alinhe os moldes pelo fio reto e insira (ou retire) o valor da diferença paralelamente.

Retrace as laterais e entrepernas da frente e das costas, mantendo a largura da boca da calça.

Caso o modelo de calça tenha a mesma largura nos joelhos e na boca da calça, para aumentar ou diminuir o comprimento é possível inserir a diferença na barra. Se a perna for afunilada, a inserção da diferença de medida por meio de corte acima da linha da barra não modificará a medida da boca da calça.

AUMENTANDO O COMPRIMENTO

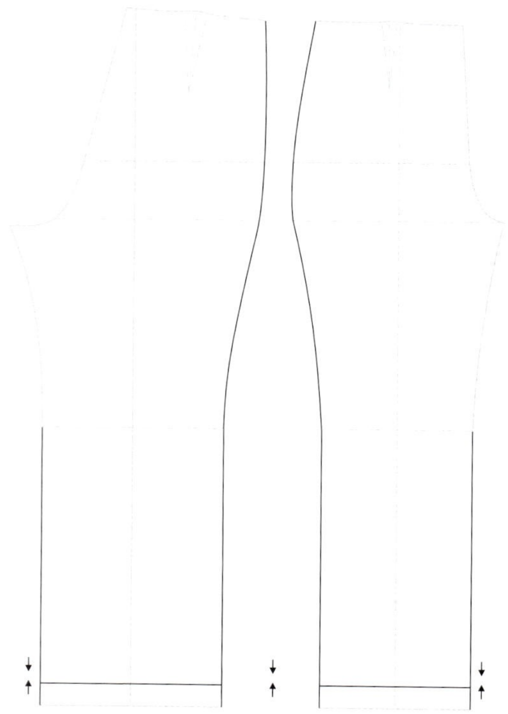

DIMINUINDO O COMPRIMENTO

Adequações em relação às larguras

Adequando o corpo em seus principais contornos, definem-se alguns dos biótipos citados no início deste capítulo. No entanto, neste momento é importante avaliar se a diferença de medida (maior ou menor) nesses contornos representa alguma modificação na silhueta. Por exemplo:

PARA UMA MESMA MEDIDA DE BUSTO, a localização do volume pode ser diferente: a largura nas costas, menor, e o busto, mais saliente;

PARA UMA MESMA MEDIDA DE QUADRIL, as nádegas podem ser achatadas e a curva do quadril, mais acentuada na lateral.

Para que as opções de correções possam atender a uma maior variedade de conformações corporais, as adequações em relação à largura, além de atingir as medidas e silhuetas dos principais biótipos, serão sinalizadas em cada contorno.

A FIM DE MANTER A VESTIBILIDADE PROPOSTA NAS CONSTRUÇÕES, MANTENHA A FOLGA DE 1 CM NAS CORREÇÕES:

- NO CASO DA BASE DE CORPO, NOS CONTORNOS DE BUSTO E CINTURA;
- PARA AS BASES DE SAIA E DE CALÇA, NOS CONTORNOS DE QUADRIL;
- NO CASO DA BASE DE CORPO ALONGADA, NOS CONTORNOS DE BUSTO, CINTURA E QUADRIL.

PARA COMPARAR AS DIFERENÇAS ENTRE OS CONTORNOS DA BASE E DO BIÓTIPO DESEJADO, DE ACORDO COM O TIPO DE BASE, JÁ ACRESCENTE ESSAS FOLGAS. ASSIM, AO FAZER AS CORREÇÕES, PERMANECERÁ A FOLGA, PARA GARANTIR A VESTIBILIDADE.

SOBRE A BASE DE CORPO

1º EXEMPLO: AJUSTE DE BUSTO PARA SEIOS VOLUMOSOS

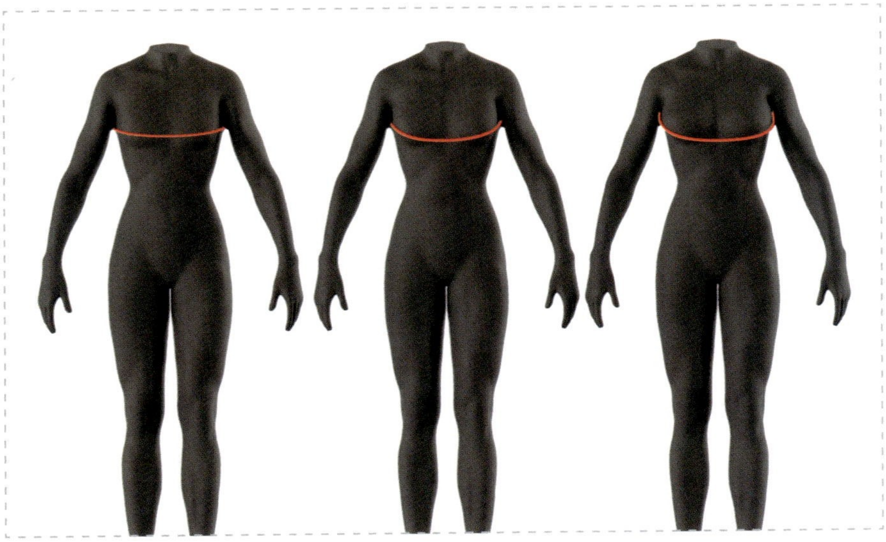

Neste exemplo, será considerada a mesma medida de contorno do busto, porém a largura na frente é maior em função do volume dos seios.

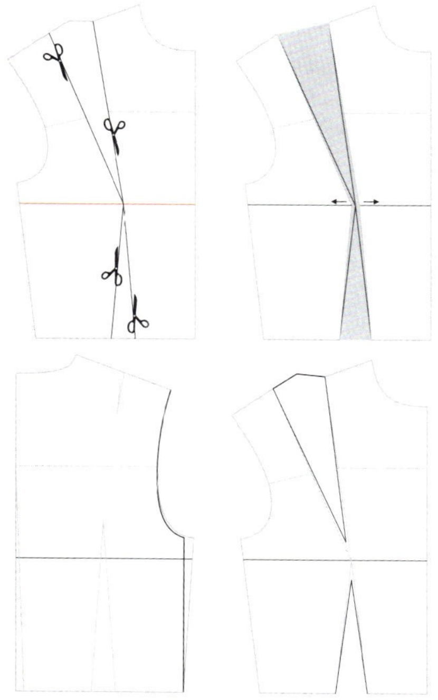

Medidas utilizadas: contorno do busto e abertura do busto.

Corte nas linhas das pences de ombro e cintura, separando os moldes.

Alinhe os moldes pela linha de busto, acrescentando medida entre as duas partes para aumentar o volume dos seios.

Reposicione o mamilo, centralizando-o no espaço que foi aumentado (caso a diferença seja pequena), mas é importante utilizar a ½ da abertura do busto para marcar a posição correta.

Retrace as pences de ombro e de cintura. Ambas terão profundidade maior, portanto a região para acomodar os seios aumentará, embora as medidas de ombro e de cintura não se alterem.

Afaste os vértices das pences em até 2,5 cm, para não formar "bicos" e acomodar melhor os seios. Feche as pences, carretilhe os ombros e a cintura e retrace essas linhas.

A medida do contorno do busto ficará maior em função do ajuste para os seios sobre o molde da frente. Considerando que essa medida seria a mesma, a diferença deverá ser compensada sobre o molde das costas na linha de busto. Retrace a lateral e o contorno da cava, mantendo lateralmente a mesma altura da cava do molde da frente.

Esta correção também poderá ser realizada para seios menores: faça o mesmo procedimento, diminuindo a largura da frente e aumentando a das costas sobre a linha de busto.

PARA UM BOM CAIMENTO DA ROUPA SOBRE O CORPO, AS COSTURAS DAS LATERAIS DEVEM FICAR VISUALMENTE RETAS. QUANDO OS VOLUMES DO CORPO NÃO SÃO COMPENSADOS NA MODELAGEM, A COSTURA DESLOCA-SE EM DIREÇÃO À PARTE QUE ESTÁ MENOR. PORTANTO, O EQUILÍBRIO DAS LINHAS LATERAIS NÃO DEVE SEGUIR A PROPORCIONALIDADE SOMENTE DAS MEDIDAS DOS CONTORNOS, MAS, PRINCIPALMENTE, A DAS DIFERENÇAS NAS CONFORMAÇÕES CORPORAIS.

2º EXEMPLO: AJUSTE DA MEDIDA DE BUSTO SEM ALTERAR O VOLUME DOS SEIOS

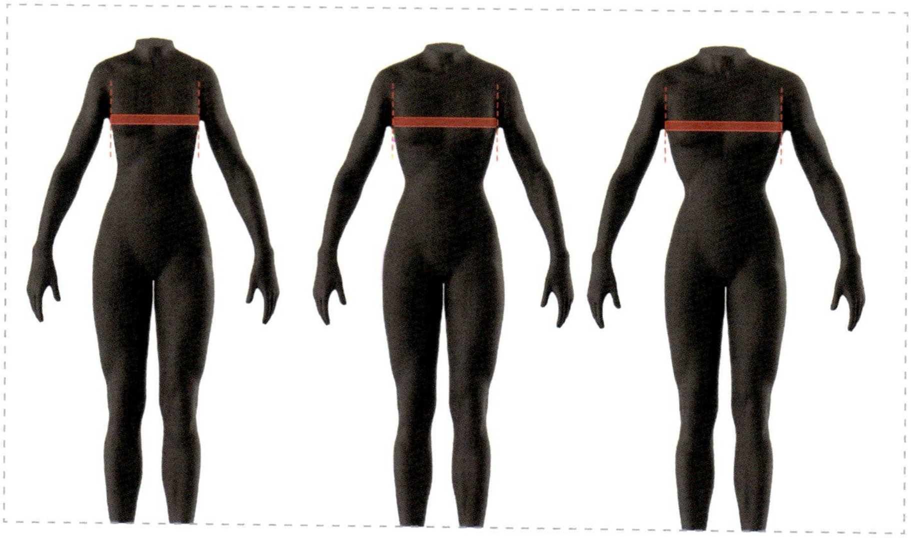

Esta correção é mais simples: a diferença pode ser compensada somente nas laterais.

Medida utilizada: contorno do busto.

Compare a medida do contorno do busto entre a base e o biótipo desejado. A diferença será aumentada ou diminuída entre os moldes da frente e das costas. Como o molde da base é simétrico, podem-se comparar as medidas de busto entre as metades; assim, o valor encontrado será dividido igualmente entre frente e costas.

Insira a medida nas laterais sobre a linha do busto para aumentá-lo. Para diminuir o busto, retire a diferença sobre a mesma linha. Retrace as laterais, mantendo a altura da cava.

Retrace as cavas, mantendo ângulo reto nas laterais. Para essa correção, não altere as medidas de entrecavas.

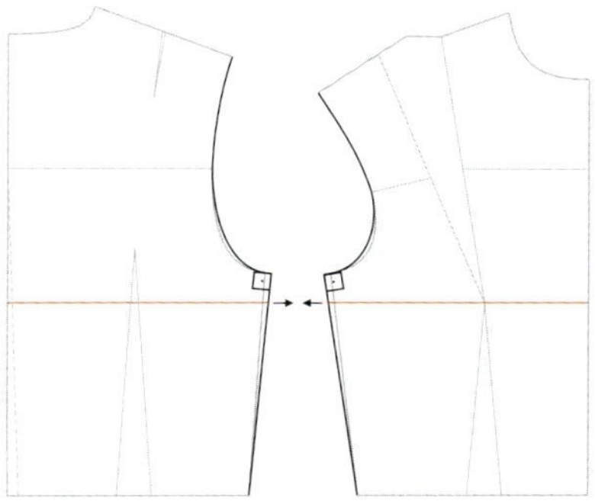

AUMENTANDO A LARGURA DO BUSTO

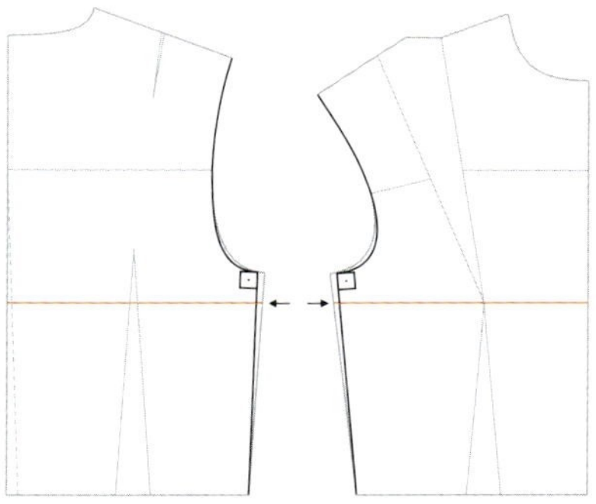

DIMINUINDO A LARGURA DO BUSTO

3º EXEMPLO: AJUSTE DA MEDIDA DE CINTURA

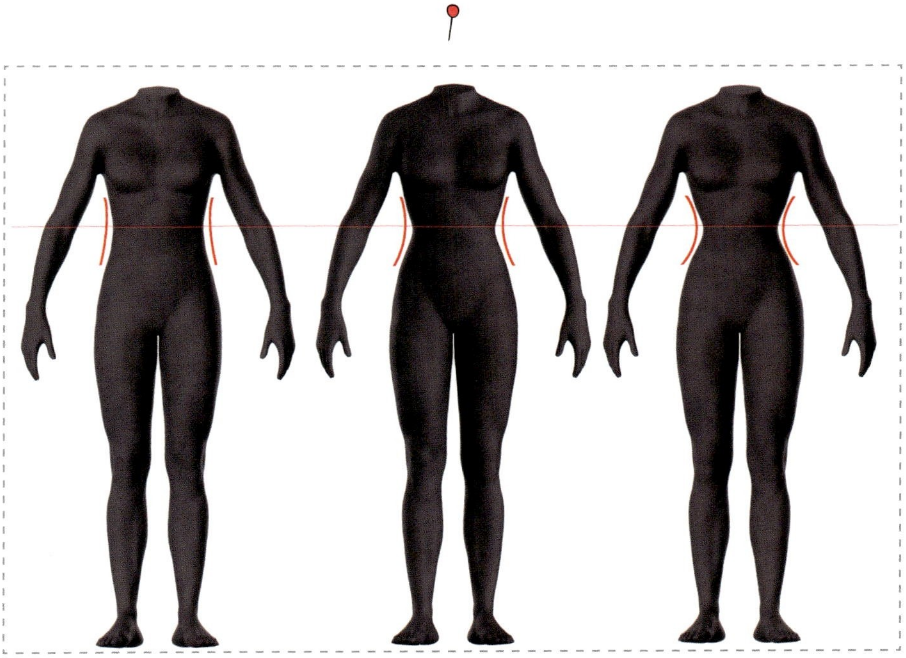

Nas laterais

Para alterar a medida de cintura para um corpo sem volume abdominal e curvatura lombar significativa, a correção pode ser feita somente nas laterais. Para diminuir a cintura, utilize esta correção somente se a diferença for pequena. Caso contrário, faça a correção nas pences (explicada adiante, neste mesmo capítulo).

Considerando as medidas de busto e de quadril inalteradas em relação à base, esta cintura quando aumentada caracteriza um biótipo mais reto.

Medida utilizada: contorno da cintura.

Compare a medida do contorno da cintura entre a base e o biótipo desejado. A diferença será aumentada ou diminuída entre os moldes da frente e das costas.

Insira a medida nas laterais sobre a linha de cintura para aumentá-la. Para diminuir a cintura, retire a diferença sobre a mesma linha. Retrace as laterais da cintura até a cava.

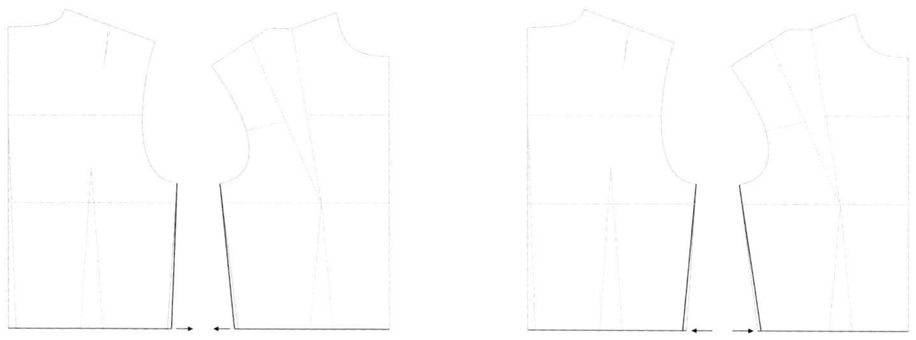

AUMENTANDO A LARGURA DA CINTURA

DIMINUINDO A LARGURA DA CINTURA

Nas pences

Este é um ajuste muito utilizado quando existe diferença significativa da cintura (muito estreita) em relação ao busto e ao quadril. Para suavizar a curvatura lateral, a cintura é reduzida, aumentando a profundidade ou a quantidade das pences.

Medida utilizada: contorno da cintura.

Compare a medida do contorno da cintura entre a base e o biótipo desejado. A diferença será diminuída entre os moldes da frente e das costas.

Insira na linha de cintura duas pences: localize-as na ½ entre as pences existentes e as laterais para os moldes da frente e das costas. Nessa posição, trace o centro da pence paralelamente aos eixos dos meios até a linha de busto.

Na frente, o valor deve ser pequeno (entre 1 cm e 1,5 cm), pois pode alterar a localização do busto. Nas costas, se necessário poderá ser um pouco maior.

Trace as pences.

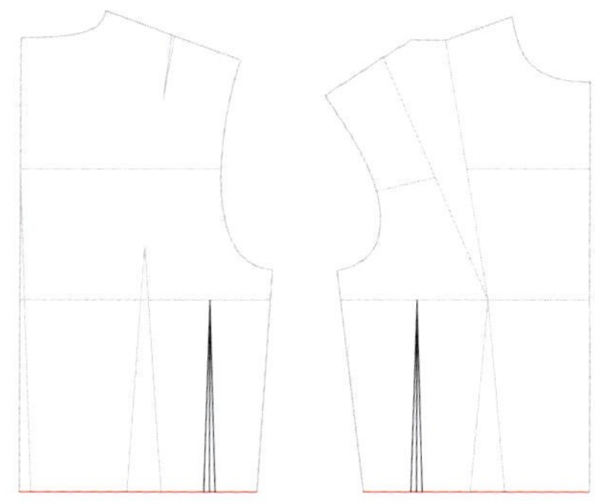

Adequação da cintura para abdômen saliente

Para volumes exagerados nessa região, é possível até mesmo eliminar a pence da cintura, na frente.

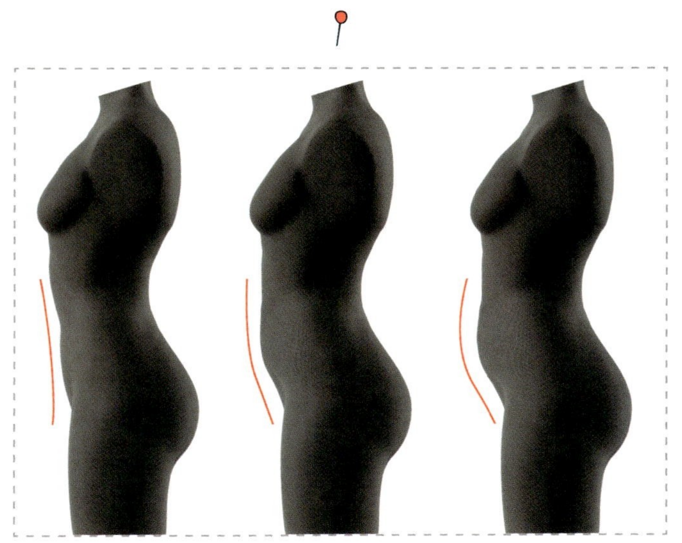

Neste exemplo foi mantida a pence de cintura (com uma profundidade menor), somente com a função de salientar o volume do busto.

Medida utilizada: contorno da cintura.

Compense a diferença da cintura sobre o molde da frente, diminuindo o valor da pence. Retrace a pence e, se ainda houver diferenças, aumente na lateral (se for insuficiente, elimine a pence).

Desça, de acordo com o volume de abdômen no meio da frente, e retrace a linha de cintura (com a pence fechada): em ângulo reto a partir do meio e seguindo em curva até a lateral. Essa medida também pode ser calculada pela altura do corpo na frente, mas somente quando a diferença de altura for em função do volume abdominal.

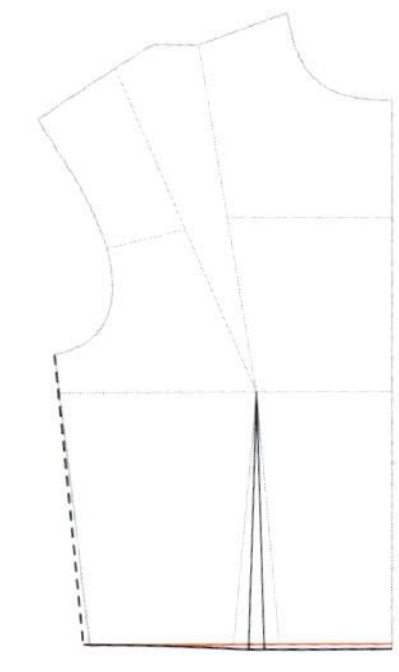

PARA AS CORREÇÕES EM QUE A DIFERENÇA DE VOLUME OCORRE SOMENTE NA FRENTE OU NAS COSTAS, A LINHA LATERAL É ÚTIL PARA DETERMINAR O VALOR QUE DEVERÁ SER ACRESCENTADO OU RETIRADO ENTRE OS DOIS LADOS. CASO NA TELA DE PROVA A LATERAL FIQUE DESLOCADA, MARQUE A POSIÇÃO IDEAL, VISUALMENTE RETA, E REDISTRIBUA A DIFERENÇA SOBRE AS LATERAIS DO MOLDE: A MEDIDA EXCEDENTE PASSA PARA O OUTRO LADO.

Adequação da cintura para curvatura lombar acentuada (lordose)

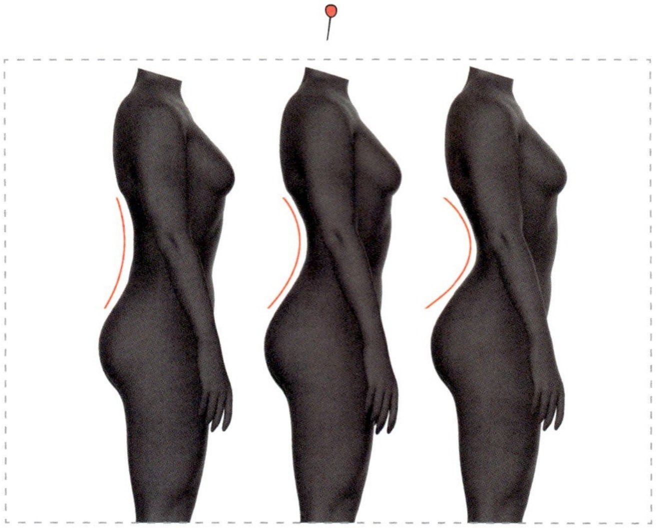

Os modelos com costura na linha de cintura facilitam as correções para lordose, pois quando a linha de cintura é retraçada, eliminando volume, este excesso é transferido para o recorte.

Esta correção pode ser utilizada tanto para cinturas estreitas como para as largas, pois trata de postura e não de perímetro de cintura. No primeiro caso, é comum para pessoas com nádegas acentuadas; no segundo, para pessoas com abdômen saliente (exemplo anterior), porém nas duas situações podem-se aumentar a profundidade das pences existentes ou a quantidade de pences.

Medida utilizada: contorno da cintura.

Compare a medida do contorno da cintura entre a base e o biótipo desejado e observe o ponto em que concentram o volume e a curva mais profunda. Neste exemplo, a frente se mantém inalterada, e a diferença será compensada diminuindo a medida da cintura no molde das costas.

Se a diferença for pequena, pode-se aumentar o volume das pences existentes. Caso seja maior, o ideal é distribuir o valor em mais pences.

Elimine a pence de cintura. Divida a linha de cintura em três partes da pence, do meio até a lateral. Localize as pences entre as partes, traçando os eixos centrais paralelamente ao meio das costas, da cintura até o comprimento da pence anterior. Insira a diferença da medida entre as duas pences e trace-as. Se necessário, aumente a pence do meio das costas.

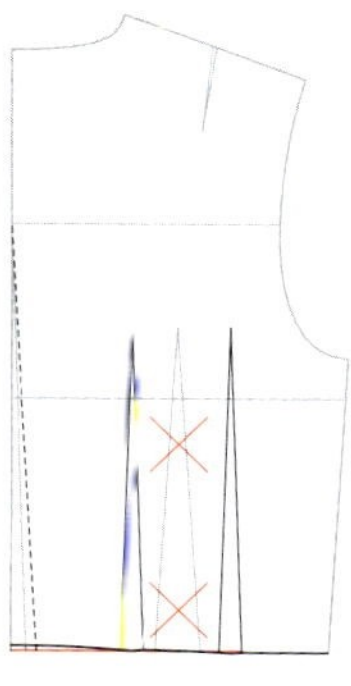

Esse tipo de curvatura na lombar acumula tecido na linha de cintura. Para fazer a correção, suba a linha de cintura e a retrace (com as pences fechadas), mantendo ângulo reto no meio das costas, e siga em curva até a lateral. O valor que deverá subir também pode ser calculado pela medida da altura das costas, somente para esse tipo de correção.

Adequação da cintura sobre a base de saia

As correções em relação à cintura podem seguir as mesmas referências apresentadas acerca da base de corpo.

Medida utilizada: contorno da cintura.

Para aumentar ou diminuir a cintura, insira a diferença lateralmente entre frente e costas, desde que a conformação do corpo favoreça essa correção. Lembre que, para aumentar a medida, a profundidade das pences pode diminuir.

Para reduzir o contorno da cintura, podem-se inserir mais pences, e a localização na frente pode ser entre a pence existente até a lateral. Se o posicionamento ficar muito próximo da lateral, pode-se dividir em três partes a linha de cintura, na frente, e posicionar as pences entre elas.

Para a correção de abdômen saliente, siga o mesmo procedimento. Para compensar o volume, se necessário suba na linha de cintura no meio da frente.

No caso da curvatura lombar acentuada, também siga a indicação realizada sobre a base de corpo e, se necessário, desça a linha de cintura no meio das costas.

Adequação da cintura sobre a base de calça

No caso das calças, os meios da frente e das costas correspondem aos contornos dos ganchos. Consequentemente, a peça terá costura nessas linhas. No entanto, o deslocamento horizontal para aumentar e diminuir a medida de cintura deve ser feito inicialmente nas laterais.

O princípio das correções é o mesmo em relação à cintura das bases de corpo e de saia, analisando sempre a conformação corporal para verificar qual correção será mais adequada e, assim, alterar as pences – e, se necessário, deslocar as linhas dos ganchos.

Medida utilizada: contorno da cintura.

Quando a correção é somente sobre a cintura, os demais contornos ficam inalterados e as laterais são retraçadas até o quadril. No caso das cinturas estreitas, ao reduzir a medida avalie o desenho da curvatura, pois, como as calças ficam mais estreitas nas pernas, a lateral pode ficar muito acentuada, formando um "culote". Assim, faça a correção também nas pences e, por último, na linha de gancho.

As correções nos contornos do gancho são mais limitadas, conforme detalhado a seguir.

Para aumentar sobre o gancho da frente, altere a inclinação, limitando-a até formar um ângulo de 90° com a linha de quadril. Retrace o gancho até a curvatura.

Nessa posição, o gancho pode acomodar saliências abdominais. Mas, quando não existe volume, o deslocamento altera o caimento do gancho, deixando mais folga na frente. Esse desenho de gancho pode ser utilizado em modelos de calças mais folgadas – como, por exemplo, com elástico na cintura.

Na frente, para diminuir, verifique o limite da inclinação sobre o corpo na prova da peça. O conforto é essencial na vestibilidade: o gancho deve acomodar sem repuxar – caso contrário, provoca defeitos.

O deslocamento excessivo da linha do gancho das costas (seja para aumentar, seja para reduzir o volume) altera a acomodação das nádegas, e, se a conformação do corpo não corresponder a essas variações, a calça não vestirá adequadamente nessa região. Em princípio, quando a curvatura nas costas é bem acentuada, pode-se entrar na linha de gancho; quando é muito reta, pode-se fazer o deslocamento contrário. Assim, avalie o biótipo que pretende atingir para fazer essas correções.

Para as alterações sobre os ganchos, retrace-os por retas até as curvas. Feche as pences e retrace a linha de cintura.

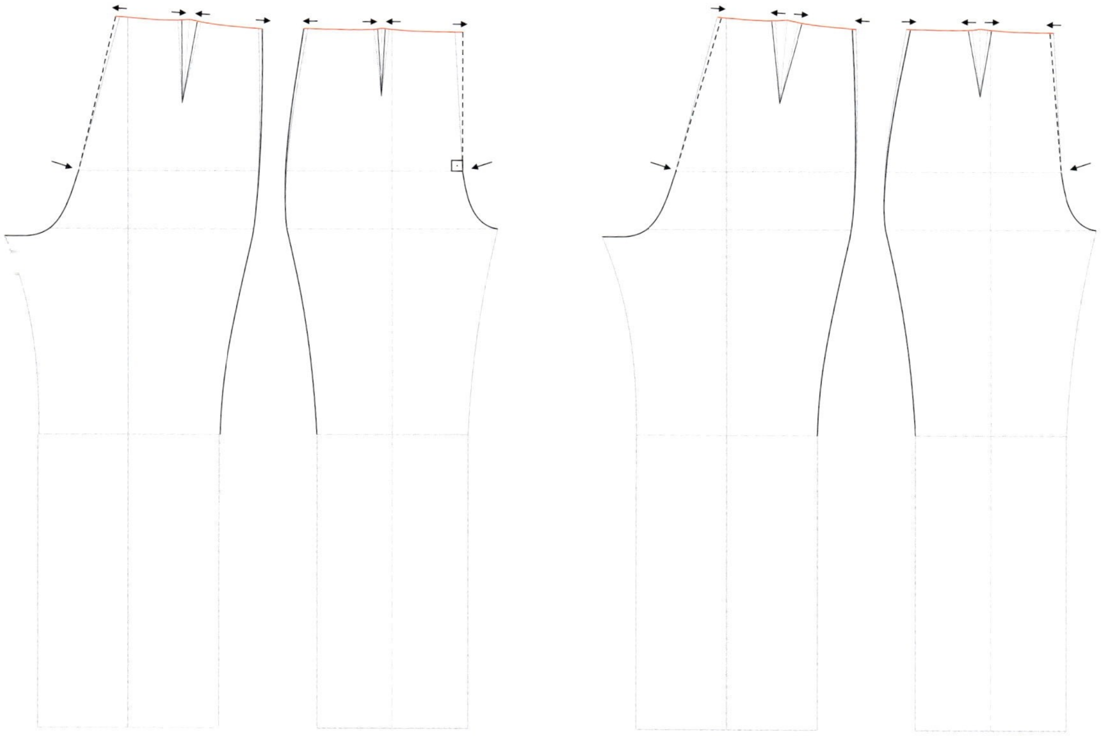

PARA AUMENTAR A CINTURA **PARA DIMINUIR A CINTURA**

As linhas dos ganchos, tanto a da frente como a das costas, devem ser retraçadas de maneira que terminem tangentes às curvas e fiquem sem "bicos".

4º EXEMPLO: AJUSTE DA MEDIDA DE QUADRIL

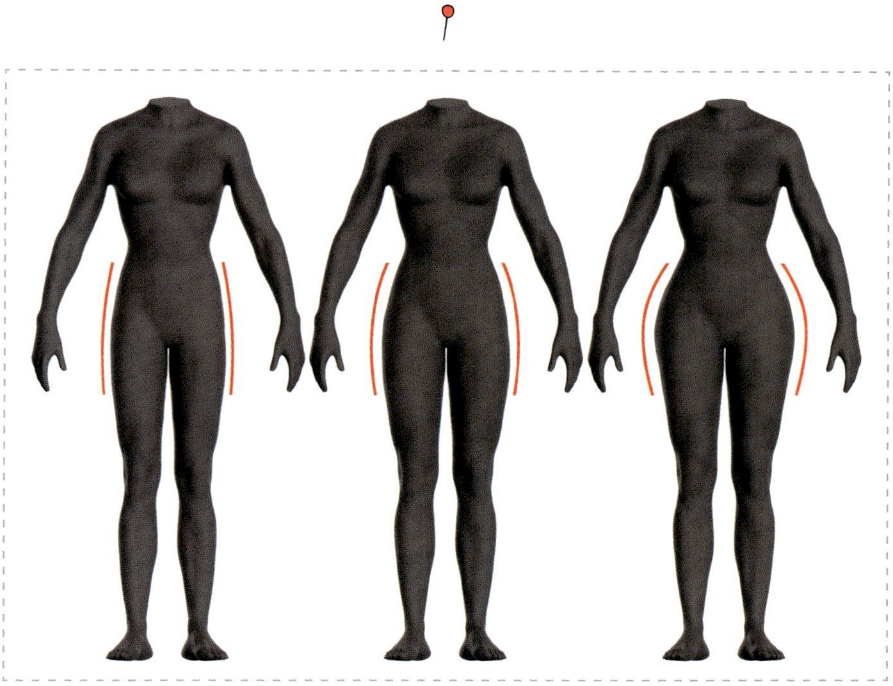

Sobre a base de saia

Uma das opções é compensar a diferença do contorno do quadril somente nas laterais.

Compare a medida do contorno do quadril entre os moldes da base e do biótipo desejado. A diferença será aumentada ou diminuída entre os moldes da frente e das costas.

Insira a medida nas laterais sobre a linha do quadril, para aumentar o contorno. Para diminuí-lo, retire a diferença sobre a mesma linha.

Retrace as laterais em reta até a linha de quadril e em curva até a cintura.

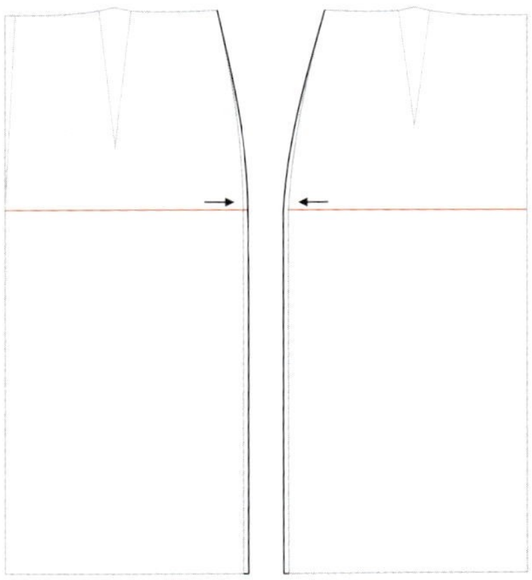

AUMENTANDO

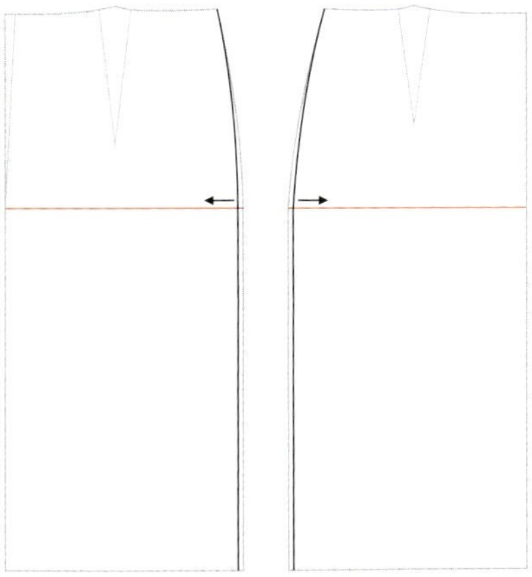

DIMINUINDO

A medida do pequeno quadril auxilia nas correções das bases ajustadas (corpo alongado, saia e calça), definindo o comprimento das pences de cintura e a curva lateral. É uma medida tirada 9 cm ou 10 cm abaixo da cintura, passando sobre o abdômen e a curvatura lombar, nas costas. Ao tirar a medida de pequeno quadril, meça também a distância dessa linha em relação à cintura.

Para efeitos comparativos, sobre seu valor devem ser acrescentadas folgas que permitam a vestibilidade nas bases: 1 cm para a base de corpo alongada e 0,5 cm para as saias e calças (nestas peças não existe folga na cintura, portanto o valor no pequeno quadril é menor).

→ Sobre a base de saia: neste exemplo, não há alterações em relação à medida de quadril para demonstrar como se faz a correção sobre a linha de pequeno quadril. Considere que a medida de quadril da base está correta em relação ao biótipo desejado.

→ Localize a linha de pequeno quadril e a trace paralelamente abaixo da cintura com a mesma altura que foi medida (aproximadamente 9 cm a 10 cm).

→ Meça o pequeno quadril no molde, descontando as pences, e compare com a medida tomada.

→ Caso o molde esteja menor, para compensar a diferença reduzindo o comprimento das pences, avalie o corpo: na frente, suba somente se houver abdômen saliente; nas costas, suba se houver volumes nas nádegas. O limite para subir as pences é o pequeno quadril. Caso a correção seja somente em um dos casos e/ou ainda estiver menor, aumente nas laterais, deixando a curva mais acentuada.

→ Se a medida estiver maior, é possível aumentar o comprimento das pences e/ou entrar nas laterais, deixando a curva mais leve.

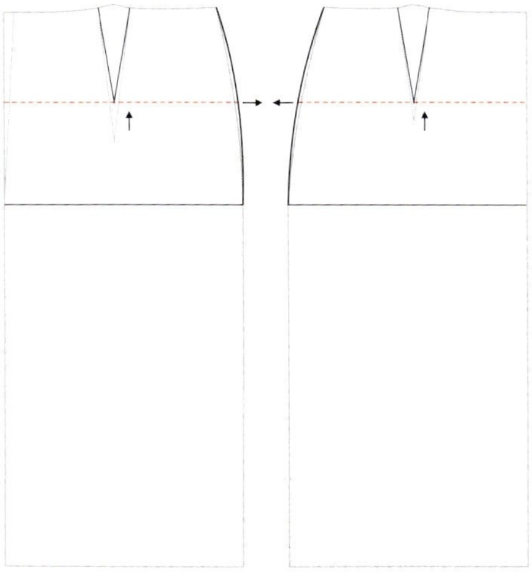

Sobre a base de calça

As alterações sobre as bases de calças são trabalhadas da mesma forma como foram feitas na base de saia.

Faça aumentos e reduções somente nas laterais sobre a linha de quadril. Não desloque as linhas de contorno dos ganchos.

A medida de pequeno quadril também pode ser utilizada nas bases de calças para retraçar as pences e as curvas laterais.

Após as correções, retrace as laterais até a linha de joelhos.

No caso do ajuste que diminui a medida do contorno do quadril, se a perna ficar apertada, aumente a largura dos joelhos e retrace as laterais até a barra.

Adequação da largura dos joelhos

No traçado da base de calça, utiliza-se a medida da largura dos joelhos acrescentada de folgas. É nos joelhos que temos um dos pontos de articulação das pernas, portanto essa folga sobre a base deve permitir que a perna seja flexionada.

Existem biótipos que possuem valores significativos no contorno da coxa. Quando isso ocorre, o valor da folga nos joelhos no molde é insuficiente e a calça fica apertada.

Medidas utilizadas: contorno do joelho e contorno da coxa (somente para verificação no molde).

Defina o valor necessário e divida por 4. Insira o resultado sobre a linha de joelhos, entre as linhas de entrepernas e as laterais.

Retrace os entrepernas da barra até os joelhos por retas e em curva até o gancho.

Retrace as laterais da barra até os joelhos por retas e em curva até a linha de quadril.

Para diminuir a largura dos joelhos, faça o procedimento contrário.

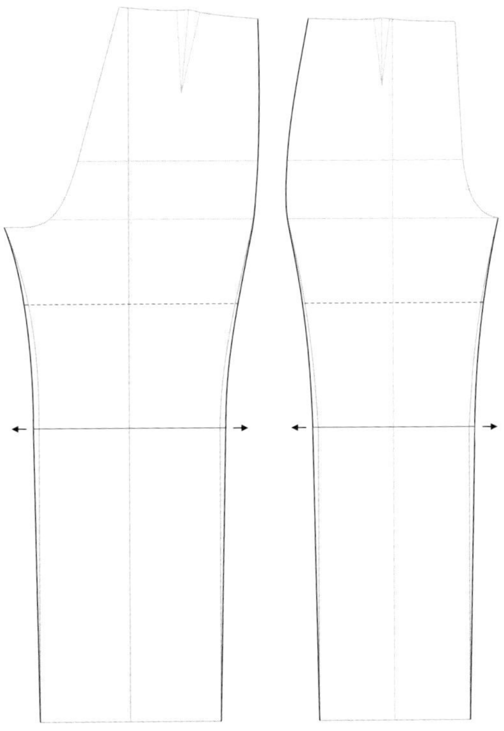

AUMENTANDO A LARGURA DA PERNA

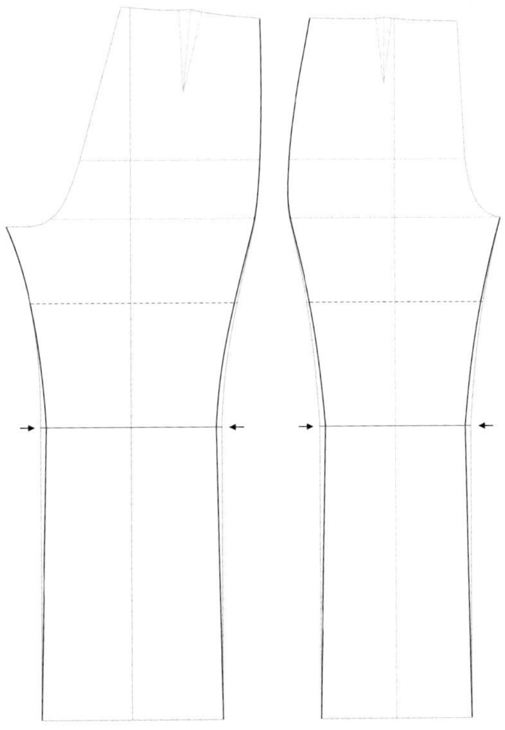

DIMINUINDO A LARGURA DA PERNA

Adequação do contorno do gancho

Este tipo de correção altera somente a linha de contorno do gancho. Quando aumentada sobre o gancho da frente, compensa o volume de abdômen; sobre o gancho das costas, compensa o volume dos quadris, ambos salientes. Isso porque a linha de contorno do gancho passa pelos meios da frente e das costas sobre as regiões em que esses volumes são localizados no corpo.

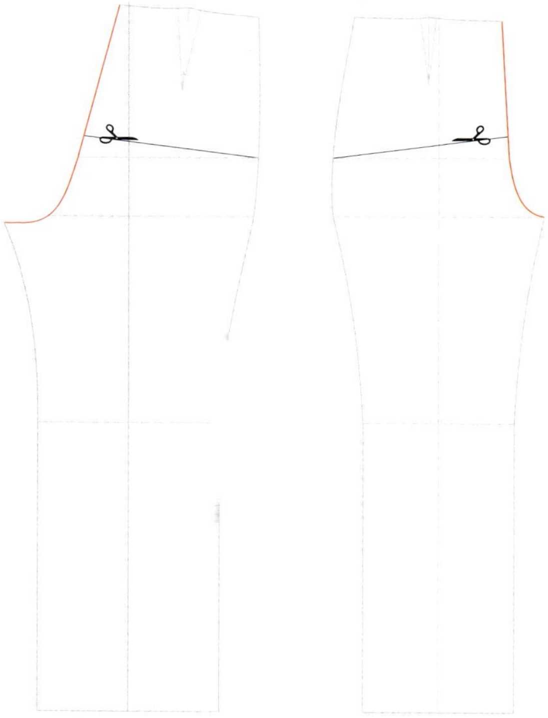

Na correção proposta, as linhas laterais permanecem inalteradas.

Medida utilizada: contorno do gancho.

Sobre as linhas do gancho da frente e das costas, localize uma reta a partir do gancho até a lateral sobre a linha de quadril.

Compare a medida do contorno do gancho da base e do biótipo desejado. Avalie se a correção será feita somente em um dos ganchos – no da frente ou no das costas – ou em ambos.

Corte nessa linha e aumente (ou reduza) de acordo com a necessidade do corpo.

Retrace os ganchos, mantendo a mesma curvatura.

Retrace a lateral, suavizando a curva.

Marque o fio reto na parte de cima da correção, prolongando o fio na perna em direção à cintura.

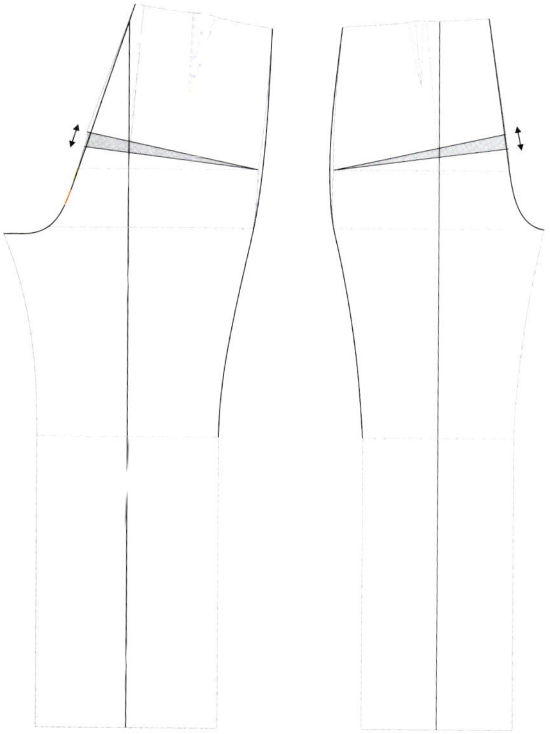

AUMENTANDO

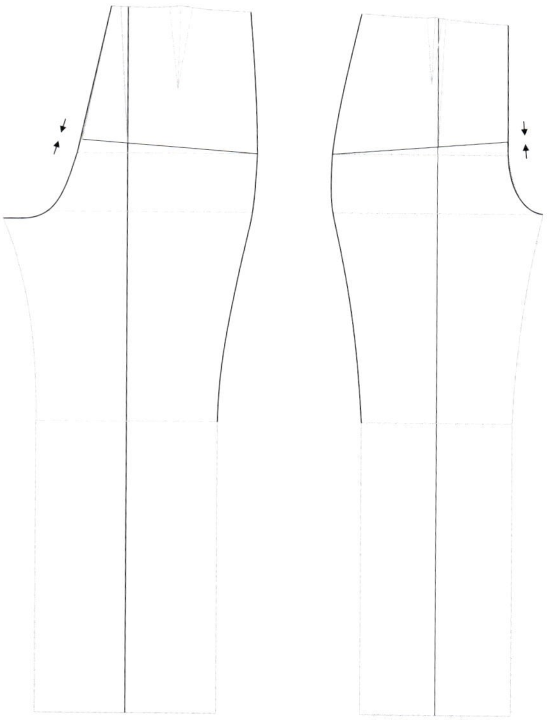

DIMINUINDO

Adequação das bases para os principais biótipos das brasileiras

De acordo com as correções apresentadas até o momento, podem-se fazer diversas combinações entre a parte superior do corpo (da cintura para cima) e a parte inferior (da cintura para baixo). Podemos também considerar nas medidas dos contornos os volumes localizados lateralmente, na frente ou nas costas do corpo. As possibilidades são inúmeras.

Nesta última seção do livro serão apresentados exemplos sobre a base de corpo alongada que contemplam os biótipos sinalizados pelo SizeBR como os mais frequentes na população feminina: retângulo, triângulo, ampulheta e colher (ou ampulheta inferior).

Independentemente das sugestões aqui apresentadas, vale destacar que, em decorrência da grande diversidade de formas dos corpos no Brasil, os ajustes devem ser feitos conforme a necessidade. Assim, para atender a essas necessidades pode ser preciso desenvolver combinações das adequações aqui propostas. Não há regra fixa; o que expomos aqui são sugestões que visam facilitar os ajustes.

RETÂNGULO

Neste biótipo, as diferenças entre as medidas de quadril e de busto são pequenas, e a cintura é praticamente reta.

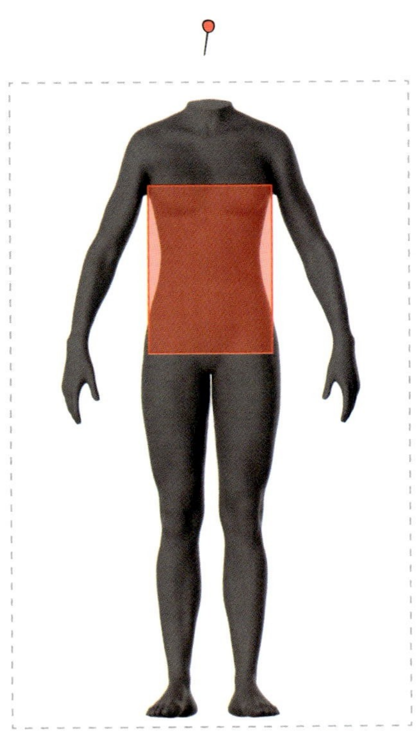

Considerando as medidas da tabela desta metodologia para a construção da base de corpo alongada, veja a seguir as correções efetuadas, bem como as observações pertinentes.

A medida de cintura foi aumentada lateralmente. Visualmente, o contorno da silhueta é mais reto.

As medidas de contorno de quadril e busto ficaram inalteradas.

Caso a medida de cintura seja maior, com volume abdominal, para atingir a medida a pence na cintura sobre o

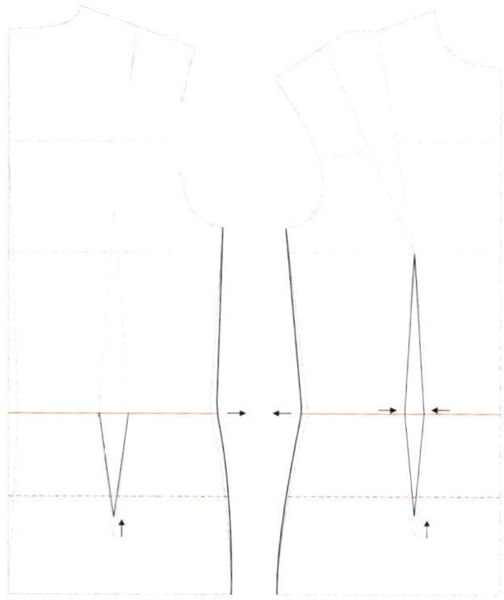

molde da frente pode ser reduzida na profundidade e no comprimento.

Caso haja maior volume no quadril nas costas, diminua o comprimento da pence.

Considere a medida de pequeno quadril para diminuir o comprimento das pences.

TRIÂNGULO

Neste corpo, a medida de quadril é maior que a de busto, e a cintura não é marcada.

Veja a seguir as correções feitas sobre a base de corpo alongada, bem como sugestões para fazer os ajustes.

A medida de busto foi reduzida nas laterais.

A medida de cintura foi aumentada nas laterais e sobre a profundidade da pence na frente (correção opcional, considerando-se volume abdominal, mais comum nos biótipos).

Se a opção for pelo volume abdominal, o comprimento da pence também poderá subir.

A medida de quadril foi aumentada nas laterais. Para um volume de quadril acentuado nas costas, suba a pence nas costas.

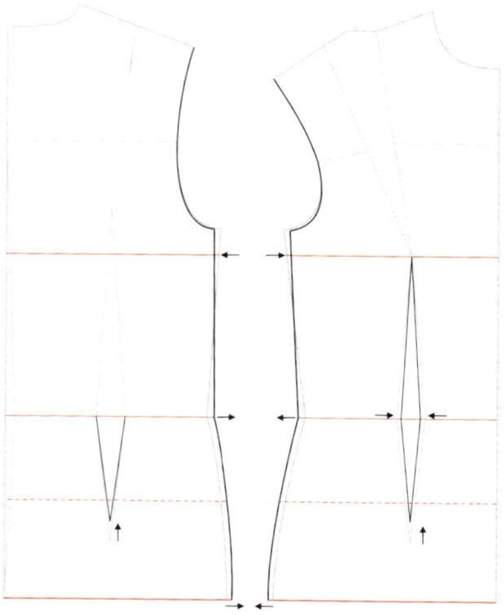

AMPULHETA

Neste biótipo, busto e quadril têm medidas próximas. A cintura é fina.

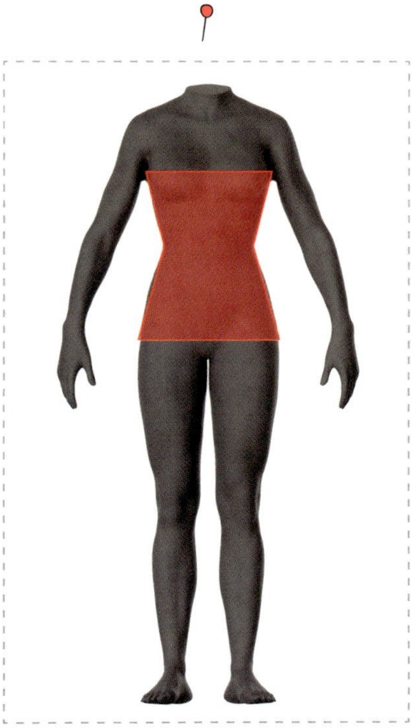

Neste exemplo, para reforçar a cintura estreita e não haver acentuação da curva lateral, a medida de busto foi aumentada, e a de cintura, reduzida, acrescentando-se mais pences na frente e nas costas da base.

A medida de busto foi aumentada nas laterais. Caso os seios sejam mais volumosos, afaste as pences, para acomodar melhor (opcional).

A medida de cintura foi reduzida com a inserção de mais uma pence na frente e nas costas. Para fazer o procedimento, o valor das novas pences deve ser menor que o das pences existentes na cintura, e elas devem ser posicionadas entre essas pences de cintura e a lateral. Para retraçá-las, considere o comprimento entre as linhas de busto e de pequeno quadril.

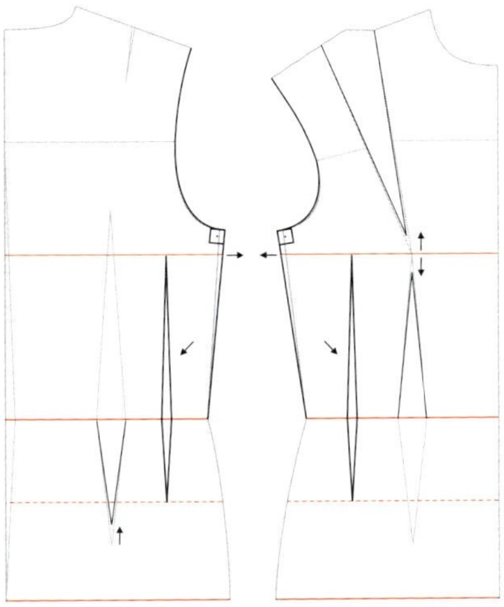

A medida de quadril permaneceu inalterada. Apenas o comprimento da pence foi reduzido nas costas, para destacar ainda mais o quadril maior (opcional).

COLHER (OU AMPULHETA INFERIOR)

O biótipo colher se assemelha ao ampulheta, porém o volume de quadril é um pouco maior.

Como a base utilizada neste livro já tem formato mais próximo ao deste biótipo, para caracterizá-lo as medidas de busto e cintura ficaram inalteradas.

A medida de quadril foi aumentada nas laterais.

Para alterar o volume das nádegas, considere subir a pence nas costas para deixar esse volume mais alto. A medida do pequeno quadril pode ser utilizada para a conferência.

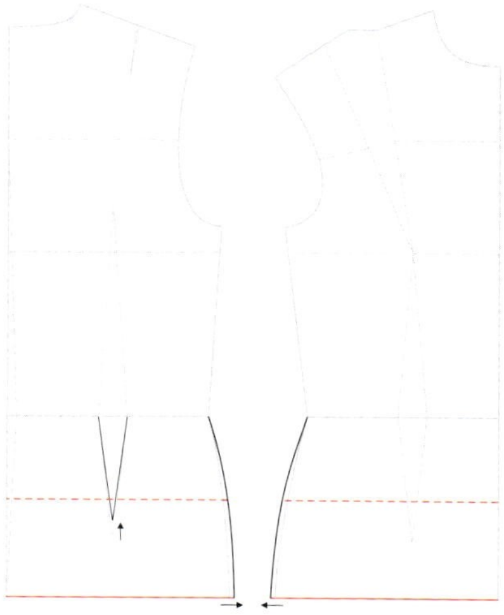

Bibliografia

AMADEN-CRAWFORD, Connie. *Costura de moda: técnicas básicas*. Porto Alegre: Bookman, 2014.

BASTOS, Sergio F. & SABRÁ, Flávio G. "A forma do corpo da mulher brasileira", 2014. Disponível em http://www.portaldaindustria.com.br/senai/canal/senaicetiqt/. Acesso em 13-2-2016.

BASTOS, Sergio F. *et al.* "Metodologia de medição do corpo humano através de tecnologia tridimensional: mapeando o formato do corpo". Em SABRÁ, Flávio G. (org.). *Modelagem: tecnologia em produção de vestuário*. Rio de Janeiro: Estação das Letras e Cores, 2012.

______. "SizeBr – O estudo antropométrico brasileiro", 2013. Disponível em http://www.portaldaindustria.com.br/senai/canal/senaicetiqt/. Acesso em 2-2-2016.

BRANDÃO, Gil. *Aprenda a costurar*. 6ª ed. Rio de Janeiro: Tecnoprint, 1981.

BURDA. *A costura tornada fácil*. Rio de Mouro: Tailor Made Media, 2011.

CARVELLI, S. & RUGGERI, N. *La modellistica dell'abbigliamento: corpini – abiti – capispalla*. Milão: Tecniche Nuove, 2007.

CHIAPPETTA, Jacqueline. *La coupe à plat dame: pour le prêt-à-porter et le sur mesures"*. Saint-Cyr-sur-Mer: J. Chiapetta, 1996.

CHILOT-UCHIYAMA, Marie-Nöelle & TROUVAT, Patricia. *Méthode de coupe: vêtements féminins*. Paris: Esmod, 2008.

DONNANNO, Antonio. *La tecnica dei modelli: donna - uomo*. Vol. 1. 4ª ed. Milão: Ikon, 2003.

DUARTE, Sonia & SAGGESE, Sylvia. *Modelagem industrial brasileira*. Rio de Janeiro: Letras e Expressões, 1998.

ESMOD. *Devenir modéliste: le vêtement féminin*. Vol. 1. Paris: Esmod, 2009.

FULCO, Paulo & SILVA, Rosa Lucia de Almeida. *Modelagem plana feminina: métodos de modelagem*. Rio de Janeiro: Senac Nacional, 2003.

GILEWSKA, Teresa. *Le modélisme de mode: coupe à plat, les bases*. V. 1. Paris: Eyrolles, 2008.

INSTITUTO BRASILEIRO DE GEOGRAFIA E ESTATÍSTICA. *Censo 2010*. Disponível em http://www.censo2010.ibge.gov.br/. Acesso em 15-7-2016.

JOSEPH-ARMSTRONG, Hellen. *Patternmaking for fashion design*. New Jersey: Pearson, 2010.

PEZZOLO, Dinah Bueno. *Tecidos: história, tramas, tipos e usos*. 4ª ed. revista e atualizada. São Paulo: Editora Senac São Paulo, 2013.

SEBRAE INTELIGÊNCIA SETORIAL. "Nova padronização de tamanho para roupas femininas", 2015. Disponível em https://www.sebraeinteligenciasetorial.com.br/setores/moda/relatorios-de-inteligencia. Acesso em 16-3-2017.

SMITH, Alison. *The Sewing Book: Clothes, Home Accessories, Best Tools, Step-by-Step Techniques, Creative Projects*. Nova York: Dorling Kindersley, 2009.

Ana Laura Marchi Berg vem ensinando modelagem e costura há mais de vinte anos. Logo após o lançamento do livro *Corset: interpretações da forma e da construção* – também da Editora Senac São Paulo –, resolveu se debruçar sobre outros volumes nesta nova obra. Desta vez, seu olhar é profundamente didático, para ensinar quem ensina, para responder às inúmeras perguntas que escutou de seus alunos. Tem sido assim sua trajetória, estudando a geometria das coisas desde sua formação (em desenho industrial), bordando saberes (na especialização em comunicação em moda) e costurando todas as vertentes da técnica e da artesania para seus clientes e alunos. Ana crê que compartilhar conhecimento e trabalhar cada dia melhor é a nova moda do século XXI.